Über die Rechtfertigung der Scheidung

AF167571

Thomas Mazzurana

Über die Rechtfertigung der Scheidung

Wandel und Kontinuität von
Ehescheidungsdiskursen

 Springer VS

Thomas Mazzurana
St. Gallen, Schweiz

Überarbeitete Fassung der zugl. Dissertation Universität St. Gallen, Schweiz, 2016

ISBN 978-3-658-22678-7   ISBN 978-3-658-22679-4   (eBook)
https://doi.org/10.1007/978-3-658-22679-4

Die Deutsche Nationalbibliothek verzeichnet diese Publikation in der Deutschen National-
bibliografie; detaillierte bibliografische Daten sind im Internet über http://dnb.d-nb.de abrufbar.

Springer VS
© Springer Fachmedien Wiesbaden GmbH, ein Teil von Springer Nature 2018

Gedruckt auf säurefreiem und chlorfrei gebleichtem Papier

Springer VS ist ein Imprint der eingetragenen Gesellschaft Springer Fachmedien Wiesbaden GmbH
und ist ein Teil von Springer Nature
Die Anschrift der Gesellschaft ist: Abraham-Lincoln-Str. 46, 65189 Wiesbaden, Germany

Vorwort

Der Soziologe muss sich, wie Émile Durkheim in den „Regeln der soziologischen Methode" (1991: 91) schreibt, im Prozess der Forschung „auf Entdeckungen vorbereiten, die ihn überraschen und außer Fassung bringen werden". Die Arbeit am vorliegenden Buch war eine solche aussergewöhnliche Erfahrung: ein Einblick in die intimen Berichte von Scheidungsbetroffenen über die Erosion ihrer ehelichen Beziehung, die spärlich vom Glück berichten, sondern vielmehr Zeugnis ablegen von Gewalt, Schmerz und Leid, von enttäuschten Erwartungen und verpassten Gelegenheiten. Es sind Einsichten, die nur die soziologische Objektivierung vom empathischen Mitleiden in wissenschaftliche Erkenntnis wandeln kann.

Bedanken möchte ich mich bei denjenigen Menschen, die mir stets mit grossem Interesse an meiner Forschung begegneten und mit Rat und Tat zu Seite standen. Namentlich Prof. Franz Schultheis und Prof. Thomas S. Eberle, zudem den Mitarbeiterinnen und Mitarbeitern des Soziologischen Seminars der Universität St. Gallen.

Ebenso möchte ich mich zutiefst bei Eva-Maria sowie meinen Eltern Karl-Heinz und Lydia bedanken, die mich stets liebevoll auf meinem Weg unterstützt haben.

St. Gallen, im April 2018   Thomas Mazzurana

Inhalt

1   Einleitung

Die Ehescheidung als juristische Auflösung der Ehe hat sich am Ende des 20. Jahrhunderts von einer stark stigmatisierten gesellschaftlichen Ausnahme zu einem Phänomen in Lebensläufen entwickelt, das als biografisch weitreichendes Ereignis einen Grossteil der Bevölkerung westlicher Gesellschaften betrifft. Lange Zeit war sie kein Massenphänomen, sondern blieb auf Einzelfälle beschränkt. Erst in den modernen Gesellschaften hat der Anteil der von Scheidung Betroffenen kontinuierlich zugenommen. Die Schweiz bildet dabei keine Ausnahme: so lag die Scheidungsziffer[1] zu Beginn der 2000er Jahre bei über 50 Prozent, während sie bis in die 1970er Jahre keine 15 Prozent betrug.

Verändert haben sich im Laufe der Geschichte auch die rechtlichen Möglichkeiten, die eine Scheidung überhaupt als realistische Möglichkeit erscheinen lassen. Mussten früher ganz besondere Umstände vorliegen, die einen solchen Schritt legitimieren konnten, haben sich im 19. und 20. Jahrhundert die gesetzlichen Rahmenbedingungen insofern gewandelt, als die legitimen Scheidungsgründe kontinuierlich ausgeweitet wurden, womit die Aufkündigungsmöglichkeiten der Ehe deutlich grösser geworden sind (Hill/Kopp 2013: 225). Die Scheidung war als „der rituelle und formal/rechtlich und somit an bestimmte öffentliche Vorschriften gebundene Vorgang der Eheauflösung" (Nave-Herz 2013: 169) immer wieder Gegenstand von Konflikten, insbesondere um die Frage, welche gesellschaftlichen Akteure als legitimiert gelten, den Bund der Ehe zu schliessen und zu trennen. Ebenso war und ist die Frage nach den legitimen Gründen, die eine Scheidung rechtfertigen, stets eine umstrittene (Nave-Herz 2013: 28).

Die Entwicklung der Scheidungsraten in den westlichen Gesellschaften ist vor dem Hintergrund der massiven sozialen Veränderungen seit dem Ende des 19. Jahrhunderts zu verstehen. Insbesondere seit den 1960 Jahren hat sich der soziale Wandel intensiviert und sich in unterschiedlicher Weise auf die Struktur der Familie und das Verhältnis der Geschlechter und Generationen ausgewirkt. Im soziologischen Diskurs werden diese Metamorphosen mit Begriffen wie „Individualisierung" oder dem „neuen Geist des Kapitalismus" gefasst. Die sozialen „Umbrüche" haben zu einer „Normalisierung der Scheidung" (Beck-Gerns-

---

[1] Die zusammengefasste Scheidungsziffer gibt den durchschnittlichen Prozentanteil der Ehepaare an, die sich im Laufe der Zeit scheiden lassen würden, wenn sie das Scheidungsverhalten wie im Beobachtungsjahr aufweisen. Hat die Ziffer wie im Jahr 1999 einen Wert von 50,5 Prozent, würde unter den Scheidungsverhältnissen des Jahres 1999 etwas mehr als die Hälfte der Ehen geschieden werden.

© Springer Fachmedien Wiesbaden GmbH, ein Teil von Springer Nature 2018
T. Mazzurana, *Über die Rechtfertigung der Scheidung*,
https://doi.org/10.1007/978-3-658-22679-4_1

heim 2010: 45) geführt, die mit einer Legitimitätskrise der Ehe und dem Verlust ihrer normativen Monopolstellung einhergeht. Gleichzeitig büsst der Staat seine legitimatorische Funktion in „Familienangelegenheiten" immer mehr ein; er kann die normative Arbeit der Sinngebung nicht länger umfassend erfüllen und muss seine gesetzgeberischen Reformen und damit den „Geist der Gesetze" zunehmend rechtfertigen.

Die Soziologie hat sich mit Scheidung als gesellschaftlichem Phänomen erst relativ spät auseinandergesetzt. Zum Thema wurde sie im 20. Jahrhundert, als die Scheidungsraten in den westlichen Ländern anstiegen und sie nicht weiter als Problem von „Randgruppen" betrachtet wurde. In der empirischen Forschung wird versucht, die Zunahme der Scheidungszahlen im Zeitverlauf und die ursächlichen Bedingungen zu erklären. Zudem werden die Ehescheidungsfolgen insbesondere auf Kinder untersucht (Nave-Herz 2013: 170).

Die vorliegende Arbeit schliesst an diesen soziologischen Diskurs an, wählt aber einen anderen Zugriff auf den Gegenstand. Sie interessiert sich in verschiedenen institutionellen Feldern für Diskurse, die die Ehescheidung zum Thema haben. Sie untersucht mit Rückgriff auf Luc Boltanskis Theorie der Rechtfertigung, welche Rechtfertigungen der Scheidung von unterschiedlichen Akteuren diskursiv vorgebracht werden und auf welche normativen Ordnungen dabei typischerweise Bezug genommen wird. Sie will damit einen Beitrag zur Soziologie der Scheidung leisten, der in einer wissenssoziologischen Perspektive Rechtfertigungsmuster und damit soziale Repräsentationen und Deutungen von Scheidung zum Gegenstand hat.

1.1 Anlass der Studie

Die vorliegende Studie ist Ergebnis der Auseinandersetzung mit offenen Fragen, die sich im Anschluss an ein Forschungsprojekt entwickelt haben, an dem der Autor beteiligt war. Das Projekt „Familienbildung und Arbeitsmarktpartizipation im Lichte von Sozialversicherungsreformen" wurde vom Schweizerischen Nationalfonds zur Förderung der wissenschaftlichen Forschung (SNF) unterstützt und im Rahmen des Nationalen Forschungsprogramms NFP60 „Gleichstellung der Geschlechter" in den Jahren 2010 bis 2013 durchgeführt. Ziel der beteiligten 21 Projekte war es, neue Erkenntnisse darüber zu gewinnen, unter welchen Bedingungen Gleichstellungspolitik entsteht und wie sie realisiert wird. Es sollte evaluiert werden, wie wirksam aktuelle Strategien, Programme und Massnahmen in diesem Bereich sind. Dabei wurden auch Politikfelder berücksichtigt, die sich nicht explizit auf die Förderung der Gleichstellung beziehen. Zudem sollten die komplexen Ursachen dafür untersucht werden, warum Ungleichheiten im Verhältnis der Geschlechter zueinander fortbestehen.

Die Frage nach der Auswirkung rechtlicher Interventionen mit sozialpolitischer Zielsetzung im Binnenraum privater Lebensformen stand im Zentrum des Forschungsprojektes „Familienbildung und Arbeitsmarktpartizipation im Lichte von Sozialversicherungsreformen". In diesem interdisziplinär durchgeführten Projekt, an dem Forscherinnen und Forscher der Universität St. Gallen aus den Fachbereichen Ökonomie und Soziologie beteiligt waren, wurden zwei gleichstellungspolitisch motivierte Sozial- und Familienrechtsreformen untersucht. Die 10. Revision der Alters- und Hinterlassenenversicherung (in Kraft seit dem 1. Januar 1997) und die Revision des Scheidungsrechts (in Kraft seit dem 1. Januar 2000) wurden vor dem Hintergrund der neuen Verfassungsbestimmung des Grundsatzes der Gleichberechtigung von Mann und Frau konzipiert, welche 1981 in der Bundesverfassung der Schweizerischen Eidgenossenschaft verankert wurde.

Die ausgearbeiteten Fragestellungen des Projektes waren im Antrag zuhanden des SNF bereits formuliert und die Datenquellen vorgegeben, als der Autor zum Projektteam gestossen ist. Als wirtschaftswissenschaftliches Projekt entworfen, standen Fragestellungen theoretisch-ökonomischer Natur im Vordergrund – mit einer Deutungshoheit der Ökonomie über den Gegenstand. So wurde etwa gefragt, inwiefern sich der Spielraum für Frauen im Sinne einer finanziellen Ressource durch die Umverteilung der Altersvorsorge verändert hat oder sich die Revisionen auf das Arbeitsangebot und die Arbeitsteilung von Ehepartnern ausgewirkt haben (Schultheis et al. 2014).

Die Frage, wie Ehescheidung konzeptuell zu fassen ist, führte durchgängig zu Diskussionen im Projektteam. Die ökonomische und soziologische Perspektive auf den Gegenstand unterschied sich nicht nur in der Fragestellung, sondern auch in der Herangehensweise und dem methodologischen Standpunkt. Für die Ökonomie stellt der methodologische Individualismus die bis heute einflussreichste Position dar. Sein Kernargument lautet, „dass nur Individuen und individuelle Entscheidung als erklärende Prinzipien herangezogen werden dürfen." Der Ansatz „lehnt die Annahme der Existenz überindividueller Realitäten und kollektive Entitäten, die selbst Ziele oder Intentionen haben könnten, ab." (Diaz-Bone 2015: 331) Die Soziologie hat sich früh gegen diese Art von Reduktionismus gewandt, der das Soziale auf die Analyse psychischer Prozesse zurückführt und zugleich individuelle Rationalität und individuelle Spontaneität überbewertet und nicht imstande ist, Institutionen in die Erklärung einzubeziehen (Diaz-Bone 2015: 331).

Die vorliegende Arbeit verfolgt hingegen den Anspruch, der Ehescheidung als gesellschaftlichem Phänomen in seiner vielfältigen Form gerecht zu werden. Mit Marcel Mauss (1967: 17f.) kann Ehescheidung als totaler sozialer Tatbestand betrachtet werden, in welchem alle Arten von Institutionen gleichzeitig zum Ausdruck kommen: rechtliche, religiöse, moralische sowie ökonomische. Scheidung ist eingebettet in die staatliche Regulierung familialer Beziehungen, sie ist als Institut abhängig von Fragen der Legitimität, davon, welcher Scheidungsgrund legitimerweise als vorbringbar gilt.

1.2 Scheidung im Spannungsverhältnis zwischen Zweierbeziehung, Familie und staatlicher Institution

Scheidung ist als gesellschaftliches Phänomen eingebettet in normative und rechtliche, die Familie wie auch die staatlichen Institutionen betreffende Zusammenhänge. Eine Soziologie der Scheidung muss die Vielgestalt dieses Phänomens berücksichtigen. Zugleich ist die Scheidungssoziologie im allgemeinen Feld der Soziologie verortet und es gilt, ihren Platz im Verhältnis zu anderen Teilbereichen der Soziologie zu reflektieren. Die Frage gilt zu klären, inwiefern sie das Verhältnis der Gegenstände Familie, Ehe und der institutionellen Möglichkeit der Auflösung von Ehe bestimmt. Ist Scheidungssoziologie eine Teilmenge der Familiensoziologie? Ist sie Teil einer Soziologie der Paarbeziehung? Oder ist Scheidungssoziologie vielmehr als eine politische Soziologie, das heisst als eine Soziologie des Staates und der Institution der Ehe, zu fassen?

Ehe und Scheidung wurden in der Familiensoziologie bis weit ins 20. Jahrhundert tendenziell vernachlässigt. Das Thema der Familiensoziologie war – wie die Bezeichnung nahelegt – die Familie, die vorwiegend um die Eltern-Kind-Beziehung konzeptualisiert wurde. Fiel der Blick auf die Ehe, dann primär aus dem Blickwinkel der Familie. „Die Ehe wurde – und wird z. T. auch weiterhin – lediglich als ein kurzer und dadurch auch unbedeutender Vorlauf zu einer als dem ‚eigentlichen Zweck' oder ‚eigentlichen Motiv' aufgefassten Familienbildung angesehen." (Lenz 2009a: 11) So verweist etwa Hermann L. Gukenbiehl (1986: 55 zit. n. Lenz 2009a: 11) auf den Zusammenhang zwischen Ehe und vorhandenen Kindern wenn er die Ehe „nach traditioneller und im Zivilrecht vorherrschender Auffassung" definiert als „eine (relativ) dauerhafte und rechtlich legitimierte Lebens- und Sexualgemeinschaft zweier (ehe-)mündiger verschiedengeschlechtlicher Partner, die den Vorsatz haben, die von der Frau geborenen Kinder rechtsverbindlich als die eigenen anzuerkennen".

Mit dem Wandel des Verhältnisses von Ehe und Familie nahmen am Ende des 20. Jahrhunderts die Veröffentlichungen zu, die eine stärkere terminologische und thematische Trennung von Ehe und Familie forderten (Nave-Herz 2013: 13). Wie etwa Hartmut Tyrell anschaulich macht (siehe dazu Kapitel 4.1.2), bricht der Verweisungszusammenhang von Ehe und Familie im 20. Jahrhundert auf und es wird beides unabhängig voneinander möglich. Diesem Sachverhalt will die zeitgenössische Familiensoziologie gerecht werden. Ein Beispiel für diese terminologische und thematische Trennung sind die Arbeiten von Karl Lenz (2009a), der unabhängig vom Institut der Ehe eine Soziologie der Zweierbeziehung betreibt.

Scheidungssoziologie ist aber auch zugleich eine politische Soziologie. Scheidung als formelle juristische Auflösung einer Ehe ist eingebettet in die institutionelle Regulierung von Familie durch den Staat. Ihm kommt es seit dem 19. Jahrhundert zu, über die Voraussetzungen einer Ehescheidung zu befinden, die Folgen der Scheidung zu regeln und die Ehe aufzulösen. Insofern ist die verschiedentlich vorgebrachte These der Privatisierung des modernen Familienlebens irreführend, da die Familie von einer immer größeren Zahl staatlicher und institutioneller Interventionen begleitet wird (de Singly 1994: 14). Bereits bei Émile Durkheim findet sich am Ende des 19. Jahrhunderts die Feststellung, dass die Familie zu einer untergeordneten Instanz des Staates wird (Lenoir 1988: 369). „Gesellschaftliche Regelungen und Instanzen wirken in die Familien hinein und nehmen auf die innerfamilialen Beziehungen maßgeblich Einfluss. Die Verrechtlichung der Familie und Erziehung hat ein beträchtliches Maß erreicht. Durch sie werden einklagbare Verantwortlichkeiten und Rechte der Familienmitglieder einander gegenüber definiert und sogar Grundsätze elterlicher Erziehung bestimmt […], auch wenn dem Elternwillen eine hohe Priorität beigemessen wird." (Huinink/Konietzka 2007: 187) Ebenso weist Pierre Bourdieu auf die wirkmächtige Instanz des Staates hin: „Die staatliche Sicht (der *nomos,* diesmal im Sinne von *Gesetz)* ist zutiefst in unsere Sicht der Familienangelegenheiten eingegangen, und noch unser privatestes Verhalten hängt von staatlichen Maßnahmen wie der Wohnungspolitik oder, direkter, der Familienpolitik ab." (Bourdieu 1998: 136) Mit Hilfe der standesamtlichen Vorgänge „vollzieht der Staat Tausende von Setzungsakten, die die Familienidentität als eines der mächtigsten Prinzipien der Wahrnehmung der sozialen Welt und eine der realsten sozialen Einheiten begründen." (Bourdieu 1998: 136) Das Private der Familie ist als Produkt einer langen rechtlich-politischen Konstruktionsarbeit eine öffentliche Angelegenheit. Will man die Scheidung in seiner „Totalität" begreifen, ist die Berücksichtigung des Staates und seiner institutionellen Regulierung von Familie, Ehe und Scheidung unerlässlich.

Die Soziologie der Scheidung beleuchtet ihren Gegenstand also aus drei Perspektiven: sie ist eine Soziologie der Familie, eine Soziologie der Paarbeziehung und auch eine politische Soziologie der institutionellen Regulierung von Ehe und ihrer Auflösung.[2]

1.3 Scheidung als Praxis der Rechtfertigung

Eine Scheidung scheint zunächst eine höchst „private" Angelegenheit zweier Menschen zu sein, die selbst die Verantwortung für das Scheitern ihrer Ehe tragen. Die Ehe ist heute eine freiwillig eingegangene institutionalisierte Verbindung. Sie ist nicht mehr wie die Familie eine „Form schicksalshafter sozialer Verbundenheit" (Schultheis 1993: 416). Ehe wird nicht mehr durch Heiratsstrategien von Familienverbänden geregelt oder familialen wirtschaftlichen oder politischen Strategien untergeordnet, sondern erscheint vielmehr als „privates Arrangement" (Boltanski/Thévenot 2007: 448) einer in beiderseitigem Einvernehmen geschlossenen Übereinkunft zwischen zwei Personen, die zuvorderst das Glück des Paares in den Mittelpunkt stellt. Zudem hat es den Anschein, dass der Ehebund, wenn es zur Scheidung kommt, aus „privaten" Gründen wieder gelöst wird.

Eine Scheidung ist in der Regel das Ergebnis von Streitigkeiten und Auseinandersetzungen zwischen Ehepartnern. Der Streit als „Unterbrechung des Gangs der Dinge" (Boltanski/Thévenot 2011: 44) bringt die Beteiligten in eine Situation, die eine Bewertung der bisherigen Beziehung veranlasst und sie zu expliziten Urteilen zwingt. Er ist der Moment, in dem die jetzige Situation als unbefriedigend bewertet wird und der augenblickliche Zustand nicht länger ertragen werden will. Dabei wird die Unzufriedenheit der anderen Person gegenüber geäussert, mit der man im gemeinsamen Handeln interagiert (Boltanski/Thévenot 2011: 44).

Eheliche und familiäre Beziehungen bauen auf einem geringen Grad an Reflexivität auf. Die Situationen, in denen sich die Partner befinden, werden nicht immerzu bewertet, das Gegenüber nicht ständig einer Kalkulation unterworfen. Die Personen befinden sich in einem „Regime der Liebe" (*régime d'agapè*) (Bol-

---

[2] In einem gewissen Sinne ist Scheidungssoziologie auch eine historische Soziologie, wenn sie den Blick auf die Veränderungen der Institution und ihrer Rechtfertigungen werfen will. Die Soziologie als Gesellschaftsdiagnose bewegt sich generell in einem Spagat zwischen Zeitdiagnose und historischer Soziologie. Untersucht sie die unmittelbare Gegenwart, ist sie Zeitdiagnose, will sie durch den historischen Vergleich das Besondere der Moderne herausarbeiten, wird sie zur historischen Soziologie (Reckwitz 2016: 9).

tanski 2012: 69), in dem sich die Personen in der Gegenwart einrichten, „ohne permanent nach den Gewinnen und Verlusten von jedermann zu suchen." (Boltanski zit. n. Basaure 2008: 6) In Situationen des Streits kann sich dies in zweifacher Hinsicht ändern: die Unzufriedenheit zu zeigen, kann in einer „Szene" münden, die bestimmt wird von Scharmützeln, Beleidigungen und Verletzungen nicht nur psychischer Art; der Streit kann in Gewalt umschlagen. Die „Szene" kann aber auch, was häufiger geschieht, in eine Diskussion umschlagen, in der Kritiken, Vorwürfe und Klagen ausgetauscht werden; die Szene entwickelt sich zu einem Disput. „Das Wort ‚Szene' suggeriert häusliche Streitigkeiten, und ‚Disput' klingt nach Gerichtsverfahren. Erstere gelten als informell, während eine juristische Auseinandersetzung den Regeln des Rechtssystems unterliegt." (Boltanski/Thévenot 2011: 44)

Die Ehescheidung kann als ein solcher Fall aufgefasst werden: die Unzufriedenheit mit der eigenen Ehe hat sich in einem solchen Ausmass erhöht und ist in Situationen des Streits offenkundig geworden, dass die Ehepartner nicht mehr im Regime der Liebe miteinander interagieren, sondern im „Regime der Gerechtigkeit" als Modus, dem sich Personen „bedienen, um einen Disput zu führen." (Boltanski/Thévenot 2011: 46) Das, was vorher kein Gegenstand bewussten Nachdenkens war, wird in diesem Modus nun reflexiv erfasst. Die Beteiligten sind gezwungen, „kalkulierte" Argumente zu fabrizieren, um sich zu rechtfertigen.[3] Sie müssen in der Lage sein, ihre „Beweggründe der Unzufriedenheit als ‚privat' auszublenden und sich einer allgemein geteilten Definition annähern" (Boltanski/Thévenot 2011: 46), die bestimmt, was von Relevanz ist. Sie nehmen dabei Bezug auf normative Prinzipien und allgemeine Gerechtigkeitsvorstellungen und mobilisieren dabei in ihrer Rechtfertigungspraxis soziale Repräsentationen und legitime Deutungen von dem, was eine Ehe normativ zu sein hat.

In diesem Sinne ist die Scheidung kein „privates Arrangement", sondern eine höchst normative Sache, die legitimiert werden muss. Indem sie den Anspruch erhebt, generell rechtfertigbar zu sein (Boltanski/Thévenot 2007: 448f.), zeigen sich in der Rechtfertigungspraxis der Akteure legitime Normen und gesellschaftliche Deutungsvorgaben, die das Soziologische an der Scheidung darstellen und das Erfordernis ihrer soziologischen Betrachtung begründen.

---

[3] In der Scheidungssoziologie ist dieser Regimewechsel in anderer Form beschrieben worden: Hartmut Esser (2002b: 476) versteht eine „Ehekrise" als Indikator für den „Übergang [...] in die ‚Reflexion' der Beziehung und die Aufmerksamkeit für Alternativen, wenn nicht schon für ein vollzogenes Re-Framing der Ehe". Für Rosemarie Nave-Herz (et al. 1990: 58) „wird der letzte Schritt der Eheauflösung [überwiegend] nach rationalen Erwägungen getroffen".

1.4 Provisorische Fragestellung und Vorgehensweise

Die vorliegende Arbeit untersucht, wie Ehepartner in der Situation vor Gericht ihr Scheidungsbegehren rechtfertigen, welche Argumente sie vor Gericht vorbringen und welche normativen Prinzipien sie mit ihrem Scheidungsanliegen verknüpfen. Dabei werden Deutungen und soziale Repräsentationen von Ehe, von Familie, ihrem Zusammenhalt, aber auch ihrer Desintegration, sichtbar. Die Notwendigkeit, die Scheidung zu rechtfertigen, betrifft nicht nur Scheidungsbetroffene. Da die Scheidung als formelle juristische Auflösung einer Ehe eingebettet ist in die institutionelle Regulierung von Familie durch den Staat, ist sie selbst eine politisch umstrittene Institution, um deren Bedeutung und Funktion politische Akteure in symbolischen Kämpfen ringen. Dabei müssen sie – analog zu den Scheidungsbetroffenen vor Gericht – Argumente fabrizieren, die auf allgemeine Normen oder historisch generierte Gerechtigkeitsvorstellungen zurückgreifen. Politik ist dahingehend als eine Praxis der Rechtfertigung zu fassen, die in dieser Studie anhand eines Fallbeispiels untersucht wird. Ein Ziel ist zu zeigen, wie Scheidung im politischen Feld als dem „Ort schlechthin symbolischen Wirkens" (Bourdieu 1991: 39) in der politischen Praxis der beteiligten Akteure gedeutet wird und wie sie die Scheidung betreffenden Gesetzesänderungen normativ begründen.

Von Interesse ist aber nicht nur eine Bestandsaufnahme der normativen Strukturen der Rechtfertigung, auf die Scheidungsbetroffene und politische Akteure in ihrer diskursiven Praxis zurückgreifen. Der historische Rückblick ermöglicht es, Veränderungen dieser Strukturen idealtypisch zu beschreiben.

Die vorliegende Arbeit ist als Fallbeispiel konzipiert: in zwei Institutionen der Schweiz werden in Dokumenten materialisierte Rechtfertigungsdiskurse in einem konkreten historischen Zeitabschnitt untersucht. In der Schweiz mussten sich bis zum Jahr 2000 die Scheidungswilligen vor Gericht rechtfertigen, mussten Gründe für ihren Wunsch angeben, sich scheiden zu lassen, konnten sich aber auch den Anschuldigungen des Partners bzw. der Partnerin stellen und Widerspruch einlegen. Die Äusserungen der Beteiligten sind dabei in Scheidungsakten festgehalten, deren Analyse die normativen Kriterien der Rechtfertigung sichtbar werden lässt.

Mitte der 1990er Jahre wurde im Schweizerischen Parlament ein neues Scheidungsrecht diskutiert und 1998 beschlossen. In den Debatten im Ständerat und Nationalrat wurde die Revision begründet und für oder gegen konkrete Gesetzesartikel argumentiert. In den Äusserungen der politischen Akteure, die diskursanalytisch untersucht werden, tritt gleichsam die Normativität des diskutierten Gegenstands zutage, wenn der „Geist der Gesetze" verhandelt wird.

Die hier vorläufig präsentierte Fragestellung wird im sechsten Kapitel vor dem Hintergrund der Forschungslücken der das wissenschaftliche Feld prägenden Ansätze der Scheidungssoziologie reformuliert und präzisiert und vor dem Hintergrund der diskurstheoretischen Wendung der Theorie der Rechtfertigung präsentiert.

Das Buch gliedert sich in mehrere Kapitel: nach der Einleitung folgt ein Kapitel, das sich mit der soziologischen Beschäftigung mit dem Gegenstand der Scheidung auseinandersetzt, empirische Befunde präsentiert und Forschungslücken benennt. Das dritte Kapitel widmet sich einer historischen Betrachtung der Institution der Ehe bzw. ihrer Auflösung sowie den Diskursen ihrer Rechtfertigung. Das vierte Kapitel hat die „Umbruchzeit" von Familie und ihrer institutionellen Regulierung zum Inhalt. Im fünften Kapitel wird der theoretische Hintergrund dargelegt, der sich aus einer empirisch ableitbaren Notwendigkeit zur Rechtfertigung von Scheidung ergibt. Im sechsten Kapitel werden die Fragestellung sowie die Methodologie und Vorgehensweise vorgestellt. Kapitel sieben und acht beinhaltet die empirische Analyse der Scheidungsdiskurse, zum einen der politischen Akteure im Schweizerischen Parlament, zum anderen der Scheidungsbetroffenen vor einem Gericht in der Schweiz. Im neunten Kapitel wird abschliessend die Frage nach dem Wandel und der Kontinuität der Rechtfertigungen der Scheidung behandelt.

2 Zur Soziologie der Scheidung

Im 20. Jahrhundert wurde die Ehescheidung zum Thema soziologischer For-schung. Die Perspektiven auf den Gegenstand sowie die Forschungsinteressen unterscheiden sich dabei beträchtlich. So wird zum einen versucht, die Zunahme der Scheidungszahlen im Zeitverlauf zu erklären sowie die heutigen verursa-chenden Bedingungen von Ehescheidungen zu analysieren. Zum anderen geraten die Ehescheidungsfolgen, vor allem im Hinblick auf Kinder, in den Blick der Untersuchungen (Nave-Herz 2013: 170).

Im ersten Abschnitt des Kapitels werden unterschiedliche soziologische Perspektiven auf den Gegenstand der Ehescheidung dargestellt. Im zweiten Ab-schnitt werden die Ergebnisse empirischer Studien präsentiert, die nach den Gründen der Ehescheidung fragen; die Forschung über die Folgen der Eheschei-dung wird in dieser Arbeit nicht thematisiert. Schliesslich werden im dritten Abschnitt die Forschungslücken kritisch angesprochen.

2.1 Familiensoziologische Theorien der Ehescheidung

Wirft man einen Blick auf die bisherigen Forschungen zum Phänomen der Scheidung, zeigt sich, dass ihre soziologische Betrachtung in der Regel vor dem Hintergrund der Familiensoziologie und ihren Theorien und Fragestellungen betrieben wird. Deshalb kann in der folgenden Auseinandersetzung mit den ver-schiedenen soziologischen Ansätzen auch keine strikte Trennung zwischen der Ehe-, Familien- und Scheidungssoziologie vorgenommen werden (Nave-Herz 2013: 13). Familie, Ehe und Scheidung verweisen permanent aufeinander. Wer von Scheidung spricht, redet auch von der Ehe – die Institution geht ihrer Auf-kündigung voran.

Die Herangehensweise an den Gegenstand der Scheidung ändert sich je nach theoretischem und empirischem Rüstzeug, über das die jeweilige familien-soziologische Perspektive verfügt. Der soziologische Blick auf die Familie ist dabei massgeblich für die Sichtweise auf den Gegenstand der Scheidung. Und so ist es nicht weiter verwunderlich, dass sich in den familiensoziologischen – und damit scheidungssoziologischen – Arbeiten die Entwicklungen der allgemeinen soziologischen Theorien im 20. Jahrhundert zeigen. Je nach Autorinnen und Autoren lassen sich dabei die in der Familiensoziologie üblichen Perspektiven

© Springer Fachmedien Wiesbaden GmbH, ein Teil von Springer Nature 2018
T. Mazzurana, *Über die Rechtfertigung der Scheidung*,
https://doi.org/10.1007/978-3-658-22679-4_2

auf die Familie auf drei bzw. vier Forschungstraditionen zurückführen. Günter Burkart (2010: 129) nennt drei Theorie-Richtungen, die in den letzten zwanzig bis dreissig Jahren einen spürbaren Einfluss in der deutschsprachigen Familienforschung hatten: die Individualisierungstheorie, die Theorie funktionaler Differenzierung und die Rational-Choice-Theorien. Für Paul B. Hill und Johannes Kopp (2008: 65) lassen sich die familiensoziologischen Arbeiten auf vier Paradigmen zusammenfassen: Strukturfunktionalismus, symbolischer Interaktionismus, Austauschtheorien sowie Theorien der rationalen Wahl bzw. ökonomische Theorien. Johannes Huinink und Dirk Konietzka (2007: 14) sprechen von drei Perspektiven der Familiensoziologie: der Makro-, der Beziehungs- und der Individualebene.

2.1.1 *Makroebene: Die Struktur der Familie und ihre Funktionen für die Gesellschaft*

Mit Durkheim lässt sich der Begründer der modernen Familiensoziologie – nach René König (1976: 7) der erste mit einem brauchbaren Programm – einer Perspektive zuordnen, die auf einer Makroebene die Strukturen von Familie und ihren Wandel in den Blick nimmt und die Familie als soziale Institution oder gesellschaftliches Teilsystem begreift. In seiner „Einführung in die Soziologie der Familie" schlägt er eine Soziologie vor, die das „vollständige System dieser Beziehungen, deren Gesamtheit das Leben der Familie ausmacht" (Durkheim 1981: 56), beschreiben und erklären soll. Zu den Elementen des Systems zählt er die Blutsverwandten, die Eheleute, die Kinder sowie den Staat. Sein Interesse gilt der Frage, „wie diese Elemente funktionieren, d. h. welche Beziehungen sie untereinander verbinden." (Durkheim 1981: 56) Seine Vorgehensweise umfasst die Untersuchung des Rechts und der Sitten bzw. der Bräuche sowie die Analyse der Bevölkerungsstatistik (Durkheim 1981: 66).

Durkheim zufolge ist die Form der Familie von den grundlegendsten Bedingungen des historischen Entwicklungsprozesses abhängig (Durkheim 1978: 232). Als Ergebnis eines gesellschaftlichen Differenzierungsprozesses entsteht aus einem grossfamiliären Kontext die „desintegrierte Gattenfamilie". Institutionen wie der Staat oder der Markt übernehmen vormalige Funktionen der Familie; die Familie bleibt aber als Basisinstitution der Gesellschaft erhalten.

Die institutionelle Möglichkeit der Ehescheidung ist für Durkheim ganz entscheidend für den Zustand der Familie. In dieser Möglichkeit sieht er den Anreiz, wenn nicht gar die Ursache für die Anomie der Ehe selbst. „Die parallele Entwicklung der Scheidungen und der Selbstmorde erklärt sich also aus der Anomie der Ehe, die durch die Scheidung möglich wird" (Durkheim 1983: 314).

Hier zeigt sich eine für das 19. Jahrhundert typische normative Sichtweise auf die Ehescheidung. Durkheim (1983: 312) schreibt:

> „Die Ehe ist dort, wo Scheidung möglich ist, und erst recht dort, wo Recht und Sitte sie bedeutend erleichtern, nur noch ein schwaches Abbild ihrer selbst. Sie ist weniger wert. Sie kann daher ihre heilsamen Einflüsse nicht im gleichen Maße ausüben. Die Grenze, die sie den Begierden gesetzt hat, ist nicht mehr ganz so starr. Sie hält die Leidenschaften nicht mehr so wirksam zurück, wenn sie so leicht zu erschüttern oder zunichte zu machen ist; folglich neigen diese auch mehr dazu, sich nach außen zu ergießen. Die Triebe finden sich dann mit den gegebenen Tatsachen weniger leicht ab. Ruhe und Seelenfrieden, die starken Bundesgenossen des Verheirateten, sind angekränkelt."

In den USA ist es mehrere Jahrzehnte später Talcott Parsons, Begründer des Strukturfunktionalismus, der Durkheims Ideen mit dem Konzept der „isolierten Kernfamilie" (Parsons 1968: 91) weiterverfolgt. Für ihn sind die Familie (und die Ehe) und die in ihr erbrachten Leistungen von zentraler Bedeutung für den Bestand der Gesellschaft. Im Zuge der gesellschaftlichen Modernisierung und Differenzierung nimmt die funktionale Spezialisierung der Familie weiter zu. Der Familie kommen dabei bestimmte Funktionen zu (Nave-Herz 2013: 79ff.): so die Aufgaben der Reproduktion, der frühkindlichen Sozialisation und der Platzierung – das heisst der Zuweisung einer Person zu einer gesellschaftlichen Position innerhalb der hierarchischen Struktur der Gesellschaft – sowie die Freizeit- und Spannungsausgleichsfunktion. Der gesellschaftliche Wandel der Familie durch einen Prozess der Differenzierung zeigt sich in historischer Perspektive daran, dass die Leistungen von Ehe und Familie sich zunehmend auf Reproduktion, primäre Sozialisation und die emotionale Stützung der Familienmitglieder konzentrieren (Parsons 1955; Hill/Kopp 2006: 273).

Die Ehescheidung ist aus strukturfunktionalistischer Sicht eine notwendige soziale Einrichtung, die einen legitimen Fluchtweg bei den unvermeidlichen ehelichen Spannungen eröffnet (Goode 1960: 93; König 1978: 126). Sie stellt eine „Ventilinstitution" dar, „um unerträgliche Spannungen in einer Partnerschaft, die bis zur gegenseitigen Zerstörung der Partner führen könnten, zu reduzieren." (Nave-Herz 2013: 169) In dieser Perspektive stellt die Scheidung kein dysfunktionales Element dar – im Gegenteil: Ehescheidungen sind funktional. Sie „ist also ein wesentlicher Bestandteil der sozialen Institutionen bestimmter Gesellschaften, demnach auch keine pathologische Erscheinung und auch kein ‚sozialer Krebsschaden'." (Goode 1960: 93) Die Einschränkung von Scheidungen, etwa durch das Scheidungsrecht, stellen in dieser Sichtweise eine Verstärkung des dysfunktionalen Elements dar. Vor diesem Hintergrund teilt Parsons

Durkheims negative Einschätzung der Ehescheidung nicht: „divorce certainly has not led to a general disillusionment with marriage" (Parsons 1955: 5).

Die neuere System- und Differenzierungstheorie geht insbesondere den veränderten Anforderungen und Funktionen nach, die die Familie zu erfüllen hat. Ihr liegt die Annahme zugrunde, „dass Systemdifferenzierung und Systembildungsprozesse auf Komplexitätssteigerung und zunehmender Leistungsspezialisierung beruhen." (Nave-Herz 2013: 79) Niklas Luhmann weist der Familie die Funktion der gesellschaftlichen Inklusion der Vollperson zu. Sie ist für ihn der Ort, „an dem das Gesamtverhalten, das als Person Bezugspunkt für Kommunikation werden kann, behandelt, erlebt, sichtbar gemacht, überwacht, betreut, gestützt werden kann." (Luhmann 2005: 198f.) Diese Funktion nimmt kein anderes Sozialsystem ein. Die Familie reflektiert dabei das Problem der gesellschaftlichen Inklusion. „Die Familie löst es, statt es für die Gesellschaft zu lösen, für sich selber – aber dies durchaus in der Gesellschaft und nicht außerhalb der Gesellschaft, also unter den Bedingungen einer anders strukturierten gesellschaftlichen Umwelt." (Luhmann 2005: 199)

Luhmann betont die spezifische Qualität der Kommunikationsbeziehungen in der Familie. „Die Familie lebt von der Erwartung, daß man hier für alles, was einen angeht, ein Recht auf Gehör, aber auch eine Pflicht hat, Rede und Antwort zu stehen. Man kann erzählen, man darf auch fragen. Für das, was mit der Einzelperson zusammenhängt, gibt es keine anerkannten thematischen Beschränkungen" (Luhmann 2005: 199). Diese damit einhergehende Emotionalisierung der persönlichen Beziehungen macht für Luhmann das Besondere der modernen Familie aus. Die Familie bietet im Zuge der funktionalen Spezifizierung Raum für ein emotional befriedigendes Miteinander von Menschen (Huinink/Konietzka 2007: 201) und stellt ein „Sozialsystem mit enthemmter Kommunikation" (Luhmann 2005: 195) dar.

Für Rosemarie Nave-Herz (2013: 146) wurde die Partnerbeziehung durch das Ideal der romantischen Liebe „zum Sinnkriterium von Ehe. Selbst der Kinderwunsch und die Kinder gelten als Symbol der Intensität dieser Beziehung. Die Dauerhaftigkeit der Ehe wurde damit von der Partnerzufriedenheit und den individuellen Anspruchsmustern an den Partner bzw. an die Partnerin und überwiegend vom Bestand der emotionalen Beziehung zwischen den Ehepartnern abhängig". Die gestiegenen Ansprüche an die Qualität der Ehe stellen aus dieser Perspektive nicht nur die Hauptursache für Ehescheidungen dar; sie sind zum Mittelpunkt der Ehe geworden.

„Der institutionelle Charakter der Ehe hat also im Zeitablauf de facto abgenommen. Je stärker aber dieser in den Hintergrund tritt und allein die Beziehungsebene und damit Emotionen und Affekte für den Erhalt der Ehe bedeutsam werden, desto eher können Enttäuschungen über den Partner die Auflösung der Ehe begünstigen, da keine weiteren wesentlichen Funktionen der Ehe die aufgetretene Deprivation kompensieren können." (Nave-Herz 2013: 173)

Für Nave-Herz sind insbesondere die gesamtgesellschaftlichen Wandlungsprozesse für das gestiegene Ehescheidungsrisiko verantwortlich. Hierzu zählt sie den Wandel der Wertestruktur, den Funktionswandel der Ehe sowie die Rollenveränderungen der Frau. Die Revolution zu postmaterialistischen Gründen fördert die Selbstentfaltungsorientierung und vermindert die Orientierung an Pflichten. Daraus folgen zwei Konsequenzen: erstens geht die Zustimmung zur Institution der Ehe zurück bzw. nimmt der institutionelle Charakter der Ehe ab. Zweitens nimmt die Orientierung an Selbstentfaltungs- und Partnerschaftswerten zu; die Qualität der Partnerbeziehung wird ganz entscheidend für das Gelingen einer Ehe.

„So ist ein zentrales Ergebnis unserer Studie der Nachweis, daß durch die gestiegenen psychischen Anforderungen an die Ehe und durch die hohen affektiv-emotionalen Ansprüche an den Ehepartner [...] häufig das Scheitern der Ehe ,vorprogrammiert' ist. Nicht ein Bedeutungsverlust der Ehe, d. h. eine Zuschreibung von ,Sinn'losigkeit von Ehen hat also das Ehescheidungsrisiko erhöht und veranlaßt Ehepartner heute, ihren Entschluß eher zu revidieren, sondern die idealisierten Vorstellungen von einer Ehe und die Ansprüche an eine bestimmte Qualität einer ehelichen Partnerbeziehung führen häufiger schneller zu unerfüllten Bedürfnissen und damit zu Spannungen in den ehelichen Beziehungen. Dieser Wandel in der subjektiven Sinnzuschreibung der Ehe und die Veränderungen in der Bejahung von bestimmten Ehekonzepten [...] sind im Zusammenhang zu sehen mit gesamtgesellschaftlichen ökonomischen und normativen Veränderungen, dem Funktionswandel von Ehen und der Ausprägung einer Pluralität von Lebensformen, wodurch die funktionale Spezialisierung der Ehe weiter fortgeschritten ist" (Nave Herz et al. 1990: 138).

Auch für Luhmann kann aus dem kompensatorischen Interesse an Intimbeziehungen kaum auf die Stabilität der entsprechenden Systeme geschlossen werden. „Gerade Hoffnungen und Erwartungen, die etwas Vermißtes zu finden, etwas Unerfülltes zu erfüllen suchen, können auch Maßstäbe aufbauen, die sich nicht oder nur schwer erfüllen lassen." (Luhmann 1982: 196)

2.1.2 Individualebene: Ehe und Scheidung als (subjektiv-)rationale Entscheidung

Seit den 1970er Jahren kommt es zu einer vermehrten Anwendung ökonomischer Modelle auf Gegenstandsbereiche und Probleme benachbarter Sozialwissenschaften. Von seinen Proponentinnen und Proponenten wird diesem Ansatz „nicht nur ein überlegenes Erklärungspotential zugesprochen, sondern damit verbunden auch die implizite oder explizite Forderung erhoben, das ökonomische Modell als Basis sozialwissenschaftlicher Theoriebildung zu nehmen" (Aretz 1997: 79). Dieser „ökonomische Imperialismus" findet sich in den stark rezipierten Ansätzen der Familiensoziologie wider, die unter dem Etikett Rational-Choice-Theorien zusammengefasst werden. Die Grundannahme ist dabei, dass Menschen rationale Akteure sind, die vor einer Handlung Kosten und Nutzen abwägen und verschiedene Alternativen durchspielen (Burkart 2010: 130).

Der ökonomische Ansatz zur Erklärung des familialen Verhaltens von Gary S. Becker ist für diese Perspektive grundlegend. Für Becker machen die „Annahmen des nutzenmaximierenden Verhaltens, des Marktgleichgewichts und der Präferenzenstabilität – strikt und ohne Einschränkung angewandt – [...] zusammen den Kern des ökonomischen Ansatzes aus" (Becker 1982: 4). Der Ansatz macht dabei keinen Unterschied „zwischen Entscheidungen von Personen mit verschiedenen Einkommen, verschiedener Erziehung oder familiärer Herkunft." (Becker 1982: 7)

In der späteren Familienökonomie wird diese These weiterentwickelt, in dem vom individuellen Nutzen auf den Haushaltsnutzen umgestellt wird. Das entsprechende Handlungskalkül ist nicht, wie in der älteren Familienökonomie, die individuelle Nutzenmaximierung, sondern die Maximierung des kollektiven Nutzens (Hill/Kopp 2008: 71). Für Becker stellen Familien gleichsam Unternehmen dar, die spezifische Produkte produzieren und versuchen, ihre Familienwohlfahrt zu maximieren. Diese Produkte sind in der Regel keine marktgängigen Produkte, sondern „Güter" wie Fürsorge, Unterstützung, Kinder oder auch Liebe, also „Güter" die nicht käuflich zu erwerben sind.

Für Becker bilden zwei Prinzipien das Kernstück seiner Analyse der Ehe: das erste Prinzip besagt, dass, da eine Heirat praktisch immer ein freiwilliger Akt ist – entweder der heiratenden Person oder ihrer Eltern –, die Präferenzentheorie ohne weiteres angewandt werden kann und die heiratenden Personen (oder ihre Eltern) erwarten, ein höheres Nutzenniveau zu erreichen als sie erreichen würden, wenn sie alleine blieben. Das zweite Prinzip unterstellt einen Heiratsmarkt: viele Männer und Frauen stehen bei ihrer Partnersuche miteinander im Wettbewerb. Jeder einzelne versucht auf diesem Heiratsmarkt den besten Ehepartner zu finden, in Abhängigkeit von den Restriktionen, die die Marktbedingungen auferlegen (Becker 1982: 226). Die Eheschliessung wird somit von Becker als das rationale, nutzenmaximierende Handeln zweier Personen konzeptualisiert. Aus der Perspektive des nutzenmaximierenden Verhaltens folgt, dass die Scheidung angestrebt wird, „wenn der erwartete Nutzen aus dem Weiterbestand der Ehe geringer ist als der erwartete Nutzen einer Scheidung, wobei dieser zweitgenannte Nutzen auch durch die Aussichten auf eine Wiederverehelichung bestimmt wird." (Becker 1996: 110) Liegt der Nutzen, den eine Person aus ihrer Ehe zieht, unterhalb des erwarteten Nutzens aus einer Alternative minus den Suchkosten, die anfallen, minus den getätigten Investitionen in die bestehende Ehe, steigt das Ehescheidungsrisiko deutlich an.

Für Becker liegt ein erhöhtes Scheidungsrisiko darin begründet, dass bei der Ehe-Entscheidung bestimmte Eigenschaften des Partners nicht bekannt sind und somit der erwartbare Nutzen nicht genau bestimmt werden kann. Für ihn sind die Unsicherheit über das „matching" (das Zusammenpassen der Partner) und die Möglichkeit des „mismatch" die zentralen Komponenten der Erklärung der Scheidung (Hill/Kopp 2006: 282ff.). „Daß neue Information eine wichtige Ursache von Scheidungen ist, besagt der große Anteil von Ehescheidungen innerhalb der ersten Ehejahre." (Becker 1996: 110) Die Folge einer fehlenden optimalen „Passung" oder „Matching" sind spätere niedrigere Produktivitätsraten in der Ehe.

Im Unterschied zu familienökonomischen Ansätzen, die auf Becker zurückgehen, unterstellen austauschtheoretische Konzepte den individuellen Entscheidungen der Akteure nur eine subjektive Rationalität. Zwar versuchen Individuen, ihren „Profit", das heisst ihren persönlichen Nutzen zu maximieren. Das soziale Handeln bzw. die individuellen Entscheidungen basieren aber auf „der Basis subjektiv-rationaler Kosten-Nutzen-Analysen" (Schneider 1991: 60) und dabei häufig auf „fehlerhaften und unzureichenden Informationen, auf falschen Einschätzungen relevanter Rahmenbedingungen und auf unangemessenen Erwartungen." (Schneider 1991: 61)

In dieser explizit individualistischen Betrachtungsweise (Scheller 1991: 329) sind die Entscheidungen der Akteure von den individuellen Präferenzstrukturen abhängig; davon abhängig ist auch das, was als Nutzen oder Gewinn betrachtet wird. Im Gegensatz zu der Grundannahme der ökonomischen Verhaltenstheorie sind diese Präferenzstrukturen nicht langfristig stabil, sondern haben einen dynamischen Charakter. Deshalb kann sich der Nutzen von früher getroffenen Entscheidungen ändern, was einen Einfluss auf die Ehestabilität haben kann. Ebenso können lebenslaufspezifische Entwicklungen und sich verändernde Lebensformen den Nutzen einer Ehe beeinflussen (Schneider 1991: 66).

George Levinger hat die Austauschtheorie für die Ehe- und Familiensozio-
logie fruchtbar gemacht und ihre Terminologie – Nutzen und Kosten in der Rational-Choice-Theorie – durch die Begriffe „attractions" und „barriers" ersetzt
(Levinger 1965; Scheller 1991: 329). Ihm zufolge ist die eheliche Stabilität das
Ergebnis eines Balanceaktes zwischen den Attraktionen eines Ehepartners, den
Barrieren – Bedingungen, die kurz oder langfristig ein Fortführen der Ehe be-
wirken, obwohl der Wunsch besteht, sie aufzulösen – und den Attraktionen von
Alternativen. Seine zentrale Annahme lautet: „Eine Ehe ist um so stabiler, a) je
stärker die Attraktion der Partner zueinander ist, b) je schwächer die Attraktion
von Alternativen ist und c) je stärker die Barrieren sind, wobei diese Faktoren
durch die subjektive Wahrscheinlichkeit ihres Auftretens gewichtet werden."
(Scheller 1991: 329) Dabei werden verschiedene Faktoren berücksichtigt: affektive, materielle und symbolische Belohnungen. Als Attraktivität der Partner
werden in die Betrachtung einbezogen: affektive (zum Beispiel sexuelle Erfüllung, gegenseitige Anerkennung), materielle (zum Beispiel das Einkommen des
Partners) und symbolische Belohnungen (zum Beispiel Prestige). Auch die Attraktionen von Alternativen können affektiv (zum Beispiel sexuelle Befriedigung), materielle (zum Beispiel finanzielle Unabhängigkeit) und symbolische
Belohnungen (zum Beispiel das Gefühl der psychischen Unabhängigkeit) sein.
Barrieren können affektive Kosten (zum Beispiel Verletzung von Gefühlen gegenüber den Kindern), materielle Kosten (zum Beispiel Gerichtskosten) sowie
symbolische Kosten (zum Beispiel die Erwartung von Stigmatisierung) sein
(Scheller 1991: 329).

Für Norbert F. Schneider (1991: 64) ist der Gesamtnutzen der Institution der
Ehe im Vergleich zu anderen Lebensformen aus verschiedenen Gründen im
Schwinden begriffen. Die Barrieren einer Scheidung haben sich verringert: So
wird der „externe Druck", der auf die Individuen etwa von Seiten der Eltern oder
Nachbarn einwirkt, nur noch selten auf der Nutzenseite der Ehe verbucht. Ehen
scheinen dort noch einen Vorteil gegenüber ihren Alternativen zu haben, wo
massive Eingriffe des Staates zur Stützung der Ehe stattfinden, etwa in Form der
ökonomischen Besserstellung verheirateter gegenüber nichtverheirateter Paare.
Dazu gehören auch die Kosten, die eine Scheidung verursacht. War früher der
Nutzen der Ehe mit Sicherheit und grösserer Stabilität verbunden, wiegt heute
der Autonomieverlust als Kostenfaktor schwerer. Für die Einschätzung des Nutzens einer Ehe spielen soziale Vergleichsprozesse eine wichtige Rolle. Die Ent-
scheidungsgrundlagen haben sich verändert: „Dauer ist unmodern. Der aus der
Eheschließung erwartete Nutzen wird nicht mehr langfristig, sondern zunehmend
mittel- und kurzfristig kalkuliert. Und es finden immer wieder neue Kalkulatio-
nen statt, die die gerade gültige Entscheidung kritisch überprüfen und gegebenenfalls zur Revision dieser Entscheidung führen." (Schneider 1991: 69)

Neuere Rational-Choice-Ansätze beziehen Normen und Werte in ihre Theorien mit ein. Für Hartmut Esser ist das einflussreichste theoretische Konzept zur Erklärung von Heirat und Scheidung noch immer der familienökonomische Ansatz von Becker, es zeigen sich ihm zufolge aber eindeutige empirische Hinweise auf Grenzen dieses Ansatzes. Als Beispiel nennt er die starke empirische Wirkung der kirchlichen Heirat unabhängig von der Konfession, „offenbar also alleine schon als symbolischer und ritueller Akt" (Esser 2002a: 33). Zudem wirken sich Pflegefälle in der Familie, die hohe Kosten jeglicher Art verursachen, entgegen der entsprechenden Erwartung als stabilisierend für die Ehe aus. Die „‚soziologische' Lücke des Becker-Ansatzes" (Esser 2002a: 32) ist die nichterfolgte Berücksichtigung der Wirkung von „irrationalen" Loyalitäten in der Ehe, der besonderen normativen und kulturellen Orientierungen oder gemeinsamen Sinnwelten und der nicht-kontraktuellen Teile des (impliziten) Ehevertrags.

Mit seinem Modell der „Frame-Selektion" entwickelt Esser einen Ansatz zur Integration des „normativen" und „rationalen" Handelns, welchen er auf die Erklärung der Ehescheidung anwendet. Er verweist damit auch auf die Bedeutung subjektiver Normen für die Stabilität von Beziehungen. In der Ehe- und Familienbeziehung herrscht nicht nur eine kalkulierende Rationalität, sondern eine spezifische, auch gesellschaftlich geprägte und auf Werten und Normen beruhende Handlungslogik, die von emotionaler Zuwendung, Fürsorglichkeit und auch Altruismus geprägt ist (Hill/Kopp 2008: 76).

„Der alles steuernde Mechanismus ist eben *nicht* die ‚kalkulierende' Rationalität der Akteure, sondern der *Match* von gedanklichen Modellen und symbolischen Repräsentationen in einer Situation." (Esser 2002a: 59) Für die Bewertung der Situation spielen gedankliche Modelle – sogenannte Frames – eine zentrale Rolle. Frames sind von einem Kollektiv verbreitete und geteilte Muster gedanklicher Modelle und „kollektive Repräsentationen", vorgefertigte Orientierungen, „Codes" und „Einstellungen" (Esser 2002a: 34). Für Esser unterliegt jedes soziale Handeln einer bestimmten orientierenden Rahmung, so erst recht das ehebezogene Handeln. „Für die Ehe gehört zu dieser Orientierung das gedankliche Modell etwa einer heterosexuellen Beziehung, deren Oberziel, sagen wir, die gegenseitige Liebe, die Regulation der Intimität, die Versorgung mit Affekten und allerlei anderen Dingen ist, die auf Märkten oder anderswo kaum zu erlangen sind." (Esser 2002a: 37) In diesem gedanklichen Modell ist lediglich eines ausgeschlossen: „das Gehen eigener Wege und die Orientierung auf ein Leben ohne den Partner." (Esser 2002a: 37) Das wäre ein ganz anderes Modell der Beziehung mit einem anderen Code der Orientierung und einem anderen Programm des Handelns. „Im deutlichsten ‚Modell'-Fall ist das von den Partnern geteilte gedankliche Modell der Ehe dann auch die subjektive Repräsentation einer objektiven gesellschaftlichen Regel" (Esser 2002a: 37). Esser wertet das

von ihm so bezeichnete „traditionale" Modell der Ehe auf, indem er alle von
diesem Modell abweichenden Modelle der Ehe als „eine, mehr oder weniger
gravierende, Schwächung des Framings der Ehe als einer ‚institutionalisierten'
und sakralisierten Angelegenheit" betrachtet und das „‚traditionale' Modell als
den Referenzfall zur Erklärung der ehelichen Stabilität, und jede Abschwächung
dieses Frames als eine Hinwendung zu einem dieser alternativen Modelle" (Esser 2002a: 38), behandelt.

Nach Esser lässt sich der Weg in die Scheidung mit einer bestimmten Pfad-
abhängigkeit als ein situationslogischer Prozess beschreiben (Esser 2002b:
475ff.). Zuerst steht die Rahmung als „gute" Ehe; solange ein perfektes „Match"
vorherrscht, ändert sich diese nicht, auch wenn sich Anreize und Opportunitäten
verändern; eine feste Rahmung zu Beginn ist wichtig für eine dauerhafte Stabilisierung ehelicher Beziehungen. Erst wenn der „Match" sich aufzulösen beginnt,
sei es beispielsweise durch einen Verdacht der Untreue, werden die Anreize bzw.
der Ehegewinn und die möglichen Alternativen bedeutsam.

2.1.3   Beziehungsebene: Familiale Interaktionen und die eheliche Konstruktion der Wirklichkeit

Ebenso wie bei der Makroperspektive lässt sich die familiensoziologische Perspektive, die auf familieninternen Beziehungen und Interaktionen sowie dem
Gruppencharakter der Familie fokussiert, weit zurückverfolgen (Huinink/Ko-
nietzka 2007: 19). Georg Simmel (1992) hat mit seinen Untersuchungen zur
sozialen Interaktion und Wechselwirkung für die Familiensoziologie einen wichtigen – konflikttheoretischen – Beitrag geleistet, auch wenn er Familie und Ehe
nur exemplarisch behandelt.

Umfassend und systematisch ausgearbeitet hat die Beziehungsperspektive
die Chicago-School, die vor allem mit dem Soziologen Ernest W. Burgess verbunden ist. Für ihn und Harvey J. Locke ist die Familie weniger eine Institution
als vielmehr ein sozialer Interaktionszusammenhang – „the family as a unity of
interacting persons." (Burgess/Locke 1950: 335) Der Blick ist auf die Familie als
lebendige, sich verändernde und wachsende Interaktion der Familienmitglieder
gerichtet. Indem sie „miteinander interagieren, Konflikte austragen, Kompromis-
se schließen und sich so aufeinander einstellen, entwickelt sich ein eigenes,
selbst hergestelltes Verständnis der ehelichen Beziehung und Familie, das weniger von außen durch institutionelle Rollenvorgaben selbst bestimmt ist." (Hui-
nink/Konietzka 2007: 20). Die beiden Autoren charakterisieren das Verhältnis
der Mitglieder der modernen Familie bzw. die Ehe mit dem Begriff der „companionship". Das heisst, „dass die Einheit der Familie nicht auf Autorität und Tra-

dition beruht, sondern das Ergebnis solidarischer Interaktion, gemeinsamer Interessen und gemeinsamen Erlebens auf der Basis gegenseitiger Zuneigung der Familienmitglieder ist" (Huinink/Konietzka 2007: 20).

Nach Burgess hat sich im Zuge der Urbanisierung aus der patriarchalen Familie die kameradschaftliche Familie („companionship family") entwickelt. Erstere basiert auf der Tradition, auf sozialem Druck der Nachbarschaft, auf Ritualen und Zeremonien, auf Autorität und Unterordnung der Familienmitglieder sowie streng definierten Rollen und geschlechtlicher Arbeitsteilung. Letztere bewahrt und entwickelt ihre Einheit bzw. Zusammengehörigkeit („unity") durch gegenseitige Zuneigung und sympathisches Verständnis, in emotionaler und rollenspezifischer Wechselbeziehung, im Konsens über die Ziele und Werte der Familie, bei Familienfeiern, Festen und Zeremonien. Sozialer Druck der Gemeinschaft, insbesondere der von Verwandten, Freunden und Nachbarn, übt einen immer geringeren Einfluss auf das Ehepaar aus (Burgess/Locke 1950: 356).

Ehescheidungen sind für Burgess und Locke ein Indikator für das Ausmass des ehelichen Unglücks („marital unhappiness") und der Familienstörung („family disruption"). „Family disintegration means that its members no longer act together as a unit." (Burgess/Locke 1950: 627) Diese Auflösung kann auch dann eintreten, wenn das Ehepaar nicht geschieden ist. Die formale Trennung durch Scheidung ist für die Familienauflösung unbedeutend. Die Scheidung als legale Trennung der Ehe ist nur noch die öffentliche Bekundung, dass die Ehegatten nicht in der Lage gewesen sind, ihre Eheprobleme zu bewältigen. Die Öffentlichkeit dieses Aktes kann die Scheidung hinauszögern, auch wenn die Ehe bereits aufgelöst ist: „Many couples are so reluctant to face the unfavorable publicity attendant upon divorce that they postpone this action until either the husband or the wife desires to marry again." (Burgess/Lock 1950: 627)

Burgess und Locke (1950: 629f.) nennen mehrere Faktoren, die die Scheidung beeinflussen: die Gesetzgebung – die „liberal grounds for divorce" in manchen US-Bundesstaaten im Gegensatz zu Staaten wie Irland, die zur damaligen Zeit kein Scheidungsrecht kennen; der Sittenkodex über Ehe und Scheidung – „differences in the mores affect not only legislation but determine the attitudes of people toward divorce"; die Einstellung der Kirche gegenüber der Scheidung, die sich etwa in unterschiedlichen Scheidungsraten in katholischen und protestantischen Gebieten ausdrückt; der Urbanisierungsgrad eines Landes; die kulturelle Homogenität und Mobilität der Bevölkerung.

Peter L. Berger und Hansfried Keller beschreiben in ihrem wissenssoziologischen Ansatz die Ehe als nomosbildendes Instrument, „die dem einzelnen die Ordnung bietet, in der er sein Leben sinnvoll erfahren kann." (Berger/Kellner

1965: 220) Die Ehe wird von ihnen gefasst als „ein Instrument gesellschaftlicher Erschaffung der Wirklichkeit" (Berger/Kellner 1965: 226), wobei die Partner sich das gemeinsame Leben in seiner je konkreten Gestalt als ihre exklusive Sinnwelt erschaffen (Huinink/Konietzka 2007: 20).

Die Erschaffung dieser gemeinsamen Sinnwelt wird von den Autoren als ein „*dramatischer* Vorgang" beschrieben, „bei dem zwei Fremde aufeinandertreffen und sich neu definieren." (Berger/Kellner 1965: 222) Die Ehe begründet einen nomischen Bruch, indem sie hinsichtlich der Einzelbiografien der beiden Partner einen neuen nomischen Prozess auslöst (Berger/Kellner 1965: 226). Es kommt zu einer Re-Definition des eigenen Weltbildes durch die Ehe. Im „signifikanten Anderen" findet der Einzelne die Bestätigung seiner Identität und seiner Stellung in der Welt. In der Beziehung zu ihm – insbesondere im Gespräch – wird die Realität der eigenen Sinnwelt erhalten. „In gleichem Maße, wie der Verlust der Beziehung zu den ‚signifikanten anderen' den einzelnen der *Anomie* überantwortet, gewährleistet ihr Vorhandensein den *Nomos*, durch den es möglich ist, sich weitgehend in dieser Welt zu Hause zu fühlen." (Berger/Kellner 1965: 222) Die Ehe ist dabei nur eine gesellschaftliche Erscheinung unter mehreren, in denen der nomosschaffende Prozess abläuft. Sie hat aber – so die Hauptthese von Berger und Kellner – einen im Vergleich zu anderen signifikanten Beziehungen privilegierten Status.

Dieser dramatische Akt wird von den Einzelnen innerlich antizipiert, da er gesellschaftlich legitimiert ist mittels einer „beherrschenden Ideologie", deren besondere Schwerpunkte wie romantische Liebe, sexuelle Befriedigung oder Selbstbestätigung und Selbstverwirklichung durch Liebe, in allen Sphären der Gesellschaft zu finden sind (Berger/Kellner 1965: 222f.). Die Gesellschaft, in der der nomosbildende Prozess auftritt, definiert gleichsam die besondere Erscheinungsform der Ehe vor: sie hat ihre spezifische Art und Weise, die Realität – ihre Welt, ihr Universum, ihr Ensemble von Symbolen – zu definieren und zu begreifen (Berger/Kellner 1965: 221). „Diese Typisierungen und ihre Ordnung sind Allgemeingut der Gesellschaftsglieder, wodurch sie nicht nur den Charakter der Objektivität annehmen, sondern als gegeben, als die Welt *tout court*, als die einzige Welt, die der normale Mensch denken kann, genommen werden" (Berger/Kellner 1965: 221). Der Einzelne verfügt über eine spezifische „Garnitur der Typisierung und der Bezugskriterien", „die für ihn von der Gesellschaft vordefiniert und als Ordnungsmittel für sein alltägliches Leben verfügbar gemacht werden." (Berger/Kellner 1965: 221)

Den wichtigsten Einfluss auf die Erscheinungsform der Ehe übt für Berger und Kellner die Kristallisation der privaten Sphäre aus, die als Nebenprodukt der Industrialisierung und des damit einhergehenden gesellschaftlichen Wandels entstanden ist. Die Privatsphäre entzieht sich immer mehr der Kontrolle durch öffentliche Institutionen, insbesondere durch Wirtschaft und Politik, und wird so zum entscheidenden gesellschaftlichen Bereich, indem der Einzelne seine Selbstverwirklichung erreichen kann und der ihm Wahlmöglichkeiten und Autonomie bietet (Berger/Kellner 1965: 223f.). Waren früher Ehe und Familie „fest in einem Netz von Beziehungen verankert, die sie mit der größeren Gemeinschaft verbanden" und dienten „als Ausübungsorgane und Partikularisationen der sozialen Kontrolle" durch die Gemeinschaft, waren also „in einen beträchtlich weiteren *Gesprächsbereich* eingebettet", so konstituiert in der Gegenwartsgesellschaft „jede Familie ihre eigene segregierte Teilwelt, mit ihren eigenen Kontrollen und ihrem eigenen, geschlossenen *Gespräch*." (Berger/Kellner 1965: 225)

Aufgrund der Reduktion auf die private Sphäre und der Notwendigkeit, durch das Gespräch die eheliche Wirklichkeit kontinuierlich zu bestätigen, braucht es einen viel größeren Einsatz der Ehepartner:

> „Ungleich früheren Zeiten, in denen die Gründung einer neuen Ehe nur einen Zuwachs an Differenzierung und Komplexität zu einer bereits bestehenden sozialen Welt bedeutete, finden sich die Ehepartner heute vor der oftmals schwierigen Aufgabe, sich ihre eigene private Welt, in der sie leben werden, selbst zu schaffen. […] Durch den monogamen Charakter der Ehe wird die dramatische und unsichere Anlage dieses Unternehmens potenziert. Erfolg oder Versagen der Ehe hängen ab von den gegenwärtigen Idiosynkrasien und der kaum voraussagbaren zukünftigen Entwicklung dieser Idiosynkrasien von nur zwei Menschen (die obendrein keine gemeinsame Vergangenheit haben) – nach *Simmel* die am wenigsten stabile aller nur möglichen gesellschaftlichen Beziehungen." (Berger/Kellner 1965: 225)

Das Fundament der Ehe ist brüchig geworden. Beständigkeit – im Sinn einer „Objektivierung" als einem Prozess, durch den die subjektiv erfahrenen Sinnbedeutungen objektiv verständlich werden (Berger/Kellner 1965: 225) – erhält die Ehe beispielsweise durch das Vorhandensein von Kindern, durch einen ähnlichen sozialen Hintergrund der Ehegatten oder durch ähnliche Erwartungen an die Ehe.

Berger und Kellner unterstreichen trotz der Schwierigkeiten, vor denen Ehepartner vermehrt stehen, die hohe Relevanz der Ehe:

> „Es ist kennzeichnend, daß sich die Partner in unserer Gesellschaft nicht scheiden lassen, weil die Ehe ihnen unwichtig geworden ist, sondern weil die Ehe so wichtig ist, daß sie sich nicht mit weniger als einer völlig zufriedenstellenden Übereinstimmung mit dem jeweiligen Partner begnügen wollen. Will man dies begreifen, so muß man zuvor das zentrale Bedürfnis verstanden haben, an der Welt, die in unserer Gesellschaft nur durch die Ehe geschaffen wird, teilzuhaben. Hätte der einzelne an dieser Welt keinen Anteil, wäre er der drohenden Anomie überantwortet. Die Häufigkeit der Ehescheidungen spiegelt nur die Schwierigkeiten und den fordernden Charakter des gesamten Unterfangens." (Berger/Kellner 1965: 234)

2.2 Empirische Befunde zur Ehescheidung

Die im vorigen Abschnitt vorgestellten theoretischen Perspektiven auf die Familie bzw. die Ehe und ihre Auflösung führen zu unterschiedlich konzeptualisierten empirische Untersuchungen über die Ehescheidung mit verschiedenen Fragestellungen und Forschungsinteressen. Dabei schliessen sich die Ergebnisse nicht kategorisch aus, sondern ergänzen sich gegenseitig (Nave-Herz 2013: 175).

Die verschiedenen Untersuchungen lassen sich zu zwei Gruppen zusammenfassen: Eine erste Art von Studien prüft strukturelle Indikatoren und demografische Variablen, das heisst bestimmte Partner- und Ehekonstellationen, auf ihre Auswirkungen auf die Scheidungswahrscheinlichkeit und das -risiko. Zudem wird auf der Basis einer austauschtheoretischen Erklärung, die auf die Ehequalität und -stabilität zielt, der subjektive Nutzen der Ehe beleuchtet, indem nach den sozialen Barrieren gefragt wird. Eine zweite Perspektive interessiert sich für die Scheidungsursachen aus der subjektiven Sichtweise der Betroffenen.

2.2.1 *Strukturelle Indikatoren und Barrieren der Scheidung*

Die Mehrzahl der empirischen Untersuchungen der letzten Jahrzehnte über die Ehescheidung geht auf die Rational-Choice-Theorie(n) bzw. die Austauschtheorie zurück und sucht nach *strukturellen Indikatoren*, die die Scheidungswahrscheinlichkeit bzw. das Scheidungsrisiko erhöhen. Diese Studien untersuchen die Ehescheidung vorwiegend in Abhängigkeit von bestimmten demografischen Variablen. Auf der Grundlage von Daten der Volkszählung und anderer Verwaltungsdaten werden ein- und mehrdimensionale Abhängigkeiten postuliert (Scheller 1991: 324). Zudem werden in teilweise umfangreichen standardisierten Erhebungen weitere Indikatoren erhoben und miteinander in Beziehung gesetzt (Klein/Kopp 1999).

Christian Babka von Gostomski, Josef Hartmann und Kopp (1999) nennen eine Vielzahl an Indikatoren, die auf das Scheidungsrisiko einwirken: Stabilität der elterlichen Ehe, Religionszugehörigkeit bzw. Religiosität, Bildung der Ehepartner, berufliche Ausbildung, Heiratsalter, Erwerbstätigkeit, Kinder oder Wiederverheiratung. Hartmann (1999) setzt das Scheidungsrisiko mit weiteren verschiedenen Variablen in Beziehung, etwa dem Urbanisierungsgrad, der Anzahl der Kinder, der räumlichen Mobilität, der Wirtschafts- und Erwerbsstruktur sowie der konfessionellen Zusammensetzung der Bevölkerung. In einem Überblick über die Literatur zur soziologischen Scheidungsforschung zeigen sich folgende Ergebnisse:

In Studien wird zum einen auf die *Kontextmerkmale der Herkunftsfamilie* verwiesen (Babka von Gostomski et al. 1999: 45). Vor allem der Stabilität der elterlichen Ehe kommt eine wichtige Bedeutung zu. So zeigen Untersuchungen, dass das Scheidungsrisiko einer Ehe ansteigt, wenn es bereits eine Scheidung in der Elterngeneration gab (Diefenbach 1999); gesprochen wird in diesen Studien von „Ehescheidungsketten" bzw. von einer intergenerationalen Scheidungs-transmission (Nave-Herz 2013: 171). Vorwiegend bei Söhnen hat dieser soge-nannte Transmissionseffekt ein deutlich erhöhtes Risiko der Ehescheidung zur Folge. Bei einer Studie von Heike Diefenbach (1999) zeigt sich hingegen kein geschlechtsspezifischer Effekt.

Als zweiter Bereich werden die *verschiedenen Merkmale und Eigenschafts-kombinationen der Ehepartner* in den Blick genommen (Babka von Gostomski et al. 1999: 45ff., Scheller 1991: 324f.). So ist die *Religionszugehörigkeit* der Ehepartner ein Faktor, der die Scheidungswahrscheinlichkeit beeinflusst. Dabei wird die Religion als normative Orientierung gefasst, die systematisch unter-schiedliche subjektive Barrieren und soziale Kosten gegenüber einer Eheschei-dung darstellt. Die katholische Religionszugehörigkeit hat etwa gegenüber der protestantischen einen scheidungsmindernden Effekt. Interreligiöse Ehen weisen hingegen aufgrund von Wertdifferenzen und fehlender Unterstützung durch das soziale Netzwerk eine höhere Scheidungsrate auf (Babka von Gostomski et al. 1999: 45f.).

Vor dem Hintergrund der ökonomischen Theorie der Familie kommt der *Bildung der Ehepartner* eine grosse Bedeutung zu, wobei die Bildungseffekte für Männer und Frauen differenziert betrachtet werden. Während bei Männern eine gute Schul- oder berufliche Ausbildung über das höhere Einkommen den Nutzen der Ehe erhöht, kann dies bei Frauen durch einen gegenläufigen Effekt konterka-riert werden. Eine gute Schulbildung ermöglicht eine lukrative eigene Erwerbstä-tigkeit der Ehefrau und macht damit eine bei Becker (1981: 14ff.) als effizient betrachtete Arbeitsteilung unwahrscheinlicher (Babka von Gostomski et al. 1999: 46). Es tritt ein Selbstständigkeitseffekt auf, der die Barrieren für eine Ehescheidung sinken lässt.

Ähnlich differenzierte Effekte auf die Scheidungswahrscheinlichkeit wer-den im Anschluss an Becker der *Erwerbstätigkeit* zugesprochen (Babka von Gostomski et al. 1999: 46f.). Dabei haben bei Männern eine durchgängige Be-rufstätigkeit und eine hoch angesehene berufliche Position einen negativen Ef-fekt auf die Scheidungswahrscheinlichkeit. Bei der Erwerbstätigkeit von Frauen gibt es wie bei der Bildung sowohl einen Einkommens- als auch einen Selbst-ständigkeitseffekt. Letzterer ergibt sich aus der gewonnen wirtschaftlichen Un-abhängigkeit vom Ehemann, den Frauen erfahren, wenn sie über ein eigenes Einkommen verfügen. Sie erleichtert Frauen, die mit ihrer Ehe unzufrieden sind, sich scheiden zu lassen (Lamanna/Riedmann 2010: 406). Andere Autorinnen und Autoren postulieren hingegen, dass Ehen über den stabilsten Zusammenhalt verfügen, wenn Männer und Frauen unterschiedliche bzw. komplementäre Rollen in der Ehe einnehmen – der Mann als Hauptverdiener, die Frau als Zuständige für die Tätigkeiten im Haushalt, als Erzieherin der Kinder und „the family's domestic and emotional specialist" (Lamanna/Riedmann 2010: 406). Gestützt auf die Austauschtheorie wird behauptet, dass die wirtschaftliche Interdependenz als ein starkes Band die Ehe zusammenhält. Neue Studien zeigen hingegen die Kosten einer auf komplementären Rollen aufgebauten Ehe: insbesondere Männer, die stark die „Ideologie des männlichen Ernährers" internalisiert haben, leiden an physischen und psychischen Problemen, wenn sie an den selbst gesteckten Erwartungen scheitern. Stress und gefühlte Machtlosigkeit entsteht angesichts der immer schwieriger werdenden Aufgabe, in der spätmodernen Gesellschaft als Alleinverdiener die Familie versorgen zu können (Lamanna/Riedmann 2010: 406).

Beim Faktor Erwerbstätigkeit zeigen sich exemplarisch die Grenzen der ökonomischen Theorie der Familie. Da im Sinne des theoretischen Modells lediglich Nutzenfunktionen betrachtet werden, geraten die Interaktionen in der Ehe aus dem Blickfeld. So bestätigen Konflikttheoretikerinnen und -theoretiker, dass die Auseinandersetzungen in der Ehe zunehmen können, wenn Frauen arbeitstätig sind und die Männer keinen angemessenen Anteil an den Aufgaben im Haushalt übernehmen. Dies legen ebenso Studien aus der Richtung des symbolischen Interaktionismus nahe. So zeigt sich, dass die Einkommen der Frauen aus ihrer Erwerbstätigkeit zu einer wichtige Komponente des Familieneinkommens werden. Müssen die Lasten der Hausarbeit weiterhin die Frauen tragen, führt dies zu Konflikten in der Ehe und es verringert sich dementsprechend die Ehequalität, was die Chancen auf eine Scheidung erhöht (Lamanna/Riedmann 2010: 406).

Die schulische und berufliche Ausbildung hat gemeinsam mit Einkommen und Vermögen – zusammengefasst als *soziale Schicht* – einen Einfluss auf die Instabilität der Ehe: je niedriger die soziale Schicht, desto wahrscheinlicher ist es, dass sich ein Paar scheiden lässt (Lamanna/Riedmann 2010: 405). Als Erklärung werden hier die Belastungen durch unzureichende finanzielle Mittel sowie die nicht erfüllten Erwartungen in ökonomischer Hinsicht oder bezüglich der Bildungsaspiration angeführt.

Das *Heiratsalter* sowie die *Ehedauer* sind weitere Indikatoren für die Wahrscheinlichkeit, sich scheiden zu lassen. So zeigen Studien, dass eine frühe Eheschliessung die Wahrscheinlichkeit der Scheidung erhöht. Mehrere Gründe werden zur Erklärung dieses Effektes angeführt (Dyer 1986: 583): zunächst die grössere Möglichkeit, dass sich in den ersten Jahren der Ehe die Interessen, Karrieren und Persönlichkeitsmerkmale auseinanderentwickeln. Zudem können frühe Eheschliessungen eher eine Flucht aus einer bestehenden Lage als die Einbindung in eine neue Situation sein. Schliesslich kann eine voreheliche Schwangerschaft die Zeit der „Werbung" verkürzen und zu einer übereilten Heirat führen. Weitere Autorinnen und Autoren nennen als Ursachen eine mangelhafte Rollenperformanz oder die unvollständige Suche auf dem Heiratsmarkt und das so bedingte schlechte „Matching" der Partner (Babka von Gostomski et al. 1999: 47). Hierfür ist das Problem der *unvollständigen Informationen* über den Ehegatten bzw. die Ehegattin als Erklärungsansatz relevant. Die ökonomische Theorie der Familie geht davon aus, dass eine der Hauptgründe einer Ehescheidung in der unvollständigen Information liegt, die die Ehepartner über den jeweils anderen haben (Becker 1991: 327ff.). Eine frühe Scheidung in den ersten Jahren der Ehe wird damit begründet, dass sich nach der Eheschliessung der Informationsstand über den Partner deutlich erhöht – und damit über potenziell störende Merkmale, die vor der Heirat nicht bekannt waren. Dies ist jedoch vor dem Hintergrund der vorehelichen Lebensgemeinschaft immer weniger relevant. So zeigt eine Studie, dass Frauen, die sich früh scheiden liessen, „schwierige" Ehemänner und „Wertekonflikte" als Hauptquellen ihrer Unzufriedenheit angaben. Daneben sind persönliche Konflikte oder sexuelle Inkompatibilität für früh Geschiedene wichtige Problemzonen. Hingegen sind für Eheleute, die sich spät scheiden lassen, Informationen über andere potenzielle Partnerinnen und Partner oder die Verdienstmöglichkeiten relevante Merkmale, über die erst nach Jahren des Verheiratetseins Gewissheit erlangt werden kann (Becker 1991: 328).

An diesen auf strukturelle Merkmale zielenden Studien ist zum Teil harsche Kritik formuliert worden. Gitta Scheller (1991: 325) führt dazu aus:

> „Insgesamt ist zu den sozial-demographischen Untersuchungen kritisch anzumerken, daß sie zwar die Aufmerksamkeit auf die Konfliktträchtigkeit bestimmter Phasen im Familienzyklus sowie auf bestimmte Partner- und Ehekonstellationen sowie auf Merkmale lenken, mit denen ein erhöhtes Scheidungsrisiko verknüpft ist. Zur Erklärung der verursachenden Bedingungen von Ehescheidungen sind sie aber unzureichend, da sie weder über die Beweggründe, die den Scheidungsentschluß bestimmen, noch über die Faktoren, die zum Scheitern einer Ehe führen können, etwas aussagen. Offen bleibt z. B. bei derartigen Korrelationsanalysen, welchen empirischen Sachverhalt sie tatsächlich messen."

Auch für Nave-Herz (2013: 170) stellen diese einfachen Korrelationsberechnungen keine ausreichenden Analysen zur Aufdeckung von Ursachen von Ehescheidungen dar. Erstens kann es sich um typische Scheinkorrelationen handeln; zudem werden weitere Faktoren nicht erfasst und monokausale Korrelationen unterstellt. Zweitens ist die Aussagekraft beschränkt, da nicht immer klar feststeht, welchen empirischen Sachverhalt die einzelnen Variablen im Grunde messen.

Beispielsweise kann der statistisch gegebene Zusammenhang zwischen der höheren Kinderzahl und dem niedrigeren Scheidungsrisiko auf eine sozialstrukturelle Benachteiligung kinderreicher Familien zurückführbar sein, bei denen eine Scheidung aus finanziellen Gründen nicht möglich ist. Der Zusammenhang kann aber auch auf einer höheren Familienorientierung oder religiöser Bindung basieren, weswegen eine Auflösung einer Ehe nur im äussersten Fall erwogen wird. Nave-Herz stellt dann auch angesichts der empirischen Befunde zuspitzend fest:

> „Die höchste Wahrscheinlichkeit einer Ehescheidung ist bei jenen Paaren gegeben, die kinderlos, evangelisch oder nicht konfessionell gebunden sind, zudem in einem frühen Alter geheiratet haben, in denen die Ehefrau erwerbstätig ist, über ein höheres Bildungsniveau als der Ehemann verfügt, die in der Großstadt und nicht in einem eigenen Haus wohnen." (Nave-Herz 2013: 170)

Seit der Mitte der 1970er und 1980er Jahren wird auf der Basis austauschtheoretischer Konzepte im Sinne einer dynamischen Betrachtungsweise der Ehe versucht, die *Stabilität der Ehe* und damit das Risiko der Scheidung zu erklären sowie *Barrieren* für die Scheidung zu identifizieren. Für Hartmann und Beck (1999: 179) stellt „das Zurückdrängen der traditionellen Rollenteilung innerhalb der Familie eine wichtige Ursache für die Veränderung der Ehestabilität" dar. Hartmann (1999) untersucht den Zusammenhang von sozialer Einbettung und Ehestabilität. Wichtige Variablen aus austauschtheoretischer Sicht sind die Zufriedenheit mit dem Lebensstil, die Achtung durch den Partner bzw. die Partnerin, die emotionale Zuwendung, die Effizienz der Kommunikation oder die Interaktionshäufigkeit (Hill/Kopp 1999: 30).

Charakteristisch für die austauschtheoretische Sichtweise ist die Entwicklung von *Ehetypen*, die über unterschiedliche Scheidungswahrscheinlichkeiten verfügen und je nach Untersuchung verschiedene Sachverhalte in den Blick nehmen (Scheller 1991: 332). So ist es etwa zu einem Wachstum der Ehescheidungen gekommen, weil jene Ehetypen zugenommen haben, in der die Frau über eine grosse „bargaining power" – eine Art von Verhandlungsmacht – verfügt. Erklärt wird diese Zunahme mit gesamtgesellschaftlichen Veränderungsprozessen, insbesondere mit dem Wandel bestimmter normativer Veränderungen wie die zugenommene Legitimität des „Verhandelns in Paarbeziehungen", die gestiegene Legitimität der Ehescheidung, die zunehmende Erwerbstätigkeit und das gestiegene Bildungsniveau von Frauen (Scheller 1991: 332).

In weiteren Studien wird das *Verhältnis von gegenwärtigen Kosten einer Ehe und ihren Alternativen* untersucht. So geben Befunde insgesamt „Anlaß zu der Vermutung, daß bei Frauen die Entscheidung zur Auflösung der Ehe stärker von der empfundenen Unzufriedenheit mit der Ehe, bei Männern stärker von externen Alternativen zur Ehe abhängt." (Scheller 1991: 332) Als Barrieren werden „von den geschiedenen Frauen vor allem finanzielle Probleme in der Nachscheidungsphase und von Männern Probleme im Hinblick auf das Sorgerecht genannt" (Scheller 1991: 332). Für Frauen spielen religiöse Barrieren eine wichtige Rolle; bei Männern ist das Scheidungsrecht der am zweithäufigsten genannte Hinderungsgrund für eine Scheidung. Andere Autorinnen und Autoren resümieren ihre Untersuchungen dahingehend, dass vor allem der externe Druck zur Aufrechterhaltung der Ehe einen stärkeren Einfluss auf die Ehestabilität besitzt als die Ehequalität (Scheller 1991: 333).

Weitere Erklärungsansätze betrachten den *Normenwandel* als den dominanten Faktor für die Zunahme der Scheidung. Bestimmte normative Veränderungen machen eine Scheidung wahrscheinlicher, weil zentrale Barrieren, die bisher Scheidungen verhindert haben, weniger bedeutsam geworden sind (Scheller 1991: 335). So haben sich etwa die Diskriminierung und Stigmatisierung Geschiedener soziohistorisch gewandelt. Zudem wird das Ansteigen der Scheidungsraten mit der Liberalisierung der Scheidungsgesetze in Verbindung gebracht. Nach Scheller (1991: 336) kann man eine steigende Scheidungsquote auch dahingehend interpretieren, „daß sie heute wegen der Erleichterung der Scheidbarkeit von Ehen das Ausmaß gescheiterter Ehen eher widerspiegelt als früher. So könnte es sein, daß sich zeitgeschichtlich in Ehen wenig geändert hat, sondern sich lediglich die Opportunitätsstruktur gewandelt hat."

Rechtssoziologische Studien zur Scheidung kommen zu unterschiedlichen Ergebnissen. So wird einerseits behauptet, dass für die Zunahme der Scheidung weniger die rechtlichen Rahmenbedingungen als das „kulturelle Klima" verantwortlich sind (Scheller 1991: 336). Für Schneider (1990: 460) hingegen ist die Scheidungsrate sehr wohl abhängig von den rechtlichen Regelungen: „eingeschränkte Scheidungs- und Wiederverheiratungsmöglichkeiten bedingen eine niedrigere Scheidungsrate. Gute Versorgungsregelungen für Ex-Partner, insbesondere für Frauen und auf das Wohl der Kinder hin orientierte Regelungen der elterlichen Sorge können Folge steigender Scheidungszahlen sein und sie begünstigen gleichzeitig höhere Scheidungsraten." Jutta Limbach und Margret Rottleuthner-Lutter (1988: 288) stellen in ihrer Sekundäranalyse fest, dass die empirischen Befunde nicht die Annahme rechtfertigen, „daß die Stabilität von Ehe und Familie durch liberales Scheidungsrecht verringert oder durch strenge Scheidungsvorschriften erhöht wird."

2.2.2 Scheidungsursachen aus der subjektiven Sicht der Betroffenen

Neben den Studien, die strukturelle Einflüsse auf die Scheidungswahrscheinlichkeit oder die Ehequalität und -stabilität untersuchen, gibt es eine weit zurück-
reichende Tradition einer Scheidungsforschung, die sich mit den Ursachen der
Scheidung aus der subjektiven Sichtweise der Betroffenen befasst. Dabei werden
die Gründe, die zur Scheidung führen, zum einen in Interviews mit Geschiedenen erfasst, zum anderen aus Fragebodenerhebungen mit vorgegebenen oder
offenen Antwortkategorien gewonnen.

In den USA wurden bereits in den 1940er Jahren Primärerhebungen bei Geschiedenen durchgeführt (Schneider 1990: 460f.). So befragte William J. Goode
Ende der 1940er Jahre 425 geschiedene Frauen aus Detroit zu den Ursachen ihrer
Scheidung. Die fünf dabei am häufigsten genannten Trennungsgründe waren
„fehlende Unterstützung", „häufiges Ausgehen/Fortbleiben", „Trunksucht",
„autoritäres Verhalten" sowie „Unvereinbarkeit von Eigenschaften und Charak-
terzügen". Levinger (1966) interviewte in den 1960er Jahren 600 scheidungswillige Paare. Dabei stand bei Frauen der Trennungsgrund „seelische Grausamkeit"
an erster Stelle, gefolgt von „Vernachlässigung des Heims und der Kinder",
„körperlicher Gewalt", „finanzielle Probleme" und „Untreue". Bei Männern
waren „sexuelle Inkompatibilität" und „in-law trouble" die wichtigsten, signifikanten Gründe.

1989 wurden in einer Studie von Schneider (1990) 130 geschiedene oder
getrennt lebende Personen im Alter zwischen 21 und 60 Jahren nach den wichtigsten Ursachen ihrer Trennung befragt. Die dabei am meisten genannten Gründe waren „Enttäuschte/unerfüllte Erwartungen", „Entfremdung, unterschiedliche
Entwicklung der Partner, auseinandergelebt", „Kommunikationsprobleme, häu-
fige Auseinandersetzungen", „fehlende gemeinsame Zukunftsperspektive" und
„unterschiedlicher Lebensstil und unterschiedliche Einstellungen der Partner".
Am wenigsten genannt wurden die Trennungsgründe „finanzielle Probleme",
„Drogen- und Alkoholprobleme" sowie „Gewalttätigkeiten".

Nave-Herz (et al. 1990) hat in qualitativen Interviews die Anlässe für die
Scheidung erhoben. In 30 Prozent der Interviews wurde die Unehrlichkeit des
Partners angeführt, gefolgt von 28 Prozent, bei denen die Kenntnisse über ein
aussereheliches Verhältnis des Partners bzw. der Partnerin ausschlaggebend für
die Scheidung waren. Bei 21 Prozent war das Ansinnen massgeblich, das Leiden
der Kinder in einer krisenhaften Ehe zu beenden. Die Gewalttätigkeit des Partners bzw. der Gattin sowie Gewaltandrohung wurden am viert- und fünft-
häufigsten als Anlass für die Scheidung genannt.

Paul R. Amato und Denise Previti (2003) haben die Trennungsgründe in-
haltsanalytisch aus den Antworten auf offenen Fragen gewonnen, die von 1980

bis 1997 in einer Paneluntersuchung zum Ende der Ehe gestellt wurden. In ihrer Studie sind „Untreue" mit 22 Prozent und „Inkompatibilität" mit zwanzig Prozent die mit Abstand relevantesten Ursachen für die Scheidung. Die Gründe „Alkohol- und Drogenkonsum", „auseinander gelebt", „Probleme der Persönlichkeit bzw. des Charakters" und „mangelnde Kommunikation" sind bei 11 bis 9 Prozent der Fälle relevant.

In Studien zu den subjektiven Scheidungsursachen wurde zudem untersucht, inwieweit sich die Antworten hinsichtlich des Geschlechts und anderer Merkmale der Befragten unterscheiden. Die wichtigsten Ergebnisse lassen sich wie folgt zusammenfassen (Schneider 1990, Nave-Herz et al. 1990): Frauen nennen im Durchschnitt mehr Scheidungsgründe als Männer und geben teilweise andere Trennungsgründe als Männer an. Sie führen öfters Autoritätsprobleme, Kommunikations- und Verständnisschwierigkeiten, Gewalttätigkeiten und Trunksucht als Trennungsgründe an. Männer haben häufiger Schwierigkeiten, die ausschlaggebenden Gründe zu benennen. Zudem nennen die Initiatoren der Trennung durchschnittlich mehr Gründe als die Verlassenen. „Je länger die Ehe dauerte, desto häufiger werden Probleme genannt, die unmittelbar die Beziehung zwischen den beiden Partnern betreffen, während bei kürzerer Ehedauer eher Probleme bzgl. der Finanzen, mit der Haushaltsführung oder mit der Kindererziehung genannt werden." (Schneider 1990: 461)

Betrachtet man die unterschiedlichen Studien, zeigt sich für das 20. Jahrhundert ein Wandel der Scheidungsgründe (Kopp et al. 2010: 152): In älteren Studien stehen vorwiegend personale und rollenbezogene Probleme im Vordergrund. Es ist autoritäres Verhalten, Gewalt oder Trunksucht, die als Scheidungsgründe genannt werden. Später gewinnen verstärkt interpersonale Ursachen an Bedeutung, wie etwa Kommunikationsprobleme, schlechte Passung und mangelndes Zusammengehörigkeitsgefühl. Beispielsweise zeigt die Studie von Guy Bodenmann (et al. 2002: 15) „dass von Frauen wie Männern eine unterschiedliche Entwicklung als einer der häufigsten Scheidungsgründe genannt wurde". Dies bestätigt nach Kopp (et al. 2010: 152) die These, „dass die Bedeutung von Rollenerwartungen insgesamt abgenommen hat, während die Ansprüche an das partnerschaftliche Belohnungspotential, welches sich primär in der Kommunikation der Paare manifestiert, gestiegen ist."

Studien dieser Art sind hinsichtlich zweier Sachverhalte kritisiert worden: zum einen ist auf methodologische Probleme der Untersuchungsdesigns hingewiesen worden. Als problematisch können sich eine retrospektive Verzerrung sowie die soziale Erwünschtheit erweisen (Bodenmann et al. 2002: 18). Oftmals werden Scheidungsbetroffene viele Jahre nach ihrer Scheidung über ihre subjektiven Gründe befragt, die sich in der biografischen Konstruktion des eigenen Lebens sehr wohl ändern können – auch und insbesondere hinsichtlich dessen, was als legitimer Scheidungsgrund einer fremden Person gegenüber genannt werden kann. Die meisten Studien dieser Art verwenden standardisierte Fragebögen und geben Trennungsgründe vor, aus denen eine Auswahl getroffen werden kann. Damit stellt sich die Frage, inwiefern die Angaben auf einer Vorauswahl der Items beruhen (Kopp et al. 2010: 153). Zudem ist ein kritischer Punkt die Auswahl des Samples, da es – wie gezeigt – Zusammenhänge gibt zwischen den genannten Trennungsgründen und den Merkmalen der Befragten.

Zum anderen wird an diesen Studien eine gewisse a-theoretische Konzeption kritisiert. Die von den Befragten genannten Trennungsgründe können nicht als kausale Ursachen der Trennung interpretiert werden. „Ob durch Befragungen der Betroffenen überhaupt auf die ‚wirklichen‘ Ursachen einer Trennung geschlossen werden kann, die nur im Rahmen sehr komplexer Entwicklungsprozesse verortet werden können, kann grundsätzlich bezweifelt werden." (Schneider 1990: 462) Zudem findet sich der Vorwurf, dass die erhobenen Ursachen meist in bloss empirischer Manier klassifiziert werden, konkrete Hypothesen über Inhalt und Erklärung von Scheidungsursachen hingegen fehlen (Scheller 1991: 328). Ferner wird darauf hingewiesen,

> „daß es bekanntlich viele unbefriedigende Beziehungen gäbe, die trotzdem stabil seien. Außerdem sei nicht sichergestellt, ob nicht auch verheiratete Personen dieselben Gründe für eine Unzufriedenheit nennen würden. Dann bleibe aber unklar, ob und warum einige Personen geschieden werden, andere aber nicht. In den meisten Studien zu den subjektiven Scheidungsgründen bleibt darüber hinaus unreflektiert, in welchem Zusammenhang die perzipierten Scheidungsgründe mit bestimmten gesamtgesellschaftlichen Veränderungsprozessen und ferner mit der Zunahme der Ehescheidungen stehen." (Scheller 1991: 328)

2.3 Fazit: Kritik und Forschungslücken

In der *Makroperspektive* stehen die Funktionen der Phänomene – von Familie, Ehe, Scheidung – sowohl für die Gesellschaft als auch die Individuen im Fokus. Die Erklärung vollzieht sich vor dem Hintergrund einer Differenzierungstheorie, die der Familie besondere Funktionen zuweist und insbesondere zu einer Emotionalisierung der persönlichen Beziehungen führt. Die eheliche Instabilität ergibt sich aus einer „unzureichenden normativen und sozialen Einbettung der Akteure" (Esser 2002a: 30); die Zunahme der Scheidungsraten wird etwa mit dem Wertewandel und der vermehrten Individualisierung erklärt. In dieser Perspektive sind es makrosoziologische Bedingungen oder Entwicklungen wie die gesellschaftliche Differenzierung, Individualisierung oder Modernisierung, die die Handlungsoptionen der Akteure beeinflussen. Es wird hier aber übersehen, so Hill und Kopp (1999: 29), „daß diese makrosoziologischen Faktoren je nach der subjektiven Lebenssituation und -interpretation der Akteure ganz unterschiedliche Konsequenzen zeitigen können. So führen etwa gestiegene Erwartungen an die Partnerschaft nicht automatisch zu mehr Konflikten, sondern nur dann, wenn diese Erwartungen nicht erfüllbar oder nicht kompatibel sind." Die Thesen sagen zudem über die konkrete Interaktionsdynamik in Paarbeziehungen und Familien nicht viel aus (Huinink/Konietzka 2007: 201).

In der *Individualperspektive* sieht der von Becker begründete ökonomische Ansatz „als Hauptursache des Zerfalls von Ehen die chronische Unterproduktion von ehelichem Gewinn", „insbesondere als Folge von unvollständigen Informationen und hohen Suchkosten, dadurch erzeugten Mismatchs der Paare und der Unterinvestition in das so genannte ehespezifische Kapital, wie Kinder oder gemeinsames Eigentum" (Esser 2002a: 30). Die Austauschtheorie betont „die sozialen Strukturen und erklärt die Unterschiede im Scheidungsrisiko durch Unterschiede allein schon in den Opportunitäten für attraktive Alternativen zur Ehe, wie z.B. das Leben als Single oder die Trennung und Wiederverheiratung, etwa weil die Abhängigkeit der Frauen durch ihre zunehmenden Erwerbschancen gesunken ist, oder weil, nicht zuletzt durch das Scheidungsgeschehen in der umgebenden Gesellschaft selbst, die Chancen auf eine Wiederverheiratung gestiegen und damit die Trennungskosten strukturell gesunken sind" (Esser 2002a: 30). Im Sinne einer Kritik an den nutzenmaximierenden, strikt individualistisch argumentierenden Ansätzen werden in der neueren Rational-Choice-Theorie Normen und Werte mit einbezogen. Das Framing-Konzept von Esser „verweist inhaltlich auch auf die Bedeutung subjektiver Überzeugungen für die Stabilität von Beziehungen. Das Modell versucht eine problematische Annahme der auf Nutzenmaximierung basierenden Theorien zu beseitigen, die darin gesehen werden kann, dass gerade in Liebes- und Familienbeziehungen keine kalkulierende Rationalität, sondern eine spezifische auch gesellschaftlich geprägte und somit auf Werten und Normen beruhende Handlungslogik herrscht (Esser 2002a: 28f., 20002b). Essers Modell der Frameselektion unterstellt eine Handlungslogik bzw. einen Frame, der von emotionaler Zuwendung, Fürsorglichkeit und Altruismus geprägt ist (Hill/Kopp 2008: 76).

Die Ansätze von Burgess und Locke bzw. Berger und Kellner interessieren sich für die Familie bzw. die Paarbeziehung als Interaktions- und Konstruktionszusammenhang. Auf dieser *Beziehungsebene* ist die Scheidung der Schlusspunkt eines mehr oder weniger schleichenden Prozesses, „in dem der Aufbau einer gemeinsamen Vorstellungs- und Sinnwelt im Rahmen einer kontinuierlichen Interaktion nicht gelungen ist und bei dem die Konsensfiktionen, die jede funktionierende Ehe begleiten, zerbrochen sind, wenn es sie denn überhaupt einmal gab" (Esser 2002a: 30). Die Theorien verdeutlichen, „wie wichtig die Erschaffung einer gemeinsamen Welt ist, zu der eine gemeinsame Organisation der Haushaltsproduktion zählen kann." (Huinink/Konietzka 2007: 135) Es ist insbesondere diese Betrachtungsweise der inneren Dynamik von Paarbeziehungen und Familie, die heute innerhalb der deutschen Familiensoziologie unterbelichtet ist (Huinink/Konietzka 2007: 19).

Betrachtet man die drei Ebenen, zeigt sich eine ihnen gemeinsame Forschungslücke, die nur rudimentär geschlossen ist: in der Makroperspektive wird der subjektiven Lebenssituation und -interpretation der Akteure zu wenig Beachtung geschenkt; Interaktionsbeziehungen der Familienmitglieder und Ehegatten geraten nicht in den Blick der Untersuchungen. In der individuellen Ebene ist es Esser, der im Gegensatz zu den nutzenmaximierenden und austauschtheoretischen Ansätzen eine auf Werten und Normen beruhende Handlungslogik unterstellt und in sein Framing-Konzept kollektiv verbreitete und geteilte Muster gedanklicher Modelle und kollektive Repräsentationen miteinbezieht. Die Beziehungsebene eröffnet die Sicht auf die innere Dynamik von Paarbeziehungen und Familie und damit auf die gemeinsame Vorstellungs- und Sinnwelt im Rahmen einer kontinuierlichen Interaktion.

Die Wissensbestände der Akteure mit ihren normativen Strukturen, die Berücksichtigung von Orientierungen, „Codes" und „Einstellungen", stellen ein Desiderat der soziologischen Betrachtung von Familie und ehelichen Beziehungen dar. Auf allen Ebenen wird, wie Huinink (2006: 240) formuliert, „eine stärkere Integration kultureller Dimensionen und subjektiver Determinanten familialer Entwicklung in die Analyse" benötigt: „Auf der gesellschaftlichen Ebene geht es um eine stärkere Berücksichtigung kultureller und institutioneller Faktoren. Auf der Ebene der sozialen Kontexte bedarf es einer stärkeren Berücksichtigung sozialer Einflussprozesse und der dahinterstehenden Interaktionszusammenhänge. Bezogen auf die individuelle Ebene geht es um eine stärkere Berücksichtigung subjektiver Faktoren individueller Entscheidungsprozesse und ihrer Rahmung." (Huinink 2006: 240). Neben den „Kenntnissen zu objektiven Scheidungsprädiktoren" soll die Forschung vielmehr „subjektive Gründe und die Scheidungsgeschichte der Paare selber untersuchen, um noch stärker Einblick in kognitive Prozesse und Bewertungen der Paare im Zusammenhang mit dem Verlauf der Partnerschaft und deren Ausgang zu erhalten." (Bodenmann et al. 2002: 18) Die Soziologie kann diesbezüglich in der Erforschung des Privaten „gar nicht ‚nahe genug' an die Menschen herankommen", „um einen Handlungsbereich erfolgreich untersuchen zu können, in dem (vermeintlich oder nicht) die Handlungsfreiheit noch relativ groß und strukturelle Restriktionen des

Handelns weniger ausschließen als in anderen Lebensbereichen." (Huinink 2006: 241) Es sollen Erhebungsstrategien erprobt werden, „die näher an den Ereignissen und an den Entscheidungsprozessen der Individuen sind" (Huinink 2006: 241) und anlassbegründet die Daten erhoben werden. In den Mittelpunkt sollen die subjektiven Situationsdefinitionen gerückt werden, denn „Trennungsmotive und -ursachen lassen sich nur eingeschränkt aus der Außenperspektive herkömmlicher Scheidungsstudien beurteilen." (Kopp et al. 2010: 151) In den meisten Theorien und empirischen Untersuchungen spielen solche individuellen Situationsdefinitionen und deren subjektiven Spiegelungen eine nur sehr untergeordnete Rolle. Erst in jüngerer Zeit wurde wieder versucht, stärker subjektorientierte Untersuchungen anzustellen, wie sie bereits Goode in den 1940er Jahren durchgeführt hat. Sozialstrukturelle Untersuchungen haben zwar ein gewisses Erklärungspotenzial, es braucht aber den „Rekurs auf Kognitionen und normative Überzeugungen der Akteure" (Kopp et al. 2010: 152).

3 Die Institution der Scheidung und ihre Diskurse im historischen Wandel

Die Institution der Ehe ist in ihrer Form keine historische Konstante. Ebenso wenig ist es die Ehescheidung. Vielmehr sind der Institutionalisierungsgrad der Ehe und das Ausmass ihrer Aufkündigungsmöglichkeiten von den grundlegendsten Bedingungen des historischen Entwicklungsprozesses abhängig (Durkheim 1978: 232). Der historische Rückblick auf die Geschichte der Institution der Ehe und ihrer Auflösung in diesem Kapitel ermöglicht es, die empirische Analyse der zeitgenössischen Scheidungsdiskurse im siebten und achten Kapitel historisch verorten und die Transformationen beschreiben zu können. Er zeigt, wie die Institution legitimiert wurde, auf welche Instanzen Bezug genommen wurde, welche Voraussetzungen für eine rechtsgültige Ehe und, falls dies überhaupt möglich war, für eine Scheidung gegeben waren. Das Interesse gilt zudem den Rechtfertigungen der Scheidung – bzw. dem Ansinnen auf Trennung von Bett und Tisch – in der abendländischen Geschichte, wie sie sich aus „authentischen" Stimmen von Scheidungs- oder Trennungswilligen gewinnen lassen.

Die soziohistorisch und kulturell verschiedenartigen „Modi der Rechtfertigung und Legitimierung" folgen nicht trennscharf aufeinander, sondern treten zeitgleich mit unterschiedlich hegemonialer Durchsetzung auf. Insbesondere in „Umbruchzeiten" überlappen sich die Normen und institutionellen Rahmenbedingungen, die sich aufgrund der Relevanz des Staates bzw. der Kirche für die institutionelle Legitimierung mit unterschiedlicher Geschwindigkeit wandeln können. Diese Gleichzeitigkeit von normativen Ordnungen wird beispielsweise in Bourdieus Studien zur bäuerlichen Gesellschaft in Südfrankreich sichtbar: in den traditionellen dörflichen Strukturen blieben bis ins 20. Jahrhundert hinein die Strukturen und Normen der Welt der Familie für die Eheschliessung entscheidend, zu einer Zeit als in den urbanen Zentren bereits ganz andere Praxen der Eheschliessung vorzufinden waren.

> „Vor 1914 wurde die Eheschließung durch sehr strenge Regeln bestimmt. Sie war mehr die Angelegenheit der gesamten Gruppe als des Individuums, weil sie auf die ganze Zukunft des bäuerlichen Familienbetriebs Auswirkungen hatte, weil sie Anlass für eine ökonomische Transaktion von größter Bedeutung war, weil sie dazu beitrug, die gesellschaftliche Rangordnung und die Stellung der Familie innerhalb dieser Hierarchie zu bestätigen. Es war die Familie, die heiratete, und man vermählte sich mit einer Familie." (Bourdieu 2008: 19)

© Springer Fachmedien Wiesbaden GmbH, ein Teil von Springer Nature 2018
T. Mazzurana, *Über die Rechtfertigung der Scheidung*,
https://doi.org/10.1007/978-3-658-22679-4_3

Eine Grenze des historischen Rückblicks stellen die verwendeten Termini dar. Wenn etwa von Rechtfertigungen der Scheidung in der Antike gesprochen wird, kann dies nicht in einem „modernen", sozialwissenschaftlichen Sinn verstanden werden. Hierzu schreibt Günter Dux (1997: 435):

> „Es gibt im frühen Denken, was die vorfindlichen Ordnungen angeht, keine Alternativen. Rechtfertigungen in unserem Sinn gehen jedoch davon aus, daß der Ist-Bestand hypothetisch außer Kraft gesetzt wird. Wenn man fragt, ob das, was ist, auch sein soll, wie es ist, oder nicht ganz anders, dann ist mindestens der Möglichkeit nach gedacht, daß alles auch ganz anders sein könnte. Diese Kompetenz fehlt frühem Denken. Dazu war die Disjunktion von Denken und Sein nicht weit genug entwickelt. Um Rechtfertigungen in unserem Sinne, um Legitimation im strikten Sinn des (neuzeitlichen) Begriffs, handelt es sich mithin nicht."

Dennoch hilft der Blick zurück und die Entwicklungen und diskursiven Legitimierungen der Institution der Ehe und ihrer Auflösung zu beschreiben, um sie mit zeitgenössischen Rechtfertigungsdiskursen in Beziehung zu setzen.

3.1 Ehe und Scheidung in der antiken Welt der Familie

In der Antike war die Ehe eng in die familialen und verwandtschaftlichen Beziehungen eingebunden. Sie fand ihren Platz innerhalb eines intra- und interfamilialen Verwandtschaftsnetzes, dessen Teil die Eheleute vor und nach ihrer Heirat waren. Die traditionelle Ehe wurde nicht durch eine Vereinbarung zwischen zwei Individuen geschlossen. Sie war eine Institution im Kontext sozioökonomischer Normierungen und Familieninteressen. Beinhaltete sie „vertragsähnliche Elemente", „war sie kein Vertrag zwischen Individuen, sondern zwischen Familien, Gruppen, Verwandtschaftsverbänden – und das waren dann in der Regel Verträge mit stark politischer, wirtschaftlicher und sozialer Funktion." (Burkart 2014: 75) Aus einem individuellen Willen der späteren Ehegatten leitete sich kein Anspruch auf eine Heirat ab. Das Recht, jemanden zu verheiraten, lag bei den Familienvorständen. Die Stellung in der Hierarchie des Hauses war massgeblich für die Möglichkeit zu heiraten bzw. die Auswahl des Ehepartners oder der Ehepartnerin. Die „Wertigkeit" von Eheleuten und damit ihrer Ehe ergab sich aus ihrer Position in einer Kette persönlicher Abhängigkeiten in einer auf Respekt für Traditionen begründeten Welt.

In Athen war die Ehe keine Verbindung zwischen Mann und Frau, sondern vielmehr eine Vereinbarung zwischen den Vorständen (*kyrios*) zweier Haushalte. Dem *kyrios* unterstanden Ehefrau, Kinder und Sklaven; er hatte die Autorität über die Frauen des Haushaltes inne, die das Recht beinhaltete, die Tochter in rechtmässiger Ehe zu verheiraten. „Da das Recht des Vaters als Recht an ihrer Person betrachtet wurde, war es seine Sache, über sie zu verfügen und die Heirat zu arrangieren. Irgendein Selbstbestimmungsrecht der Frau schied deshalb von vornherein aus." (Dux 1997: 399) Der Sohn hatte insofern einen grösseren Spielraum, als durch das meist höhere Alter bei der Eheschliessung der Vater oftmals schon verstorben war (Gestrich et al. 2003: 46ff.).

Der Staat bzw. die Polis wirkte bei der Eheschliessung nicht mit; es fand keinerlei staatliche Beurkundung statt. „Die Eheschließung war eine rein private Vereinbarung zweier Familien." (Gestrich et al. 2003: 48) Ebenso wie die Ehe eine „Privatangelegenheit" war, standen auch der Ehescheidung in Athen keine rechtlichen Hindernisse entgegen. Der Mann musste lediglich in der Lage sein, die bei der Heirat erhaltene Mitgift zurückzuzahlen, um seine Frau zu ihrer väterlichen Familie zurückschicken zu dürfen. Die Frau hingegen brauchte auch die Zustimmung ihres *kyrios*, der somit wesentlich über die rechtliche Möglichkeit, von der Scheidung Gebrauch zu machen, verfügte. Wenn auch rechtlich legitimiert, war für die Frau eine Scheidung kaum möglich; es waren vorwiegend Männer, die eine Scheidung einleiteten (Gestrich et al. 2003: 66).

Da die Ehe als Institution fest in die Familienbeziehungen eingelassen war, musste die Ehescheidung vor dem Hintergrund der Familie legitimiert werden. Da Familien in der Antike als Wirtschaftseinheiten und – vor allem in der Oberschicht – als politische Einheiten aufgefasst wurden, war eine Scheidung legitim, um eine neue Ehe im Sinne einer sogenannten „Allianzehe" (Burkart 2014: 74) einzugehen. Als Scheidungsgründe galten in Athen ein moralisches Fehlverhalten eines der beiden Ehepartner sowie die Kinderlosigkeit, die in den meisten Fällen der Frau angelastet wurde. Das Fehlen eines legitimen Nachkommens machte die Funktion der Ehe obsolet.

Im antiken Rom war – wie in Athen – eine wichtige Voraussetzung für eine rechtsgültige Ehe der *consensus* beider Ehepartner. „Das Zusammenleben als Mann und Frau war Indiz für den Bestand einer Ehe, war aber an sich nicht ehebegründend. Die Juristen betonten wiederholt, dass nicht der Geschlechtsverkehr, der Vollzug der Ehe, sondern allein der beiderseitige Konsens die Ehe begründe." (Gestrich et al. 2003: 97) Es gab kein Standesamt, das die Ehen registriert hätte. Eine Mitgift, ein Ehevertrag oder die Hochzeitsfeier waren lediglich Indizien für die Ehe, aber keine notwendige Voraussetzung dafür. Im Gegensatz zu Griechenland war bei der Eheschliessung in Rom auch die Einwilligung der Braut erforderlich (Gestrich et al. 2003: 98).

Ebenso instabil wie die athenische war die römische Ehe. Dafür verantwortlich war neben der hohen Sterblichkeit eine vergleichsweise hohe Scheidungsrate

(Gestrich et al. 2003: 119). „Die römische Konzeption der Ehe, die diese allein auf den fortbestehenden Konsens der beiden Ehepartner gegründet sein ließ, hatte die leichte Auflösbarkeit der Ehe zur Konsequenz. Sobald der Konsens nicht mehr bestand, hatte auch die Ehe aufgehört zu bestehen." (Gestrich et al. 2003: 119f.) Die Ehescheidung konnte im gegenseitigen Einverständnis oder durch eine einseitige Erklärung vollzogen werden; als Voraussetzung musste der nicht-schuldigen Frau die Mitgift herausgegeben werden (Filser 1978: 40). Die Ehemänner hatten in Rom wohl von frühester Zeit an das Recht, sich von ihren Frauen zu trennen, allerdings nur dann, wenn die Frau sich ein schweres Vergehen hatte zu Schulden kommen lassen. Seit dem 3. Jahrhundert v. Chr. wurden Ehescheidungen immer häufiger. „In der späten Republik und frühen Kaiserzeit waren Männer und Frauen, was das Scheidungsrecht anbelangt, im Wesentlichen gleichgestellt." (Gestrich et al. 2003: 120) Ehescheidungen wurden vor allem in der römischen Oberschicht vollzogen. Auch hier spielte die Eheschliessung und Ehescheidung aus politischen Motiven und wegen Karrierechancen eine Rolle.

In der Spätantike wurde unter Kaiser Konstantin die Scheidungsgesetzgebung deutlich verschärft. Eine Frau durfte sich von ihrem Mann nur noch scheiden lassen, wenn es sich bei ihm um einen Mörder, Räuber oder Grabschänder handelte; bei einem anderen Trennungsgrund verlor sie die Mitgift und wurde auf eine Insel deportiert. Auch auf Seiten des Mannes wurden nur noch wenige Scheidungsgründe akzeptiert. Im Gegensatz zur Frau wurde ihm bei einer einseitigen Trennung aus anderen als den legitimen Gründen lediglich verboten, erneut zu heiraten. Die Rechtsgültigkeit der Auflösung der Ehe wurde jedoch nicht in Frage gestellt (Gestrich et al. 2003: 120). Das aus heutiger Sicht „liberal" anmutende Scheidungsrecht konnte sich noch lange halten. So war eine Wiederverheiratung für den nicht-schuldigen Partner auch nach dem Gesetz Konstantins durchaus möglich. Bis hin zu Kaiser Justinian im 6. Jahrhundert n. Chr. blieben einvernehmliche Scheidungen gestattet, die von der hegemonial werdenden römisch-katholischen Kirche abgelehnt wurden.

3.2 Die Ehe als spirituelle Übereinkunft zwischen Mann und Frau

Die Ehe löste sich in der Spätantike und im Mittelalter sukzessive aus dem familiären Beziehungsgeflecht, in das die Ehegatten bis dahin eingebunden waren. Der Wert einer Ehe ergab sich nicht mehr vor dem Hintergrund der Tradition oder familialer Strategien, sondern erwuchs aus „einer unmittelbaren Beziehung zu einer äußerlichen Quelle" (Boltanski/Thévenot 2011: 57). Bereits im antiken

Christentum wurde die Ehe als eine von Gott eingesetzte Institution angesehen und als Symbol oder Abbild der Verbindung Christi mit der Kirche interpretiert. Aber erst im hohen und im späten Mittelalter ergab sich daraus eine immer klarere, kirchenrechtlich verbindliche Definition ihres sakramentalen Charakters mit der Folge, dass eine Ehe unter Beachtung bestimmter kultischer und kirchenrechtlicher Vorschriften geschlossen werden musste. Mit dem Konzil von Lyon im Jahr 1274 wurde die Ehe als Sakrament fixiert und war im Rang der Taufe oder der Priesterweihe gleichgestellt (Ariès 1984b: 180; Gestrich et al. 2003: 367f.).[4] Im Jahr 1563 wurde auf dem Konzil von Trient der Grundsatz der Unauflöslichkeit der Ehe, der schon seit dem 11. Jahrhundert faktische Bedeutung besass, von der katholischen Kirche verkündigt (Hafner 1979: 26) – auch in Reaktion auf das reformatorische Ehemodell. Die *stabilitas* der Ehe wurde zum obersten Kriterium (Ariès 1984b: 184).[5] Seither bestimmt diese Auffassung die römisch-katholische Einstellung zu Fragen des Eherechts und begründet den kirchlichen Anspruch auf die Kontrolle von Eheschliessung und Eheleben (Gestrich et al. 2003: 368). Die katholische Kirche hat am Sakramentscharakter der Ehe bis heute festgehalten. So heisst es im Katechismus der katholischen Kirche aus dem Jahr 1997:

> „Das Band der Ehe wird somit von Gott selbst geknüpft, so daß die zwischen Getauften geschlossene und vollzogene Ehe nie aufgelöst werden kann. Dieses Band, das aus dem freien menschlichen Akt der Brautleute und dem Vollzug der Ehe hervorgeht, ist fortan unwiderrufliche Wirklichkeit und stellt einen durch die Treue Gottes gewährleisteten Bund her. Es liegt nicht in der Macht der Kirche, sich gegen diese Verfügung der göttlichen Weisheit auszusprechen" (Katechismus der Katholischen Kirche: 1640). Und an anderer Stelle wird ausgeführt: „Die Ehescheidung ist ein schwerer Verstoß gegen das natürliche Sittengesetz. Sie gibt vor, den zwischen den Gatten freiwillig eingegangenen Vertrag, bis zum Tod zusammenzuleben, brechen zu können. Die Ehescheidung mißachtet den Bund des Heiles, dessen Zeichen

---

[4] Für Philippe Ariès (1984b: 180f.) „eine ungewöhnliche Aufwertung für einen privaten Akt, für eine sexuelle Verbindung im Dienste von Familienallianzen, die jeweils nach den Interessen der Familie, eingegangen und wieder gelöst wurde. Allein die Tatsache, daß der Akt, einmal vollzogen und zugleich gesegnet, nicht mehr rückgängig zu machen war, ließ die Entscheidungen der Familien definitiv und unwiderruflich werden. Zweifellos gaben auch weiterhin die Interessen den Ausschlag, und die Kirche gestand dies auch durchaus zu, aber sie waren nicht mehr allmächtig und mußten mit schweren Risiken zurechtkommen, insbesondere mit der Lasterhaftigkeit und mit der Unfruchtbarkeit, die nun wohl oder übel hinzunehmen waren."

[5] Es gab grosse Unterschiede zwischen den Ehemodellen der aristokratischen Schichten und der ländlichen Bevölkerung. Ariès (1984b: 188) vertritt die Hypothese, „daß die unauflösliche Ehe eine spontane Schöpfung der ländlichen Gemeinschaften war, für die sich diese Gemeinschaften ohne äußeren Druck entschieden, die jedoch mit dem kirchlichen Modell übereinstimmte und durch die – möglicherweise zufällige – Übereinstimmung gestärkt wurde." Denn die „*stabilitas* einer Ehe [bildete] die Voraussetzung für die *stabilitas* der gesamten Gemeinschaft" (Ariès 1984b: 191).

die sakramentale Ehe ist. Das Eingehen einer, wenn auch vom Zivilrecht anerkannten, neuen Verbindung verstärkt den Bruch noch zusätzlich. Der Ehepartner, der sich
wieder verheiratet hat, befindet sich dann in einem dauernden, öffentlichen Ehebruch." (Katechismus der Katholischen Kirche: 2384)

Im kanonischen Recht der römisch-katholischen Kirche gilt somit eine Ehe auch
heute noch als unauflöslich. Auch im Falle des Ehebruchs galt der Grundsatz der
Unauflöslichkeit der Ehe. Die mittelalterliche Kanonistik entwickelte jedoch eine
Möglichkeit der „Scheidung" der Ehegatten: die Trennung von Tisch und Bett
(*separatio quoad mensam et thorum*). „Ausgehend vom schon früh anerkannten
Trennungsgrund des Ehebruchs, stellte das Kirchenrecht nach dem Dekret Grati-
ans (um 1150) weitere Trennungsgründe auf und unterschied zwischen lebens-
länglicher Trennung (bei Ehebruch) und Trennung auf Zeit in leichteren Fällen
(Gefährdung des Lebens oder der Gesundheit des Partners, Gefahr für das See-
lenheil etc.)." (Hafner 1979: 27f.) Für die Rechtsentwicklung in der Schweiz ist
diese Regelung im kanonischen Recht insofern von Bedeutung, als sie die Gesetzgebung der katholischen Kantone stark beeinflusste. So beliessen sie die
Entscheidungen der Eheangelegenheiten bei den kirchlichen Gerichten. Wo diese
in ihrer Macht eingeschränkt waren, hatten die geistlichen Gerichte lediglich zu
entscheiden, ob eine Trennung der ehelichen Gemeinschaft zu erfolgen habe; die
übrigen Belange (Vermögen, Unterstützung der Kinder, etc.) wurden durch die
weltlichen Gerichte beurteilt (Hafner 1979: 28f.). Ein weiterer Ausweg aus einer
Ehe war im kanonischen Recht die Nichtigkeitserklärung. Hierbei wurde über-
prüft, ob eine Ehe nach katholischem Eherecht überhaupt gültig zustande gekommen ist. Die Nichtigkeitserklärung war und ist in diesem Sinne keine Form
der Ehescheidung, sondern die Feststellung, dass von Anfang an gar keine gültige Ehe bestand.

Zentral im christlichen Ehemodell ist die monogame Ehe, die konsensual
geschlossen wird und lebenslänglich hält. Polygamie und Konkubinat sind ausgeschlossen, ebenso eine Scheidung. „Der Wille der Eheschließenden erscheint
für das Zustandekommen der Ehe konstitutiv, nicht ein Vertragsabschluss zwischen ihren Herkunftsfamilien." (Gestrich et al. 2003: 263) Vor diesem Hintergrund entwickelte sich ein Familienmodell, das in der modernen Sozialwissenschaft als Modell der gattenzentrierten Familie bezeichnet wird (de Singly 1994:
67, Parsons 1968). Nicht mehr die Herkunftsfamilien standen im Mittelpunkt der
ehelichen Verbindung, sondern das Verhältnis zwischen Mann und Frau. Das
Christentum hat insofern „den patriarchalen Einfluss geschwächt und den Kon-
sensgedanken eingeführt, also die Entscheidungsautonomie der Brautleute gegenüber ihren Eltern gestärkt" (Burkart 2014: 74f.). Mit der Betonung des Kon-
senses der Partner als Voraussetzung einer gültigen Ehe konnte die katholische
Kirche an ältere Bestimmungen des weltlichen römischen Rechts anknüpfen. In

einer Hinsicht wurde jedoch das Eheverständnis revolutioniert: die Ehe wurde von einer sozialen, zwei Familien miteinander verbindenden Institution zu einer von Grund auf intimen, zwei Personen auf ewig einenden Beziehung (Gestrich et al. 2003: 369). Sie wurde zu einer freien und freiwilligen Verbindung von Mann und Frau auf der Grundlage gegenseitiger Zuneigung.

Neu war an der christlichen Ehe ihr öffentlicher Charakter. Die Ehe wechselte aus dem privaten in den öffentlichen Raum, vom Privatraum in den Kirchenraum (Ariès 1984b: 192). Die Ehe wurde schriftlich registriert und es änderten sich die Ehezeremonien.

> „War die Eheschließung ursprünglich ein Rechtsakt zwischen Familien und die kirchliche Beteiligung auf einen Segen nach dem Abschluss des Ehevertrags oder auch auf die Segnung des Ehebetts beschränkt, so setzte sich spätestens seit dem 13. Jahrhundert die maßgebliche Beteiligung der Priester am Rechtsvorgang der Eheschließung durch. Sie waren nicht nur für den Ehesegen, sondern auch für die Kontrolle der Einhaltung der kirchlichen Eheverbote, die Öffentlichkeit des Eheverspruchs und das dreimalige öffentliche Verlesen des Aufgebots in der Kirche verantwortlich. Das kirchliche Eherecht verdrängte seit dem 12. Jahrhundert im Westen allmählich das ‚weltliche aus dem Substanzbereich der Materie‘ und erreichte für mehrere Jahrhunderte ‚ein Geltungsmonopol für das Recht des Ehebandes‘.“ (Gestrich et al. 2003: 368)

Mit der Reformation änderte sich die Konzeption der Ehe und es wurde das erste Mal seit Jahrhunderten eine Auflösung der Ehe wieder möglich. Nach protestantischer Auffassung ist die Ehe nicht heilsnotwendig und daher kein Sakrament. „Die Ehe ist ein weltliches Ding" sagt Martin Luther 1538 in einer Tischrede, „sie geht die Kirche mit allen ihren Umständen nichts an." Er vertrat die Meinung, „daß ein Urteil in Eheangelegenheiten Sache der Juristen ist." (Luther 1983: 276) Laut Susanna Burghartz (1999: 195) „ist die Reformation für die Geschichte der Scheidung als Wendepunkt und Neuanfang einer säkularen Entwicklung gesehen worden, deren Höhepunkt erst in der jüngsten Vergangenheit oder sogar in der Gegenwart erreicht wurde."

In Basel wurde beispielsweise 1529 mit der Reformationsordnung unter Berufung auf die Heilige Schrift die Ehescheidung eingeführt, „allerdings mit dem ausdrücklichen Hinweis, daß es sich hier um ein obrigkeitliches Monopol handle, jede eigenmächtige Trennung daher verboten sei." (Burghartz 1999: 197) Die protestantischen Ehegerichte verfolgten eine restriktive Scheidungspolitik, weil sie an der Aufrechterhaltung der bestehenden Ordnung, zu der auch die existierenden Ehen zählten, interessiert waren. Das Ziel der Ehegerichte war ausdrücklich, eine „Verunreinigung der christlichen Gemeinschaft" (Burghartz 1999: 200) mit allen Mitteln zu verhindern. Diesem Interesse ordneten sie die Qualität der ehelichen Beziehungen und damit auch die eheliche Harmonie der betroffenen Paare unter (Burghartz 1999: 231). Auch für Schaffhausen kann von einer „scheidungsfeindlichen Grundhaltung des Gerichts" gesprochen werden: es sollte „mit allen Mitteln eine Scheidung verhindert werden" (Hofer 1993: 353). Zwar hielten die Reformatoren an der Unauflöslichkeit der Ehe fest, liessen jedoch aus bestimmten Gründen eine Scheidung zu. Johannes Calvin erkannte die Scheidungsgründe des (leiblichen) Ehebruchs und des böslichen Verlassens an. Huldrych Zwingli führte als mögliche Gründe – dabei Scheidungs- und Nichtigkeitsgründe vermischend – Impotenz, Untreue, grobe Misshandlungen, todeswürdige Verbrechen, bösliches Verlassen und sogar ansteckende Krankheiten und Wahnsinn an (Hafner 1979: 31). In der Rechtspraxis waren die Eherichter aber nur einer kleinen Auswahl an Argumenten zugänglich. So wurden vor Gericht folgende Anschuldigungen als Rechtfertigung für das Scheidungsbegehren verwendet:

Der „Ehebruch" war als der wichtigste anerkannte Scheidungsgrund „in der ersten Hälfte des 16. Jahrhunderts der mit Abstand am häufigsten vorgebrachte Scheidungsgrund überhaupt." (Burghartz 1999: 203) Er war der biblisch am eindeutigsten zu legitimierende und dementsprechend der unumstrittenste Ehescheidungsgrund; er ist für das reformatorische Eherecht „der Scheidungsgrund, der als einziger von der Bibel direkt legitimiert wird." (Hofer 1993: 126) Während den ersten Jahrzehnten nach der Reformation stand vorwiegend der Ehebruch von Frauen im Zentrum. „Ältere Quellen berichten, dass vor allem Männer ihre Frauen wegen Ehebruchs einklagten. Im Mittelalter und in der Frühen Neuzeit wurde weibliche Unkeuschheit in der Regel zudem strenger geahndet, weil damit ungewollte Schwangerschaften und ungeklärte Vaterschaften in Verbindung gebracht wurden." (Stalder 2008: 267f.)

Neben dem Ehebruch spielte das „böswillige Verlassen" vor Gericht eine wichtige Rolle. Der Tatbestand wurde erfüllt, wenn ein Ehepartner den anderen verlies und auch auf Aufforderung des Ehegerichts nicht zurückkehrte (Burghartz 1999: 215). Mit „böswilligem Verlassen" gingen oftmals andere als legitim erachtete Scheidungsgründe wie Ehebruch oder Leib- und Lebensstrafen einher.

„Häufig führte das ‚böswillige' Verlassen zum Verlust einer gesicherten, seßhaften oder sogar bürgerlichen Existenz, zum Vagieren, Umherziehen im ‚Hurenleben' oder zum Kriegsdienst. Wohl auch deshalb wurde diese Lösung für eheliche Konflikte von den betroffenen Eheleuten insgesamt selten gewählt, obwohl sie die einzige Möglichkeit darstellte, einen unerträglichen Ehepartner aus eigener Kraft loszuwerden. Die potentielle Nähe zu Ehebruch, Hurerei, Verbannung und Todesstrafe macht gleichzeitig einsichtig, warum die Obrigkeit, die an sich am Erhalt von Ehen interessiert war, doch diese Form des Verlassens als Scheidungsgrund akzeptierte." (Burghartz 1999: 216)

Als tabuisierter Sachverhalt spielte die „Impotenz" als legitimer Scheidungs-grund eine seltene Rolle. Gleichwohl kam er als Rechtfertigung vor, da er bereits im kanonischen Recht zur Nichtigkeitserklärung einer Ehe führen konnte. „Die Reformation reiht dann die Impotenz unter die Scheidungsgründe ein, obschon sich ihre Zulässigkeit nicht unmittelbar aus der Bibel ergibt. Allerdings folgt sie aus dem Zweck der Ehe selbst. Verhindert doch die Impotenz die procreatio prolis und schützt den gesunden Teil nicht vor ausserehelichen Beziehungen." (Hofer 1993: 147) Vor Gericht war die Einschätzung von Impotenz jedoch un-eindeutig. Es wurde versucht, „voreilige" Entscheidungen zu verhindern, da sich die Impotenz nur zeitweise aufgrund psychischer oder physischer Probleme zeigen konnte. Wurde Impotenz vor Gericht verhandelt, stand die physische Unfähigkeit zum Geschlechtsverkehr im Zentrum des Interesses; psychische Impotenz aufgrund von Beziehungsproblemen fand keine Berücksichtigung (Burghartz 1999: 222).

Weitere Gründe, die eine Scheidung legitimieren konnten, waren todeswür-dige Verbrechen, die ein Ehepartner begangen hatte. Zudem konnte bei unheil-baren Krankheiten wie Aussatz die Ehe getrennt werden. Andere Krankheiten wur-de ebenso als ein Scheidungsgrund akzeptiert, wiewohl Scheidung aufgrund von körperlichen oder seelischen Krankheiten bis ins 17. Jahrhundert in sehr wenigen Fällen verlangt wurde; erst im 18. Jahrhundert findet sich diesbezüglich ein merklicher Anstieg. Dies kann unter Umständen auf die drastischen, aber doch fühlbaren Verbesserungen der Diagnosemöglichkeiten zurückgeführt werden (Hofer 1993: 154). Scheidungen wegen Geisteskrankheit zuzulassen, drängte sich für das Gericht vor allem dann auf, wenn der gesunde Ehegatte in seinem wirtschaftlichen Fortkommen durch die Krankheit seines Ehepartners ernstlich behindert wurde (Hofer 1993: 158).

Sowohl ökonomische als auch emotionale Probleme in der Ehe wurden oftmals vor Gericht als Argumente vorgebracht, aber vom Gericht nicht als legi-time Scheidungsgründe anerkannt. Konflikte, die aus den konkreten Beziehun-gen der Paare oder auch aus Spannungen zwischen den Geschlechtern entstan-den, waren für das Gericht nicht von Belang. „Waren aber keine anerkannten Scheidungsgründe – d.h. in erster Linie Ehebruch oder böswilliges Verhalten – vorhanden, so sprach das Gericht keine definitiven Scheidungen aus, auch wenn die emotionale und ökonomische Basis des ehelichen Zusammenlebens ge- oder zerstört war und ein Ehepartner, meist die Frau, sich an Leib und Leben bedroht fühlte." (Burghartz 1999: 211)

3.3 Die „Verweltlichung" der Ehe im Zeitalter der Aufklärung

Im 18. Jahrhundert fand zunehmend eine „Verweltlichung" von Ehe und Familie statt. „In der Philosophie und im Rechtsdenken der Aufklärung geriet bald jede religiöse Überhöhung der Ehe und der sich daraus ableitende Anspruch der Kirchen auf die Aufsicht über das Ehe- und Familienwesen unter Kritik." (Gestrich et al. 2003: 376) Weltliche und religiöse Gesetze wurden mehr und mehr getrennt, das Eherecht eingegliedert in das sich entwickelnde Gesamtsystem der bürgerlichen Rechtsordnung. Die Ehe- und Familiengesetzgebung geriet im aufgeklärten Absolutismus unter die Ägide des Staates. Das Eherecht „wurde ausgestaltet nach dem Prinzip der Staatsraison und öffentlichen Nützlichkeit. Im ausgehenden 18. Jahrhundert spielten daher bevölkerungspolitische Argumente eine besonders große Rolle" (Gestrich et al. 2003: 376), beispielsweise bei der Frage der Zulassung von Wiederverheirateten nach der Ehescheidung.

Der Unterschied zum voraufklärerischen Denken ist augenscheinlich und in seiner Konsequenz nicht zu unterschätzen. Die innere Ordnung der Familie war nicht länger Teil einer göttlichen Weltordnung, Ehe kein heiliges Sakrament mehr. Sie wurde „immer stärker als Vertrag (zwischen autonomen Rechtssubjekten) betrachtet und weniger als Fortsetzung der Verwandtschaftssolidarität, auch nicht [...] als patriarchales Instrument, das die Vorherrschaft des Mannes stützt." (Burkart 2014: 72) Als legitime Bezugspunkte verloren die familiäre Tradition und die Kirche an Bedeutung.

Im Zuge der Französischen Revolution wurde erstmals in einem katholischen Land der Sakramentscharakter der Ehe negiert. Das neue Gesetz von 1792 führte die obligatorische Zivilehe ein und reduzierte die kirchlichen Ehehindernisse drastisch. Es „ermöglichte die Scheidung bei Konsens der Partner im Sinne der Möglichkeit der Auflösung eines zivilrechtlichen Vertrags in gegenseitigem Einverständnis." (Gestrich et al. 2003: 377). Mit dem napoleonischen Code Civil aus dem Jahr 1804 wurde zwar das liberale Scheidungsrecht der Revolution wieder eingeschränkt, die Möglichkeit der Scheidung blieb aber staatlich garantiert. Auch für die Schweiz hatte der Code Civil eine wichtige Bedeutung, da im 18. Jahrhundert die Kantone der Süd- und Westschweiz ihre Privatrechtskodifikation darauf stützten (Poschke 2000: 7).

Die „Verweltlichung" der Ehe zeigt sich bereits am Ende des 17. Jahrhunderts in der Rechtspraxis der Familiengerichte: die Bedeutung der einzelnen Scheidungsgründe verschob sich. „Fälle, in denen qua Ehebruch die sexuelle Ehre und zugleich potentiell auch die Reinheit der Abstammungslinie im Zentrum standen, traten zurück zugunsten von Fällen, in denen das Zusammenleben der Paare nicht mehr gegeben war." (Burghartz 1999: 218) Die Qualität der ehelichen Beziehung wurde erstmals als legitimes Thema vor Gericht anerkannt.

„So liegt möglicherweise ein erster Keim dafür, daß im 18. Jahrhundert das Zerrüttungsprinzip als Scheidungsgrund ansatzweise in Erscheinung treten konnte,
in dieser Verschiebung." (Burghartz 1999: 218) Es kam, wenn auch langsam, zu
einer Aufweichung der Definition von „böswilligem Verlassen" zugunsten des
Zerrüttungsprinzips.

Roland E. Hofer zeigt für das Schaffhausen des 17. und 18. Jahrhunderts,
welche thematischen Aspekte dem Tatbestand der Zerrüttung zugerechnet wurden (Hofer 1993: 161ff.). Dazu gehörte zuvorderst die Trunksucht. Sowohl die
psychischen Belastungen für das gemeinsame Eheleben wie auch die materiellen
Auswirkungen waren zu dieser Zeit sehr gross. Es „mag daher kaum verwun-
dern, wenn gerade in der Trunksucht einer der wesentlichen Gründe für die Ehezerrüttung liegt." (Hofer 1993: 162) Eng mit der Trunksucht hing die „Unhaus-
lichkeit" zusammen, was als Verschwendungssucht interpretiert sich keineswegs
auf die sozial schwächeren Schichten beschränkte. Im Gegenteil, dort wo mehr
Mittel zur Verfügung standen, konnte auch mehr ausgegeben werden und war
der Besitz grösser, über dessen Verwendung in der Ehe debattiert und gestritten
werden konnte (Hofer 1993: 162). Daneben findet sich als Thema die Vernachlässigung der häuslichen Pflichten. Insbesondere Männer erwarteten von ihren
Frauen, denen der häusliche Bereich unterstand, dass sie ihren häuslichen Pflichten nachkamen, wozu das Aufziehen der Kinder und das eigentliche Haushalten
gehörte. Auch „Ehestreite aus Unverträglichkeit der Ehepartner, was in allge-
meines Gezänk und gegenseitige Beleidigungen verbaler Art ausartet" (Hofer
1993: 163), tauchten als Klagegrund auf. Ebenso spielte die Eifersucht vor Gericht als Scheidungsgrund eine Rolle.

In den meisten Fällen wurde vom Gericht dem Wunsch nach Scheidung
nicht stattgegeben. Die Tatbestände Trunksucht, Verschwendung, Eifersucht,
Körperverletzung bis hin zur Nachstellung nach dem Leben begründeten nach
der Schaffhauser Ehegerichtsordnung keine Scheidung (Hofer 1993: 172). Heute
mag es befremdlich wirken, dass aus diesen, teils schwerwiegenden Umständen
keine Scheidung folgte oder zumindest eine zeitweilige Trennung von Bett und
Tisch ausgesprochen wurde. Die zögernde Haltung des Gerichts wird aber verständlich, wenn man berücksichtigt, dass die Richter stets bestrebt waren, die
Eheleute von einer Scheidung abzubringen. Der Ehestreit wurde zum Teil noch
als Prüfung Gottes angesehen, der man sich gemeinsam zu stellen hatte. In Basel
etwa war der Pfarrer die erste offizielle Instanz, um die Versöhnung des Ehepaa-
res zu erreichen (Hofer 1993: 166). Wenn die Umstände es erforderten, schreckte
das Gericht selbst nicht davor zurück, die Eheleute ins Gefängnis zu stecken,
was als geeignetes Mittel erschien, „besonders verstockte Eheteile zum friedli-
chen Zusammenleben zu zwingen." (Hofer 1993: 168) Auch die massivsten

Strafen wurden angedroht, nämlich die Ausweisung aus Stadt und Land, falls das zerstrittene Paar seine Lebensführung nicht ändern und sich versöhnen wollte. Im Laufe des 18. Jahrhunderts änderte sich diese restriktive Haltung des Gerichts. Zwar wurde immer noch in der Mehrzahl der Fälle das Scheidungsbegehren abgelehnt, doch nicht mehr durchgängig. „Als Hauptgrundsatz des Gerichts für die Behandlung solcher Fälle im 18. Jahrhundert kann die Aussichtslosigkeit, eine Versöhnung herbeizuführen, gelten, nachdem alle Zwangsmittel, eine solche zu erreichen, ergebnislos eingesetzt worden sind." (Hofer 1993: 175) Zudem wurden weitergehende Überlegungen in die Argumentation des Gerichts aufgenommen. So zum Beispiel Kinder, die nicht mehr länger dem Ehestreit ausgesetzt werden sollten. Oder es wurden die Charakterunterschiede der Ehepartner berücksichtigt. Die Scheidung blieb aber im 18. Jahrhundert eine Ausnahme, „auch wenn der Tatbestand der Ehezerrüttung in der Praxis des Gerichts im 18. Jahrhundert langsam, aber nicht durchgängig den Charakter eines Scheidungsgrundes erlangt." (Hofer 1993: 176)

3.4 Ehe und Scheidung im 19. und beginnenden 20. Jahrhundert

Die politischen Umwälzungen und Konfliktlinien in Europa im Jahrhundert nach der Französischen Revolution blieben auch im Feld der rechtlichen Regulierung von Familie nicht ohne Folgen. „Im 19. und 20. Jahrhundert war in Europa das normative Reden über Familie eingespannt in den weltanschaulichen Grundkonflikt zwischen Zukunftsentwürfen, die auf die Emanzipation von Individuen, Geschlechtern oder Klassen gerichtet waren, und solchen, die auf die Stabilisierung der bestehenden sozialen und politischen Strukturen zielten." (Gestrich et al. 2003: 383f.) Die im 18. Jahrhundert beginnende „Verweltlichung" der Ehe stellte vor allem die katholische Kirche vor grosse Herausforderungen und führte zu einer ernsthaften Konfliktzone mit dem Staat. Auch von protestantischer Seite gab es Widerstand gegen eine rationalistische und vertragsmässige Auffassung von Ehe und Familie; die spirituellen Anforderungen an die Ehe und das Bild einer geistlichen Verbindung der Ehepartner wurde verteidigt gegenüber der bürgerlichen Vertragsidee der Ehe und der Vorstellung eines auf gesellschaftliche Nützlichkeit abgestellten Ehezwecks des Reformabsolutismus (Gestrich et al. 2003: 379).

Das Konfliktpotenzial war eine Folge der Pluralisierung der Perspektiven auf den sozialen Gegenstand der Familie. Eine einheitliche Tendenz der theologischen und weltlichen Ehelehren und Vorstellungen von der Struktur und den Funktionen der Familie war nicht mehr gegeben. „In den gegensätzlichen Auffassungen spiegeln sich die großen Unterschiede wider, die sich im Zuge der Auflösung der ständischen Gesellschaft zwischen den verschiedenen politischen Grundüberzeugungen über die beste Einrichtung von Staat und Gesellschaft auftaten. Innerhalb dieser großen Entwürfe wurden Ehe und Familie jeweils ganz unterschiedliche Positionen eingeräumt." (Gestrich et al. 2003: 380) In den widerstreitenden Positionen zwischen „progressiv-liberalen" und „konservativen" Weltansichten spielte die Familie eine zentrale Rolle, beide Richtungen „trieben auf je unterschiedliche Weise die ‚Verwissenschaftlichung des Sozialen' auch in diesem Bereich deutlich voran und setzten dies in entsprechende rechtliche Rahmenbedingungen für Ehe und Familie um." (Gestrich et al. 2003: 383f.)

Die Familie und mit ihr die Ehe und Scheidung waren also nicht nur politisch umstritten. Sie gerieten auch in den Blick des sozialwissenschaftlichen Interesses und wurden zu einem gesellschaftlichen Problem. Es waren – neben der „Entdeckung" anderer Lebens- und Familienformen im Zuge der aufblühenden anthropologischen und ethnologischen Forschung – die teilweise dramatischen Veränderungen des familialen Lebens in Folge der gesellschaftlichen Wandlungs- und Modernisierungsprozesse im 19. Jahrhundert, die die Genese der sozialwissenschaftlichen Familienforschung beschleunigt haben (Hill/Kopp 2008: 67). Die Familiensoziologie konstituiert sich in einer Zeit, in der „bestimmte Familienformen und ihre Werte in Frage gestellt werden und die Familie als soziale Gruppe mit eigener sozialer Gesetzlichkeit und damit als relevanter Forschungsgegenstand anerkannt wird." (Schwägler 1975: 2) So war insbesondere der drohende Verfall der Familie im Zuge der Industrialisierung Gegenstand der ersten sozialwissenschaftlichen Arbeiten im 19. Jahrhundert. Die Analysen von Wilhelm H. Riehl oder von Frédéric Le Play sind von der Sorge um den Bestand der Familie getragen und können nur bedingt als Gegenwartsdiagnosen jener Zeit gelesen werden (Huinink/Konietzka 2007: 17; Nave-Herz 2013: 18). Familiensoziologie verstand sich „in ihren Anfängen als ‚Oppositionswissenschaft', die die Auflösung von Gesellschaft und Familie befürchtet und durch gesellschaftspolitische Programme den familiären und gesellschaftlichen Wandel stabilisieren oder frühere Familienformen wiederherstellen will" (Schwägler 1975: 2). Scheidung als gesellschaftliches Phänomen wurde erst zum Thema der Familiensoziologie als die Scheidungsraten in den westlichen Ländern anstiegen und sie nicht weiter als Problem von „Randgruppen" betrachtet wurde. Insbesondere in den USA hat sich in der ersten Hälfte des 20. Jahrhunderts eine breite soziologische Literatur zu Ehe und Scheidung entwickelt (siehe zum Beispiel Parsons 1955).

Im politischen Feld kam es insbesondere in Deutschland im Zuge des „Kulturkampfes" zu erheblichen Reibungen. Erst die Einführung der obligatorischen Zivilehe im Jahr 1875 und die Regelung der „bürgerlichen Ehe" im Bürgerlichen

Gesetzbuch von 1900 schloss die Emanzipation des Eherechts vom Kirchenrecht gesetzgeberisch ab (Röthel 2010: 9). Dabei blieb das Recht hinter manchen Einsichten des aufgeklärten Vernunftrechts zurück, in dem es „die Ehe als eine vom Willen der Ehegatten weitgehend unabhängige Ordnung" (Röthel 2010: 10) konzipierte.

In der Schweiz bestand bis in die Mitte des 19. Jahrhunderts eine starke Zersplitterung des Rechts. Jeder Kanton regelte sein eigenes Familienrecht. Dabei bildeten sich drei Hauptströmungen heraus, die von der Sprache, der geographischen Lage und der „Kulturverwandtschaft" geprägt waren (Poschke 2000: 7). Wie oben dargelegt, hatte der französische Code Civil insbesondere für die Kantone der Süd- und Westschweiz eine zentrale Bedeutung. Andere Kantone brachten das österreichische Allgemeine Bürgerliche Gesetzbuch in die kantonalen Zivilgesetzbücher ein, während hauptsächlich die deutschsprachigen Kantone nicht von naturrechtlichen Grundlagen ausgingen, sondern sich an der historischen Schule Friedrich Carl von Savignys orientierten. Manche Kantone blieben gänzlich ohne privatrechtliche Kodifikation (Poschke 2000: 7). Mit dem 1848 entstandenen Bundesstaat wurde im Jahr 1850 die Möglichkeit der Mischehe institutionalisiert. Das „Gesetz zur Wahrung des Religionsfriedens" führte 1862 in den katholischen Kantonen die Scheidung wegen tiefer Zerrüttung ein. Im Jahr 1874 wurde in der Schweiz erstmalig das Ehe- und Scheidungsrecht im Bundesgesetz gesamtschweizerisch geregelt und das bürgerliche Zivilstandsregister eingeführt. Bis zum 31. Dezember 1999 blieb das Eherecht von 1907 in Kraft, das die Scheidung im Rahmen des Zivilgesetzbuches umfassend regelte (Poschke 2000: 7f.; Wecker 1988: 120).

Mit dem Gesetz von 1862 wurde im Geiste der Aufklärung als einziger Scheidungsgrund die tiefe Zerrüttung eingeführt. „Die Ehe sollte aufgelöst werden können, wenn das Zusammenleben der Ehegatten mit dem Wesen der Ehe als engster Lebensgemeinschaft nicht mehr vereinbar war. Vor Gericht war allein das Erlöschen des Ehewillens nachzuweisen." (Berka 2000: 129) Nachdem mit dem bürgerlichen Zivilstandsregister 1874 eine Art „einvernehmliche Scheidung" eingeführt wurde, fand das Verschuldensprinzip im Eherecht von 1907 wieder verstärkt Eingang. Ein gemeinsames Scheidungsbegehren war nicht mehr vorgesehen. „Die Scheidungsmöglichkeit wurde auch im Falle des zweifelsfreien Zerrüttungsnachweises insofern eingeschränkt, als dem am Ehezerwürfnis weniger oder nicht Schuldigen ein unbefristetes Widerstandsrecht gegen die Eheauflösung eingeräumt wurde" (Berka 2000: 130). Auch der nacheheliche Unterhalt konnte nur der an der Zerrüttung der Ehe schuldlose Ehegatte verlangen. Darüber hinaus konnte der Unterhaltspflichtige verpflichtet werden, Schadensersatz zu leisten. Als Tatbestände des „absoluten" Scheidungsgrunds galten: Ehebruch, Nachstellung nach dem Leben, schwere Misshandlung, schwere Ehrenkränkung,

entehrendes Verbrechen bzw. unsittlicher Lebenswandel sowie böswilliges Verlassen. Neben diesen Gründen wurde ein „Generaltatbestand" eingeführt, der
jedem Ehegatten die Scheidung wegen „tiefer Zerrüttung des ehelichen Verhältnisses" ermöglichte, wenn den Ehegatten eine Fortsetzung der ehelichen Gemeinschaft nicht zugemutet werden konnte. Jedoch gab es eine wesentliche Einschränkung: „Ist die tiefe Zerrüttung vorwiegend der Schuld des einen zuzuschreiben, so kann nur der schuldlose bzw. minder schuldige Ehegatte auf Scheidung klagen. Das bedeutet, dass derjenige Ehegatte, den die (zumindest überwiegende) Schuld an der Ehezerrüttung trifft, überhaupt kein Recht auf Scheidung hat" (Berka 2000: 131).

Auch in der gerichtlichen Scheidungspraxis und den Rechtfertigungsdiskursen vor Gericht wirkten sich die sozialen Umwälzungen des 19. Jahrhunderts
aus. Regina Wecker (1988) lotet in ihrer historischen Studie die Möglichkeiten
aus, die Frauen an der Wende vom 19. zum 20. Jahrhundert in Basel für die Auflösung ihrer Ehe hatten und welche Rolle dabei die weibliche Erwerbsarbeit in
der Scheidungssituation spielte. Im Zuge der Industrialisierung gab es für Frauen
zunehmend vielfältige Möglichkeiten, einen Beruf auszuüben; zumindest traf
dies auf Frauen „aus der Unterschicht" zu. Für Wecker ist aber nicht die Lohnarbeit der Frauen der Anlass für Ehestreitigkeiten – die Zeitgenossen der Scheidungswilligen stellten einen solchen Zusammenhang zwischen Lohnarbeit und
Scheidungsklagen her –, „sondern es ist die relative wirtschaftliche Selbstständigkeit, die Tatsache, ohne Mann zumindest überleben zu können, die den Frau-
en den Schritt zur Einreichung der Klage überhaupt ermöglicht." (Wecker 1988:
113) Frauen leiteten aus der Tatsache, dass sie einen Teil des Lebensunterhalts
der Familie bestritten, Rechte ab und brachten das in den Scheidungsverhandlun-
gen zum Ausdruck. „In Krisensituationen sind sie schneller bereit, diesen eman-
zipatorischen Aspekt der Lohnarbeit zu verwirklichen." (Wecker 1988: 118)
Frauen aus der Mittel- oder Oberschicht war diese Möglichkeit verstellt, weil
eine „vom Mann unabhängige, angemessene Lohnarbeit" (Wecker 1988: 113)
für sie kaum vorhanden war.

Wecker zeigt anhand einiger exemplarischer Scheidungsklagen, welche
Gründe für die Scheidung vor Gericht genannt wurden: „Vernachlässigung der
Familie, grobe Beschimpfungen der Frau vor den Kindern und Ehrenkränkung",
allgemein die „physischen und psychischen Attacken durch den Ehemann", „die
schlechte wirtschaftliche Lage, die Untüchtigkeit oder Trunksucht, die eine Frau
beklagt; die Vorwürfe eines Mannes an seine Frau, „dass sie trinke, die Haushal-
tung und vor allem das zweite Kind völlig vernachlässige" oder „dubiose Verbindungen zu verschiedenen Männern" (Wecker 1988: 110ff.).

Birgit Stalder (2008) untersucht in ihrer historischen Studie 144 Scheidungsfälle aus den Jahren 1876 bis 1911 und destilliert daraus von ihr sogenann-

te „Kristallationsthematiken", die Normenvorstellungen von Betroffenen und ihre Erwartungen an die Partnerin bzw. den Partner darstellen. Die Ergebnisse geben interessante Einblicke in die Rechtfertigungsdiskurse vor Gericht und werden deshalb ausführlich dargestellt.

Als die am häufigsten in den Scheidungsprotokollen genannte Thematik scheint „Erwerbsarbeit" in ihrer verschiedenartigen Schattierung eine Quelle von Ehestreitigkeiten zu sein. Dabei zeugen die Quellen „von der Gleichzeitigkeit alter und neuer Normen." (Stalder 2008: 181) Verhandelt werden die berufsbedingte Abwesenheit, die damit zusammenhängende Frage nach der Pflichterfüllung im Haushalt durch Frauen und gegenüber der Familie durch Männer, wobei die Vernachlässigung der Arbeitspflicht des Mannes nicht akzeptiert wurde. „Der Kampf um eine gute berufliche Stellung konnte vor allem bei einem Paar aus der Oberschicht den Ehemann stark unter Druck setzen und der Ehefrau einen Angriffspunkt zuspielen, mittels dessen sie ihren Gatten bedrängen konnte." (Stalder 2008: 182)

In den Quellen zeigt sich für Stalder ein „Umbruch in der Bedeutung von Gewalt in der Gesellschaft des ausgehenden 19. und des beginnenden 20. Jahrhunderts. Während Gewalt in der Frühen Neuzeit aufgrund des Züchtigungsrechts des Ehemanns in der Tendenz noch legitim erschien, war ihre Rolle als ordnendes Element in den hier untersuchten Ehen umstritten." (Stalder 2008: 203) In den Quellen empfinden sowohl Männer als auch Frauen Gewalt „als normfremden Faktor" und formulieren ihn vor Gericht als „Zeichen für eine allgemein gestörte Eheordnung" (Stalder 2008: 203). Vom Gericht wird hingegen Gewalt „nur selten" als Scheidungsgrund akzeptiert. „Zu unklar präsentierte sich wohl die Frage, welche Rolle Gewalt in der Ehe noch spielen sollte und durfte." (Stalder 2008: 203)

Kinder spielen vor Gericht in dreifacher Weise eine Rolle. Sie verstärken zunächst den Effekt der Beschuldigungen, wenn die klagenden Ehegatten „anführen konnten, dass sich die Verfehlung direkt gegen die Kinder gerichtet habe oder diese indirekt darunter gelitten hätten." (Stalder 2008: 222) Kinder spielen auch als „Ehe erhaltendes respektive Ehe konstituierendes Element" (Stalder 2008: 224) eine Rolle. Dieser Aspekt kam vor allem in den „Widerreden" zur Sprache, wenn es eine Scheidung zu verhindern bzw. eine Ehe zu bewahren galt. Dabei „erwies sich das Kinderargument als ein schlagkräftiges diskursives Verteidigungsargument." (Stalder 2008: 225) Schliesslich werden Kinder als Streitgrund dann erwähnt, „wenn Probleme mit ihrer Erziehung echte oder vorgeschobene Ursachen von Scheidungsbegehren darstellten." (Stalder 2008: 228). Die Kindererziehung führte immer wieder zu „Uneinigkeit und daher zu Streitigkeiten" (Stalder 2008: 230); insbesondere über die Frage nach der Glaubensrichtung, der das Kind angehören sollte, wurde in interkonfessionellen Ehen heftig gestritten (Stalder 2008: 232). Es geht bei all diesen Gesichtspunkten auch um die Frage, „inwiefern Mann oder Frau ihre Pflichten und Aufgaben erfüllten bzw. sie vernachlässigten" (Stalder 2008: 232). Die Kinderthematik war deshalb so heikel, weil im Laufe des 19. Jahrhunderts die Ehe und Familie eine Emotionalisierung durchliefen. „Sie wurden dadurch zwar durch mehr Gefühl bestimmt, gleichzeitig aber auch zerbrechlicher. Beschuldigungen und Rechtfertigungen, die auf Problemen bezüglich der Kinder aufgebaut waren und normwidriges Verhalten in diesem Bereich aufzuzeigen versuchten, wogen stärker als früher." (Stalder 2008: 232f.)

Bei der Frage der Gesundheit bzw. Krankheit handelte es sich in den von Stalder untersuchten Scheidungsprotokollen um einen weiteren Problemkreis, der die vor Gericht tretenden Eheleute umtrieb (Stalder 2008: 233). Stalder nennt dafür mehrere Gründe: die in der Aufklärung wurzelnde „Medikalisierung und Pädagogisierung" der Gesellschaft breitete sich insbesondere in protestantischen Gebieten aus; Kenntnisse über Mensch und Natur vermehrten sich; planmässig durchgeführte Belehrungs- und Informationsaktionen wie die „Hygienekampagne" oder die Kampagne zur „Alkoholfrage" hatten einen nicht zu unterschätzenden Einfluss auf das Alltagsbenehmen; die Medizin eröffnete neue Felder der Naturbeherrschung, während gleichzeitig der religiöse Glauben als Lebensorientierung weniger wichtig wurde (Stalder 2008: 234). Es ging bei diesem Themenbereich „einerseits um die Erhaltung der Arbeitskraft und andererseits um den Schutz des Körpers vor den negativen Auswirkungen der Industrialisierung." (Stalder 2008: 234)

Auch charakterliche Eigenheiten fanden ihre Erklärung in naturwissenschaftlichen Konzepten:

> „Vererbte Verhaltensmuster wie die mangelnde ‚Wahrheitsliebe', ‚moralische Defekte' und sogar die Neigung zu ‚Krankheit, Streit und Scheidung' wurden dann im Zusammenhang mit ihrer genetischen Ursache erwähnt, wenn ihre normabweichende Eigenart betont werden sollte. Insbesondere die Eifersucht wurde zu einem schwerwiegenden Scheidungsargument, wenn ihr in der Aushandlung darüber, ob sie noch erträglich sei oder bereits die Ehe gefährde, der Status einer Krankheit zugewiesen wurde. […] Die klagenden und beklagten Männer und Frauen stützten sich daher regelmäßig auf das Krankheitsargument, um zu unterstreichen, welch hohem Grad an Eifersucht sie in ihrer Ehe ausgesetzt seien." (Stalder 2008: 243)

Alkoholismus bzw. Trunksucht erscheint in den Scheidungsprotokollen in fast allen Klagen von Frauen gegen Männer entweder als Hauptklagepunkt oder als eine von vielen Beschuldigungen, obwohl Alkoholismus in der Schweiz im Gegensatz zu anderen Ländern wie den USA oder Deutschland keinen bestimmten Scheidungsgrund darstellte (Stalder 2008: 244f.). Hingegen galten sekundäre

Folgen als selbstständiger Scheidungsgrund, wie etwa „Vernachlässigung der wirtschaftlichen Verpflichtungen." (Wecker 1997: 241) Dabei „steht die Trunksucht am Anfang einer langen Kette von familien- und einkommensgefährdenden und daher als ‚anormal' erachteten Verhaltensweisen." (Stalder 2008: 245) Arbeitslosigkeit, verminderte Arbeitsfähigkeit, schwierige finanzielle Verhältnisse, Gewalt und Vernachlässigung der Familie gehen damit einher (Wecker 1997: 240). Insbesondere Frauen konnten an das gesellschaftliche Unbehagen gegenüber dem übermässigen Alkoholkonsum und die Sensibilisierung für das „sociale Übel" anknüpfen, da Alkoholismus lange Zeit als Ursache für „selbstverschuldete Armut" galt (Wecker 1997: 240f.).

Auch eine Schwangerschaft und das Wochenbett galten als Abweichung vom gesundheitlichen Normalzustand, weshalb in dieser Zeit die Frau besondere Betreuung und eine rücksichtsvolle Behandlung beanspruchen konnte (Stalder 2008: 250). Dies war eine der wenigen Gelegenheiten, bei denen Frauen häusliche Gewalt zur Sprache bringen konnten und ihre Scheidungsklage weniger einfach „auf Grundlage des patriarchalen Züchtigungsrecht zurückgewiesen werden konnte." (Stalder 2008: 250)

Selten wird in den zur Verfügung stehenden Quellen über Sexualität geredet. Es ist generell ein Thema, über das in den europäischen Gesellschaften des 19. Jahrhunderts nur unter ganz bestimmten Umständen gesprochen werden durfte; Scheidungsprozesse waren eine solche Möglichkeit (Stalder 2008: 256) Kam die Sexualität zur Sprache, „wurde sie entweder im Zusammenhang mit Ehebruch oder eben mit Krankheit aufgegriffen." (Stalder 2008: 256)

Der Ehebruch stellt einen der ältesten Scheidungsgründe dar; war er nachgewiesen, bedurfte es keiner weiteren Belege dafür, dass ein Zusammenleben des durch einen Ehebruch betroffenen Paares nicht mehr möglich war. „Als bestimmter Scheidungsgrund prägte der Ehebruch somit nicht nur die Normdimension der gelebten Norm, sondern war selbst als ‚positivierte Norm' festgesetzt, erschien also als Paragraph in den verschiedenen Ehe regulierenden Gesetzen protestantischer Kantone. Diese große Ehe konstituierende Bedeutung erlangte die Treue unter anderem aufgrund christlicher Referenzen und im kanonischen Recht." (Stalder 2008: 267) Ein Ehebruch war in vielen Fällen schwierig zu beweisen. Oft konnten in der diskursiven Praxis nur Indizien und Verdachtsmomente vorgebracht werden, etwa dass ein Ehepartner in Nachbarhäusern verschwand, mit Personen des anderen Geschlechts trinken oder spazieren ging. „Schwangerschaft und Kinder mögen in vielen Fällen klare Beweise für außereheliche Sexualität gewesen sein, doch vermochten sie nur definitive Sicherheit zu gewährleisten, wenn gleichzeitig kein ehelicher Sexualverkehr stattgefunden hatte." (Stalder 2008: 276) Kam zum Ehebruch als sexueller Akt die Liebe hinzu, wurde von den Scheidungswilligen in vielen Fällen nicht auf Ehebruch geklagt, sondern die Scheidung aufgrund ehelicher Zerrüttung verlangt, „da sie ein solches Benehmen der Partnerin oder des Partners als Verletzung gelebter ehelicher Normen empfanden, auch wenn dabei vielleicht kein Ehebruch stattgefunden hat." (Stalder 2008: 279)

Das Thema Liebe war ein weiteres vor Gericht verhandeltes Thema, das sich mit der im 19. Jahrhundert stattfindenden Emotionalisierung der Ehe und der Verbreitung romantischer Liebeskonzepte erklären lässt. Es zeigt sich, „dass der Ehe konstituierende Aspekt der Liebe durch jenen der Sexualität komplettiert wurde. Die Ehe war Ort der Liebe und der Sexualität" (Stalder 2008: 289), was von den Ehepaaren auch so als verbindliche Norm empfunden wurde.

> „Liebe erscheint in allen sozialen Schichten eher auf einer emotionalen Komplizität, ruhiger Zuneigung und Achtung beruht zu haben als auf stürmischer Leidenschaft, die im Gegenteil sogar verurteilt wurde. […] Pauschal zusammengefasst war Liebe also charakterliche Übereinstimmung, das heißt, gemeinsame Neigungen und Gewohnheiten sollten den Ehealltag bestimmen. Liebe war ein Tauschwert gegen ökonomische Sicherheit. Liebe war exklusive Sexualität. Liebe war normkonforme Handlungsweise." (Stalder 2008: 298)

3.5 Fazit

Blickt man auf den Wandel der Institution der Ehe und ihrer Auflösung in der westlichen Welt, zeigen sich langfristige Entwicklungen, die idealtypische Konstellationen markieren, die sich – so hat der Verweis auf Bourdieus Studie gezeigt – nicht scharf voneinander abgrenzen lassen, die sich aber in ein grobes Modell aufeinanderfolgender Typiken integrieren lassen.

In der Antike war die Ehe und Scheidung eingebettet in familiale und verwandtschaftliche Beziehungen. Die Ehe war eine Verbindung zwischen zwei Familien, keine Vereinbarung zweier Individuen. Der „Wert" einer Ehe ergab sich aus ihrer Position in einer Kette persönlicher Abhängigkeiten in einer auf Respekt für Traditionen begründeten Welt. Die Legitimität sowohl der Ehe als auch der Ehescheidung ergaben sich in dieser Welt vor dem Hintergrund der familialen Traditionen. Die vorhandenen staatlichen Strukturen spielten für ihre Rechtfertigungen eine marginale Rolle; Ehe und Scheidung war eine „Privatangelegenheit".

Mit der Entwicklung des Christentums löste sich die Ehe sukzessive aus dem familiären Beziehungsgeflecht, in das die Eheleute bis dahin eingebunden waren. Sie wurde vielmehr eine spirituelle Verbindung zwischen Mann und Frau, die als Symbol oder Abbild der Verbindung Christi mit der Kirche interpretiert und schliesslich in den Rang eines Sakraments erhoben und damit als prinzipiell unauflöslich konzeptualisiert wurde. Während in der Antike die Heirat und Scheidung ein privater Akt war, bekam sie im Mittelalter einen öffentlichen Charakter. Die Kirche hatte in der Person des Priesters am Rechtsvorgang der Eheschliessung einen massgeblichen Anteil.

Mit der Reformation wurde erstmals nach Jahrhunderten die Scheidung wieder möglich, da nach der protestantischen Auffassung die Ehe kein Sakrament darstellt. Wenn auch in ihrem Umfang beschränkt, wurden doch einige Gründe als legitim für die Auflösung der Ehe erachtet. Ehebruch, böswilliges Verlassen, Impotenz, Untreue oder todeswürdige Verbrechen waren beispielsweise solche Motive. Insofern stellt die Reformation für die Geschichte der Scheidung einen Wendepunkt und Neuanfang einer als säkular interpretierbaren Entwicklung dar.

Mit der Aufklärung kam es im 18. Jahrhundert zu einer „Verweltlichung" von Ehe und Familie. Die Weltdeutungskompetenz der Kirche wurde in Frage gestellt und das Eherecht in das sich entwickelnde Gesamtsystem der bürgerlichen Rechtsordnung eingegliedert. Das Eherecht wurde nach dem Prinzip der Staatsraison und öffentlichen Nützlichkeit ausgestaltet; bevölkerungspolitische Argumente spielten dabei eine besonders grosse Rolle. Die Qualität der ehelichen Beziehung war erstmals ein legitimes Thema vor Gericht, auch wenn Scheidungen weiterhin sehr restriktiv gehandhabt wurden.

Im 19. Jahrhundert wurde die Säkularisierung des Ehe- und Scheidungsrechts im Zuge der plural gewordenen Vorstellungen der Struktur und Funktion der Familie konflikthaft vorangetrieben, bis schliesslich die Zivilehe als Standard in den Rechtssystemen der meisten westlichen Staaten implementiert war. Der säkulare Staat löste die Kirche ab und setzte sein Modell durch, das in der Schweiz seit den 1870er Jahren prägend ist und dies bis ins 20. Jahrhundert hinein blieb. Philippe Ariès schreibt dazu:

> „Weder die Wandlungen in der Paarbeziehung und in der Familie, die wir heute sehr gut kennen, noch die Annäherung zwischen leidenschaftlicher und ehelicher Liebe, noch die Verdrängung der ausgehandelten Ehe durch die Liebesheirat, noch die gesetzliche Abschwächung des Prinzips der Unauflöslichkeit, noch auch die – eingeschränkte – Möglichkeit, sich nach einer Scheidung wiederzuverheiraten, nichts von alledem hat die Ehe aus ihrem gesetzlichen Zwangsgefüge zu befreien und sie wieder dem privaten Belieben anheimzustellen vermocht. Sie ist und bleibt ein öffentlicher Akt." (Ariès 1984b: 195)

4 Die „Umbruchzeit" von Familie und ihrer Regulierung

Seit dem 19. Jahrhundert haben sich die Strukturen der Familie sowie die Familienbeziehungen vor dem Hintergrund grosser gesellschaftlicher Umbrüche deutlich gewandelt. Im Zuge der Industrialisierung schränkte sich die Formenvielfalt der Familie deutlich ein. Die Trennung von Produktionssphäre und Familiensphäre setzte sich weitgehend durch und Familien konnten sich zu einer „Sphäre des Konsums und der Privatheit" (Gestrich et al. 2003: 391) entwickeln. Die Romantik mit ihrem Liebesideal unterstützte und begleitete die „Subjektivierung" des Ehe- und Familienverständnisses (Gestrich et al. 2003: 375ff.). Am Vorabend der Industrialisierung reifte ein modernes Familienverständnis heran: „der Begriff *familia* in seiner alten Bedeutung als ‚Hausgemeinschaft' wurde zu seinem heutigen Bedeutungsgehalt als exklusive Eltern-Kind-Gemeinschaft uminterpretiert." (Huinink/Konietzka 2007: 67) Die auf Dauer angelegte eheliche Lebensgemeinschaft mit eigenen Kindern, die Ehe als intime Beziehungsstruktur, die auf persönlicher Zuneigung und Liebe als Basis einer frei wählbaren Partnerschaft beruht und die Familie als privater Raum mit einer geschlechtsspezifischen Rollenteilung zwischen Mann und Frau, sind die wichtigsten Merkmale des Modells der bürgerlichen oder modernen Familie, wie es sich spätestens zu Beginn des 20. Jahrhunderts – gegenüber der proletarischen Familie – durchsetzte (Huinink/Konietzka 2007: 67).

In den letzten 50 Jahren waren die Umbrüche derart deutlich, dass von einer „spätmodernen Gesellschaft" gesprochen wird, die auf der These gründet, dass die gesellschaftliche Entwicklung zu einer qualitativ neuen Phase der Modernisierung gehört. Die durch Industrialisierung und Modernisierung hervorgebrachte, auf einer relativ einfachen und überschaubaren Arbeitsteilung und Zeitstruktur von Lebensläufen beruhende bürgerlich-kapitalistische Ordnung, wurde seit den 1960er Jahren nachhaltig in Frage stellt. Die Transformationen haben alle gesellschaftlichen Bereiche erfasst (Beck 1986: 40f.; Huinink 2011: 20f.): ein beschleunigter Wertewandel, der die traditionellen Wertorientierungen untergräbt, Enttabuisierung der Sexualität sowie Veränderungen in demografischen Verhaltensweisen, Erweiterung von Bildungschancen, grösser Chancen der Teilhabe von Frauen am Arbeitsmarkt, neue Frauenbewegungen und Veränderung der gesellschaftlichen Stellung der Frau, zunehmende biografische Flexibilität und vermehrt biografische Unsicherheiten, Ende der „Normalbiografie".

© Springer Fachmedien Wiesbaden GmbH, ein Teil von Springer Nature 2018
T. Mazzurana, *Über die Rechtfertigung der Scheidung*,
https://doi.org/10.1007/978-3-658-22679-4_4

Ebenso gewandelt hat sich die institutionelle Regulierung der Familie. Mit der Aufklärung kam es „zu einer verstärkten Beachtung individueller Rechte und einer vertragsrechtlichen Interpretation von Familie und Familienbeziehungen." (Huinink/Konietzka 2007: 66) Die Familie geriet immer mehr unter die Obhut des Staates und wurde – so Durkheims These – zu einer untergeordneten Instanz des Staates (Lenoir 1988: 369). Funktionen, die vormals von der Familie erfüllt wurden, werden nun im Rahmen der staatlichen Institutionen verwaltet, was wiederum strukturverändernd auf den familialen Bereich rückwirkt. „So übernehmen z. B. die Institutionen der sozialen Sicherung zum guten Teil die früher primär von der Familienorganisation getragenen Funktionen. Dies trifft insbesondere für die Alterssicherung zu, die mit der familialen Umstrukturierung hin zu aktuellen ‚Kernfamilie' einherging, aber auch auf die Einrichtung der ‚Witwenrente' oder die Praxis des Unterhaltschutzes im Scheidungsfall." (Lenoir 1988: 369)

Dieser erste, deutlich sichtbare Veränderungsschub durch Aufklärung, Industrialisierung und Urbanisierung, beschleunigt und verstärkt sich seit der Mitte des 20. Jahrhunderts in Teilen der westlichen Gesellschaften und führt zu einer „Umbruchzeit" von Familie und Ehe. Auch in der Deutschschweiz als Forschungsgebiet der vorliegenden Studie geht dieser Wandel in beschleunigter Weise vor sich. Die radikale Transformation der Familie und der Ehe zeigt sich anhand einiger Indikatoren der Demografie sehr deutlich. Ebenso fanden in der institutionellen Regulierung der Familie zentrale Veränderungen statt. Zeit- und gesellschaftsdiagnostisch wurde dieser Wandel in der Soziologie von verschiedenen Autoren mit Begriffen wie Individualisierung, Deinstitutionalisierung, Kontraktualisierung oder dem Projekt der Familie beschrieben. Im folgenden Abschnitt werden einige dieser Grundkonzepte der Diagnostik als sozialtheoretische Zeitdiagnosen beschrieben. Im darauffolgenden Abschnitt werden die demografischen und rechtlichen Veränderungen in der Schweiz skizziert.

4.1 Zur soziologischen Diagnose der „Umbruchzeit"

Eine soziologische Diagnose des rapiden sozialen Wandels im 20. Jahrhunderts ist von mehreren Autorinnen und Autoren vorgelegt worden. Im Kontext familiensoziologischer Diskurse finden sich verschiedene sozialtheoretische Ansätze, die die Entwicklungen im Bereich der Familie und Ehe beschreiben und analysieren – und sie jeweils mit einem Begriff umreissen: Individualisierung, Deinstitutionalisierung, Kontraktualisierung und die Familie als Projekt. Für die vorliegende Studie bilden die Diagnosen gleichsam die Hintergrundfolie und liefern den Kontext für die Analyse der diskursiven Praxis der untersuchten Akteure.

4.1.1 Individualisierung

Mit dem Begriff der Individualisierung meint Ulrich Beck den Verfall alter Gemeinschaftsbindungen, der sich in allen „reichen" westlichen Industrieländern seit den 1960er Jahren vor dem Hintergrund eines strukturell veränderten Kapitalismus vollzieht. Er bezeichnet ihn als „Kapitalismus *ohne* Klassen", da er zu einer „*Freisetzung des Individuums* aus sozialen Klassenbindungen und aus Geschlechtslagen von Männern und Frauen" (Beck 1986: 116) führt. Für das Handeln der Menschen tritt

> „die Bindung an soziale Klassen eigentümlich in den Hintergrund. Ständisch geprägte Sozialmilieus und klassenkulturelle Lebensformen verblassen. Es entstehen der Tendenz nach individualisierte Existenzformen und Existenzlagen, die die Menschen dazu zwingen, sich selbst – um des eigenen materiellen Überlebens willen – zum Zentrum ihrer eigenen Lebensplanungen und Lebensführung zu machen." (Beck 1986: 116f.)

Individualisierung wird von Beck (1986: 206) als Prozess gefasst, der mehrere Auswirkungen hat: Erstens führt er zu einer Herauslösung der Individuen aus historisch vorgegebenen Sozialformen und -bindungen im Sinne traditionaler Herrschafts- und Versorgungszusammenhänge; zweitens wird er als Verlust von traditionalen Sicherheiten im Hinblick auf Handlungswissen, Glauben und leitende Normen erfahren; drittens fungiert er als neue Art der sozialen Einbindung. Individualisierung ist ein ambivalenter Prozess: mit der fortschreitenden Modernisierung vermehren sich im Laufe des 20. Jahrhunderts in allen gesellschaftlichen Bereichen die Entscheidungen und Entscheidungszwänge. „In allen Dimensionen der Biographie brechen Wahl*möglichkeiten* und Wahl*zwänge* auf." (Beck/Beck-Gernsheim 2005: 52) Individualisierung ist in dieser Perspektive eine gesellschaftliche Dynamik, die nicht auf einer freien Entscheidung der Individuen beruht, sondern vielmehr als Pflicht erscheint. Das freigesetzte Individuum wird gleichsam von der Gesellschaft dazu angehalten, „Individuum zu sein – ob es das nun will oder nicht." (Schroer 2008: 155). Es wird zum „*Risiko-Individuum*", „da dem Individuum einerseits Chancen zur selbstbestimmten Lebensführung und individuellen Besonderung zugesprochen, andererseits aber auch Gefahren der Zerstörung individueller Freiräume durch Standardisierungsprozesse thematisiert werden" (Schroer 2008: 141). Dass dieser Zwang, ein eigenes Leben zu führen, nun mehr und mehr Menschen, im Grenzfall allen abver-

langt wird, ist Beck und Elisabeth Beck-Gernsheim (1994: 21) zufolge das historisch Neue.

Diese Individualisierungsdynamik macht vor den Toren der Familie nicht
halt. Die Individuen werden freigesetzt aus den Fassungen des Geschlechts,
seinen ständischen Attributen und Vorgegebenheiten. „Die neue Unübersicht-
lichkeit der Familie" (Beck-Gernsheim 2010: 17) rührt her aus dem Monopolver-
lust einer vormals vorherrschenden und gesellschaftlich legitimierten Familien-
form mit klarer Arbeitsteilung, männlicher Schlüsselgewalt und einer monoga-
men und heterosexuellen Praxis. In den Beziehungen der Geschlechter wird der
ambivalente Charakter der Individualisierung mit seinen gegenläufigen Konsequenzen sichtbar.

Für Frauen ist ein wesentliches Merkmal des Individualisierungsprozesses
im 20. Jahrhundert, dass sie aus „den traditionalen Weiblichkeitszuweisungen"
(Beck/Beck-Gernsheim 2005: 44), aus den „stereotypen Vorgaben ihres ‚Ge-
schlechtsständeschicksals'" (Beck/Beck-Gernsheim 2005: 43f.) freigesetzt werden. Dafür sind mehrere Bedingungen ausschlaggebend: durch die Verlängerung
der Lebenserwartung gibt es erstens eine Zeit nach der Kindererziehung. „Das
‚Dasein-für-Kinder' ist zu einem vorübergehenden Lebensabschnitt der Frauen
geworden. Ihm folgen noch einmal durchschnittlich drei Jahrzehnte des ‚leeren
Nestes' – jenseits des traditionalen Lebenszentrums der Frauen." (Beck/Beck-
Gernsheim 2005: 44) Zweitens hat sich durch Modernisierungsprozesse insbesondere nach dem Zweiten Weltkrieg die Hausarbeit umstrukturiert. In Folge der
Enttraditionalisierung der Lebenswelten und „im Zuge von Individualisierungs-
prozessen verschärft die Kleinfamilie ihre Grenzziehung, und es bildet sich eine
Insularexistenz heraus, die sich gegenüber den verbliebenen Bindungen (Klas-
senstrukturen, Nachbarschaften, Bekanntschaften) verselbstständigt. Erst so
entsteht in der Hausfrauenexistenz die isolierte Arbeitsexistenz par excellence."
(Beck/Beck-Gernsheim 2005: 44) Zusammen mit der technischen Rationalisierung bewirkt diese Isolierung eine „Dequalifizierung der Hausarbeit", „die die
Frauen in der Suche nach einem erfüllten Leben auch auf die außerhäusliche
Berufsarbeit verweist." (Beck/Beck-Gernsheim 2005: 45) Drittens ermöglichen
empfängnisverhütende und -regelnde Mittel sowie die rechtlichen Möglichkeiten, Schwangerschaften zu beenden, in einem nicht zu unterschätzenden Ausmass die Herauslösung der Frauen aus den traditionalen Vorgaben. „Kinder sind
– im Prinzip – Wunschkinder, Mutterschaft ist gewollte Mutterschaft." (Beck/
Beck-Gernsheim 2005: 45) Das Ob, der Zeitpunkt und die Anzahl der Kinder
können Frauen (mit)bestimmen. „Gleichzeitig wird weibliche Sexualität vom
Fatum der Mutterschaft befreit und kann auch gegen männliche Normen selbst-
bewußt entdeckt und entwickelt werden." (Beck/Beck-Gernsheim 2005: 45) Die
wachsenden Scheidungszahlen verweisen viertens auf die Brüchigkeit der Ehe

sowie der Familienversorgung. Frauen sind heute freigesetzt – bzw. abgeschnit-
ten – von der früher oft noch gegebenen lebenslangen Garantie der ökonomischen Absicherung durch den Mann. „Die Frauen sind oft nur ,einen Mann weit'
von der Armut entfernt" (Beck/Beck-Gernsheim 2005: 45), was auch das Drän-
gen der Frauen auf den Arbeitsmarkt erklärt. „In dieselbe Richtung wirkt fünftens die Angleichung der Bildungschancen, die ja auch Ausdruck einer starken
beruflichen Motivation der jungen Frauen ist" (Beck/Beck-Gernsheim 2005: 45).
Diesen in die Individualisierung hineinführenden Bedingungen stehen andere
entgegen, „die die Frauen zurückbinden in die traditionalen Zuweisungen."
(Beck/Beck-Gernsheim 2005: 46) „Scheidungsrecht und Scheidungswirklichkeit,
fehlende soziale Sicherungen, die geschlossenen Türen des Arbeitsmarktes und
die Hauptlast der Familienarbeit kennzeichnen einige der Widersprüche, die der
Individualisierungprozeß in den weiblichen Lebenszusammenhängen hineinge-
tragen hat." (Beck/Beck-Gernsheim 2005: 46f.)

Für Beck und Beck-Gernsheim ist die Situation der Männer eine ganz andere. Bei ihnen fallen selbstständige ökonomische Existenzsicherung und alte Rol-
lenidentität zusammen. „In der männlichen Geschlechtsrollenstereotype des
,Berufsmenschen' sind ökonomische Individualisierung *und* traditionales männliches Rollenverhalten zusammengeschlossen." (Beck/Beck-Gernsheim 2005:
47) Alle Komponenten, die Frauen aus der traditionalen Frauenrolle herauslösen,
entfallen auf Seiten der Männer. Bei ihnen herrscht im Unterschied zu den Frau-
en „Freiheit zur" Erwerbsarbeit. Ökonomische Selbstständigkeit und Familienex-
istenz sind im männlichen Lebenszusammenhang keine Widersprüche. „Individualisierung (im Sinne marktvermittelter Existenzführung) *bestärkt* männliches
Rollenverhalten." (Beck/Beck-Gernsheim 2005: 47)

Beck betont, dass Ehe und Familie in modernen Gesellschaften vorwiegend
ein Bedürfnis nach Identität und emotionalem Rückhalt erfüllen, unter den Bedingungen der Moderne aber kaum dauerhaft sein können. Die Individualisierung treibt Männer und Frauen geradezu in die Zweisamkeit hinein. *„Mit der
Ausdünnung der Traditionen wachsen die Verheißungen der Partnerschaft.* Alles
was verloren geht, wird in dem anderen gesucht." (Beck/Beck-Gernsheim 2005:
49) Es ist dabei weniger das materielle Fundament und die Liebe, die die Ehe
und Familie zusammenhalten, sondern die Angst vor dem Alleinsein. Das „vielleicht [...] stabilste Fundament der Ehe: Einsamkeit." (Beck/Beck-Gernsheim
2005: 49f.)

Dennoch hat die Dynamik der Familienentwicklung im 20. Jahrhundert zu
einer „Normalisierung der Scheidung" (Beck-Gernsheim 2010: 45) geführt.
Durch „eine Reihe von Wechselwirkungen und Schaukel-Effekten" (Beck-
Gernsheim 2010: 45) wurden „Tabus und Barrieren" abgebaut, haben die gesellschaftlichen Institutionen – Staat, Politik, Recht – die sehr restriktiven Regelun-

gen des Ehe- und Familienrechts gelockert, wurde der „Wandel der Normen und
Moralvorstellungen" kodifiziert, erleichtert nun das transformierte „Sozialklima"
die Scheidung auch denjenigen Individuen, die diesen Schritt unter anderen Umständen nie gewagt hätten (Beck-Gernsheim 2010: 45ff.). Durch diese „Wechselwirkungen und Verstärkereffekte" kommt es zu einem „Schneeballeffekt"
(Beck-Gernsheim 2010: 47):

> „Je geringer die im Fall einer Scheidung zu erwartenden Nachteile, desto mehr wird
> sich der Anstieg der Scheidungen weiter verstärken. Ähnliches gilt für die Chance,
> nach der Scheidung einen neuen Partner zu finden, auch hier wiederum gilt: Stei-
> gende Scheidungszahlen erleichtern die Partnersuche nach einer Scheidung. Denn je
> mehr Männer und Frauen geschieden werden, desto mehr sind auch wieder von ehe-
> lichen Bindungen frei, können neue Beziehungen eingehen. Wenn aber Scheidung
> nicht mehr, mehr bis minder zwangsläufig, ins Leben als Einzelperson mündet, son-
> dern die Chance zu einer neuen Bindung enthält, verringern sich die mit Scheidung
> verbundenen Kosten – was wiederum die Zahl jener ansteigen läßt, die bereit sind,
> sich aus einer unbefriedigenden Ehe zu lösen."

Die Konsequenz ist aber nicht eine verringerte Bedeutung der Ehe – vielmehr
nehmen die Verheissungen der Partnerschaft zu. So „führt der direkte Weg aus
Ehe und Familie meist früher als später wieder in sie hinein – und umgekehrt."
(Beck 1986: 175)

4.1.2 Deinstitutionalisierung

Der kulturelle Bedeutungsverlust der Institution der bürgerlichen Familie seit
den 1960er Jahren ist der Kern der These der Deinstitutionalisierung der Familie
von Tyrell (Huinink/Konietzka 2007: 104). Er fasst den Wandel des ehelich-
familialen Verhaltens als einen komplexen Wandlungsprozess auf: „als einen
Prozeß der *Reduktion* (aber durchaus nicht: des Verschwindens) der institutionellen Qualität von Ehe und Familie" (Tyrell 1988: 145). Tyrell beschreibt diesen
Wandel in deskriptiver Absicht als Deinstitutionalisierung und versucht unter
diesem Begriff die heterogene Vielfalt verschiedener Entwicklungen zu verei-
nen.
        Die bürgerlich eingefärbte Kultur der westlichen Gesellschaften hat dem
Anspruch nach – und vorwiegend realisiert in den „Mittelklassen" – eine kulturell legitimierte und institutionalisierte Normalform der Familie entstehen lassen,
die rechtlich abgesichert ist (Tyrell 1988: 148f.). Diese Form gerät ab der Mitte
des 20. Jahrhunderts wegen mehreren Entwicklungen unter Druck: erstens
kommt es zu einer Legitimitätskrise der Ehe; für Tyrell sind die Legitimitätsein-

bussen des bürgerlichen Familienmusters unverkennbar. „An dezidierter Sinngebung und höherer Plausibilität fehlt es hier zunehmend sowohl für die behörd-
lich-förmliche Eheschließung (staatlicher Trauzwang) wie auch für die Norm der
lebenslangen Monogamie." (Tyrell 1988: 150) Als zweites Merkmal nennt Tyrell den Verlust der existierenden Monopolstellung von Ehe und Familie; Alternativen zur Ehe werden möglich und die Inklusion in die Ehe sinkt. „Der ehema-
lige Ledige ist nunmehr im positiven Sinne ‚Single' (dem nichts fehlt), und auch
das Alleinleben wird zur sozial akzeptablen Alternative" (Tyrell 1988: 151).
Drittens interpretiert Tyrell den Rückgang der Eheschliessungen seit der Mitte
der 1960er Jahre als eine motivationale Rezession der Institution Ehe – „Deinstitutionalisierung also im Sinne einer ‚Motivationskrise' primär der Ehe." (Tyrell
1988: 153) Die Perspektive der Elternschaft behält aber weiterhin ihre hohe
Relevanz. Der weitgehende Abbau verschiedener Arten von sozialer Kontrolle –
Tyrell nennt das Gerede, die Anstossnahme und Entrüstung, die Ächtung als
Beispiele – schlägt viertens in Permissivität um. Auch der Staat zieht sich aus
„ehemoralischen" Dingen weitgehend zurück. „Die Kontrollapparatur, die auf
ganz bestimmte Formen des ehelich-familialen Verhaltens und Zusammenlebens
exklusiv festlegen wollte, ist damit weitgehend kollabiert und dabei auch ihrer
Legitimität, ihrer moralischen Ambitionen entkleidet." (Tyrell 1988: 154) Fünftens kommt es zu einem Abbau elementarer Selbstverständlichkeiten, die das
herkömmliche Familienmuster implizierte, wie der Auflösung des kohärenten
Sinn- und Verweisungszusammenhangs, die die „Einheit" des Ganzen herstellte
(Tyrell 1988: 154). Tyrell fasst die Ehe am Ende des 20. Jahrhunderts wie folgt
zusammen:

> „[...] aus Liebe folgt heute nicht mehr (bindend und motivational zwingend Hei-
> rat/Ehe, aus Verheiratetsein nicht mehr selbstverständlich Zusammenwohnen [...],
> aus Verheiratetsein aber auch nicht mehr notwendig ein Sexualprivileg oder der
> Wunsch nach Kindern. Liebe kommt gut ohne Ehe aus und Ehe auch ohne Kinder;
> überhaupt treten Ehe und Elternschaft deutlicher auseinander: die ‚pure' Ehe (ohne
> Kinder) wird ebenso zur Option wie die ‚pure' Mutterschaft ohne Ehemann." (Tyrell
> 1988: 155)

In dieser institutionentheoretischen Perspektive wird insbesondere der „Zuwachs
an Disponibilität des Handelns", der „im Gefolge des Deinstitutionalisierungs-
prozesses anfällt", zum Thema. Dabei unterstreicht Tyrell – wie Beck und Beck-
Gernsheim – den ambivalenten Charakter dieser Entwicklung. Der Zuwachs an
Disponibilität lässt sich einerseits als Freiheitsgewinn reklamieren und auch so
erleben. „Andererseits entfallen institutionsgestützte Verhaltenssicherheiten und
nehmen damit im privaten Bereich Entscheidungslasten und Qualen der Wahl in
kaum je gekanntem Maße zu." (Tyrell 1988: 156)

4.1.3 Kontraktualisierung

Eine dritte sozialdiagnostische Perspektive unterstellt, „dass die Alltagspraxis
von Paarbeziehungen, Ehe und Familie heute stark durch Aushandlungsprozesse
bestimmt wird" (Burkart 2014: 71). Eine Vielzahl an familialen Fragen wird in
zunehmendem Masse zwischen den Familienmitgliedern verhandelt, etwa die
alltäglichen Entscheidungen über die Anschaffungen oder das Verhältnis von
Erwerbsarbeit, Hausarbeit und Kindererziehung. Die These von Burkart (2014:
72) ist hierbei,

> dass „Aushandlungsprozesse [...] im Modernisierungsprozess zugenommen [ha-
> ben], und damit ist die (eheliche oder nichteheliche) Paarbeziehung immer stärker zu
> einer *vertragsförmigen Institution* geworden. Weil soziale Vorgaben an die Ausge-
> staltung des Lebens als Paar immer mehr zurückgedrängt wurden (auch im Ehe-
> recht), müssen die Partner nun immer mehr selbst entscheiden, also verhandeln und
> – im Extremfall – Verträge abschließen."

Für diese These spricht, dass sich mit Max Weber ein gesellschaftlicher Struk-
turwandel ausmachen lässt, der sich idealtypisch mit der Formel „vom Status
zum Kontrakt" umschreiben lässt (Burkart 2014: 72). Als „Status"-Kontrakt
beschreibt Weber (1980b: 401) jene „urwüchsigen Kontrakte", durch welche
etwa Familienbeziehungen geschaffen wurden, die „eine Veränderung der rechtlichen Gesamtqualität, der universellen Stellung und des sozialen Habitus von
Personen" zum Inhalt hatten. Ihrer Natur nach sind sie unkündbar; man tritt in
sie nicht qua freier Willensbekundung bis auf Widerruf ein; sie nehmen die Kon-
traktpartner vielmehr „mit Leib und Seele" in die Pflicht (Schultheis 1993: 417).
Für Weber sind diese Art der Kontrakte „Verbrüderungsverträge", was eben
gerade nicht bedeutet, „daß man sich gegenseitig für konkrete Zwecke nutzbare
bestimmte Leistungen gewährt", sondern „daß man etwas qualitativ anderes
‚wird' als bisher, – denn sonst wäre jenes neue Verhalten gar nicht möglich. Die
Beteiligten müssen eine andere ‚Seele' in sich einziehen lassen." (Weber 1980b:
401) Mit dem Aufkommen der Marktgemeinschaft und des Güterverkehrs entstehen unpersönliche „Zweck"-Kontrakte, die „prinzipiell aufkündbar sind und
schon in den Konditionen ihres Abschlusses die Kündigungsbedingungen klar
definieren und zum Gegenstand ihrer selbst machen" (Schultheis 1993: 417).
   Bei Norbert Elias findet sich eine ähnliche These: Familienbeziehungen haben den Charakter „einer freiwilligen Verbindung auf Widerruf" bekommen,
während sie „früher für die meisten Menschen obligatorisch, lebenslänglich und
fremdzwangartig waren"; sie stellen vielmehr „höhere Ansprüche an die eigene
Regulierung der beteiligten Personen, an deren Selbstzwangvermögen" (Elias
1987: 272). Heute ist der „einzelne Mensch" „bei Entscheidungen über die Ge-

staltung von Beziehungen, über ihre Fortführung oder Beendigung, nun weit mehr auf sich selbst angewiesen." (Elias 1987: 272)

In dieser Perspektive wurde die Ehe „im Verlauf des Modernisierungsprozesses seit dem 18. Jahrhundert immer stärker als Vertrag (zwischen autonomen Rechtssubjekten) betrachtet und weniger als Fortsetzung der Verwandtschaftssolidarität, auch nicht mehr so sehr als Sakrament oder als patriarchales Instrument, das die Vorherrschaft des Mannes stützt." (Burkart 2014: 72) Seit dem 19. Jahrhundert ist ein „Partnerschaftsgedanke" bestimmend geworden, der die normative Basis einer als weitgehend egalitär und in gewisser Weise auch als „demokratisch" zu bezeichnenden Ehebeziehung liefert. In der heutigen „Verhandlungsfamilie" sind „die tradierten Regeln des Zusammenlebens und der Entscheidungsmacht in Frage gestellt" „zugunsten der Möglichkeit der Mitsprache aller Familienmitglieder an allen wichtigen Entscheidungen" (Burkart 2014: 72).

Die Vertragsförmigkeit der Ehe lässt sich auch am Scheidungsrecht festmachen. Hier zeigen sich Säkularisierung und Rationalisierung der Ehe besonders deutlich: im Unterschied zu einem Sakrament oder einer „Verwandtschaftsregel", kann ein Vertrag im Prinzip gekündigt werden.

„Das Scheidungsrecht ist heute weitgehend privatisiert, d.h. jeder kann den Vertrag, sogar einseitig, jederzeit aufkündigen, ohne Angabe von Gründen. Man könnte auch sagen, es genügen Vernunftgründe. ‚Unsere Ehe ist zerrüttet', stellt man dann nüchtern fest, und die Scheidungsrichter fragen nicht mehr nach Verfehlungen oder Schuld. Das wäre ein weiteres Argument für die Vertragsförmigkeit der Ehe: Generell lässt sich die Vertragsförmigkeit von Institutionen ja auch daran ablesen, dass es keiner moralischen Begründung zu ihrer Legitimierung bedarf. Verträge sind im Prinzip amoralisch, d.h. außerhalb der moralischen Sphäre angesiedelt. Es sieht also ganz so aus, als sei die Ehe immer mehr aus ihrer sozialen Einbettung gelöst worden." (Burkart 2014: 76)

4.1.4 Das Projekt Familie

Ähnlich wie bei der Indiviudalisierungsthese sind auch für Boltanski und seine Koautorin Ève Chiapello (2006) die Metamorphosen des Kapitalismus grundlegend für gesellschaftliche Veränderungen, die auch die Familie mit ihren Beziehungen und Strukturen nicht unberührt lassen. Sie untersuchen in ihrer umfangreichen Studie über den „neuen Geist des Kapitalismus" seine normativen Grundlagen bzw. seinen ideologischen Überbau. Den beiden Autoren zufolge bedarf der Kapitalismus in all seinen historischen Ausprägungen Ideologien, die das Engagement für ihn rechtfertigen und Kritik an ihm neutralisieren. Weder die materiellen Profite noch die Annahme eines „erzwungenen Engagements" angesichts drohenden Hungers oder Arbeitslosigkeit reichen aus, die aktive Teilnahme der Akteure zu erklären. Im Sinne einer Art „freiwillige[r] Unterwerfung" (Boltanski/Chiapello 2006: 42) stützt die überwiegende Mehrheit der Akteure mehr oder weniger kritiklos das Funktionieren des Kapitalismus.

Mit dem Begriff des Geistes des Kapitalismus greift das Autorenduo einen Gedanken von Weber auf, demzufolge die Menschen überzeugende moralische Gründe benötigen, um sich dem Kapitalismus anzuschliessen. Boltanski und Chiapello (2006: 42) sprechen von „der Notwendigkeit eines kapitalistischen Geistes", eines komplexen Rechtfertigungssystems, das das Engagement für den Kapitalismus legitimiert. Der Kapitalismus kann dabei die Ressourcen selbst nicht erzeugen, aus denen sich seine Rechtfertigung speist.

Im projektbasierten Kapitalismus hat sich im Zuge der „Künstlerkritik" der 1970er Jahre ein neuer Geist entwickelt, der als zentrales Kriterium der Wertigkeit von Menschen und Dingen die *Aktivität* bestimmt. „Aktiv sein, bedeutet, *Projekte* ins Leben zu rufen oder sich den von anderen initiierten Projekten anzuschließen." (Boltanski/Chiapello 2006: 156) Je höher der Aktivitätspegel und je zahlreicher die Projekte, in die man eingebunden ist, desto höher die Stellung in der gesellschaftlichen Rangordnung. Sich mit immer mehr Menschen zu vernetzen wird zur Pflicht, ebenso der Ausbau seiner eigenen Employability. Der kleinste gemeinsame Nenner des scheinbar unermesslichen Anforderungsprofils ist die stetige lebenslange Arbeit an sich selbst sowie die Perfektionierung oder zumindest Bewahrung des Humankapitals in Gestalt seines inkorporierten kulturellen und sozialen Kapitals (Schultheis et al. 2010: 14).

Für Boltanski reichen die im neuen Geist des Kapitalismus beschriebenen Anforderungen des projektbasierten Kapitalismus über die Welt der Arbeit und des Unternehmens hinaus „in die Sphäre der intimen, freundschaftlichen, familiären, sentimentalen und sexuellen Beziehungen" (Boltanski 2007a: 179) hinein. Die Pluralität und die Prekarität der beruflichen Welt begünstigen tendenziell die Zerbrechlichkeit der Gefühlsbeziehungen, die oftmals nicht institutionalisiert und durch gemeinsame Bindungen nur schwach motiviert sind. Die Akteure werden dabei von zwei in verschiedene Richtungen gehenden Sorgen heimgesucht. Die erste Sorge ist die, keine Verbindungen knüpfen zu können oder bestehende zu verlieren und so schliesslich an den Rand gedrängt zu werden. Die Angst vor der Einsamkeit ist stets beim Übergang von einer Beziehung zu einer anderen präsent. Im Gegensatz zum Berufsleben, wo das Vergehen der Zeit in den besten Fällen mit einem Zuwachs an Kompetenz verbunden ist und somit einen positiven Wert haben kann, wird das Altern im Rahmen des Gefühlslebens eher als eine Drohung empfunden. „Das Altern geht tatsächlich Hand in Hand mit der wachsenden Möglichkeit, sich an den Rand des Netzes gedrängt zu sehen, was den Zutritt zu sozialer Verbindlichkeit mit anderen gewährt" (Boltanski

2007a: 185). Die zweite Sorge kommt durch die Angst zum Vorschein, sich in der Vielfalt der Aktivitäten zu verlieren und sich nicht auf ein Projekt – etwa die Familie – als ganze Person einlassen zu können.

Für Boltanski entspricht der „Prekarität der beruflichen Situation [...] immer öfter die Prekarität der persönlichen Situation. Die als traditionell bezeichnete Form des emotionalen und sexuellen Lebens im Rahmen der Ehe wird zunehmend durch eine projektbasierte Organisation des Privatlebens abgelöst, die sich durch einen ständigen, aber komplexen Wechsel zwischen Zölibat, Zusammenleben, Ehe, Scheidung etc. auszeichnet." (Boltanski 2007b) Auch das private Leben ist ständig im Fluss, ist die Folge eines permanenten, aber sich nicht verfestigenden Zusammenkommens und Auseinandergehens. Die Ehe kann hierbei einen Stillstand markieren, oder wie es in vielen Fällen vorkommt, „einen Übergang, da nach der Scheidung eine neue Beziehung eingegangen wird, die ihrerseits wieder von unterschiedlicher Dauer ist." (Boltanski 2007a: 181)

4.2 Zur Demografie der Familie und ihrer institutionellen Regulierung

Im 20. Jahrhundert hat in der Schweiz ein grundlegender Wandel in Bezug auf Lebensgemeinschaften, eheliche Beziehungen und Familien stattgefunden, der sich aus demografischen Zahlen ablesen lässt: so etwa an Hand der Lebenserwartung der Bevölkerung, des Erstheiratsalters, der Scheidungshäufigkeit und der Anzahl der Wiederverheirateten. Diese Indikatoren eines sozialen Wandels haben jeweils Auswirkungen auf das Heirats- und Scheidungsverhalten sowie die Struktur der Familie.

Die durchschnittliche *Lebensdauer* ist im 20. Jahrhundert deutlich angestiegen und ist in der Schweiz gegenwärtig eine der höchsten der Welt.[6] Während im Jahr 1900 der Wert bei der Geburt für Männer bei 53 Jahren und für Frauen bei 59 Jahren lag, erreichen im Jahr 2013 Männer eine Lebenserwartung bei der Geburt von 89 Jahren und Frauen von 92 Jahren. Im Vergleich zu 1900 hatte sich etwa 1940 die Lebenserwartung schon deutlich erhöht: bei Männern auf 74 Jahre, bei Frauen auf 80 Jahre.

Das durchschnittliche *Erstheiratsalter* hat sich demgegenüber nur leicht aber merklich gesteigert. Zwischen 1870 und 1940 lag es für Frauen bei 26,5 Jahren und für Männer bei 28,5 Jahren. Zwischen 1940 und 1970 sank es um zwei Jahre, um danach wieder anzusteigen: bei Männern von 27,5 im Jahr 1981 auf 30,3 im Jahr 1999 auf 31,8 im Jahr 2014; bei Frauen im selben Zeitraum von

---

[6] Die folgenden Daten zu Lebensdauer, Erstheiratsalter, Anzahl der Ehescheidungen und der wiederverheirateten Personen stammen vom Bundesamt für Statistik (BFS).

25,1 auf 27,7 auf nunmehr 29,6 Jahren bei der Erstheirat. Für die Ehe hat dies grosse Konsequenzen: Frauen und Männer verbringen immer mehr Jahre miteinander in einer Ehe. Reichte früher die Lebensspanne gerade aus, um Kinder grosszuziehen, ist heute das „Dasein-für-Kinder" zu einem vorübergehenden Lebensabschnitt geworden. Es folgen nach dem Auszug des letzten Kindes durchschnittlich drei Jahrzehnte des „leeren Nestes" (Beck/Beck-Gernsheim 2005: 44), in denen die Ehepartner wieder „allein" miteinander zu tun haben.

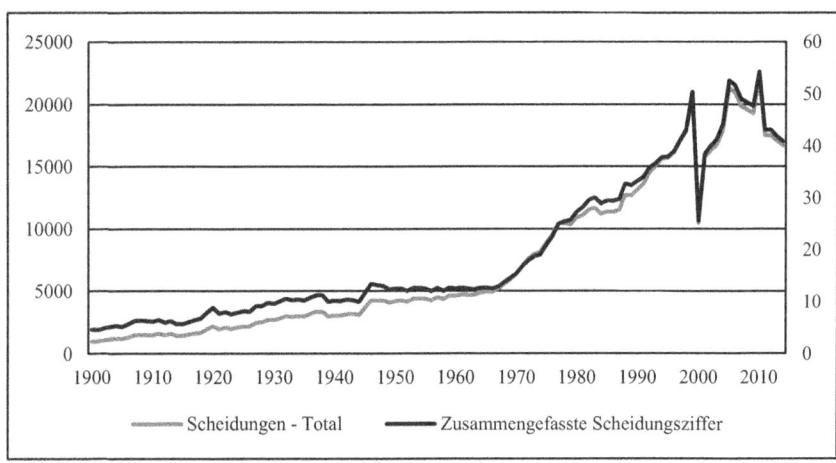

Abbildung 1:   Anzahl der Ehescheidungen und zusammengefasste Scheidungs-ziffer in der Schweiz 1900 bis 2014[7]

Die verlängerte Lebensdauer wirkt sich auch auf die Anzahl der *Scheidungen* aus (siehe Abbildung 1). Es war zu Beginn des 20. Jahrhunderts zwar durchaus möglich, eine Ehe durch Scheidung zu beenden, aber nur eine kleine Minderheit machte von dieser Möglichkeit Gebrauch. Im Jahr 1902 kam es in der Schweiz zu 1108 Scheidungen; die zusammengefasste Scheidungsziffer lag bei 4,9 Prozent. Durch den Tod eines Ehegatten wurden hingegen 16'953 Ehen getrennt (Wecker 1988: 107, 120). Bis in die 1970er Jahre blieb die zusammengefasste Scheidungsziffer unter 15 Prozent, stieg danach aber stetig bis auf über 50 Prozent am Ende des 20. Jahrhunderts an. Das heisst, dass um die Jahrtausendwende angenommen werden konnte, dass jede zweite Ehe geschieden werden würde, während im Jahr 1902 für jede zwanzigste Ehe die Scheidung erwartbar war.

---

[7] Der „Sprung" um das Jahr 2000 hat administrative und verwaltungstechnische Gründe.

Etwas historisch Neues ist im 20. Jahrhundert auch die hohe Anzahl an *wiederverheirateten Personen*. 20,6 Prozent der Männer, die 2015 geheiratet haben, waren geschieden; bei den Frauen waren dies 22,2 Prozent.

Ebenso wie die Sozialstruktur der Schweiz hat sich auch die *institutionelle Regulierung der Familie* gewandelt. Seit den 1970er Jahren wurden zahlreiche familienrechtliche Reformen in der Schweiz umgesetzt (Poschke 2000: 9; Schwenzer 2014: 970).

Novelliert wurde zuerst im Jahr 1972 das Kindesrecht. Mit Wirkung 1973 wurde das Adoptionsrecht geändert und die Volladoption eingeführt. 1978 erfolgte eine grosse Revision des Kindesrechts, wodurch es zu einer fast durchgängigen rechtlichen Gleichstellung von ehelichen und unehelichen Kindern kam. Die Schlüsselgewalt des Vaters wurde abgeschafft und das Kindeswohl in den Mittelpunkt gestellt. Ende der 1970er Jahre wurde die fürsorgerische Freiheitsentziehung ins Vormundschaftsrecht eingefügt, um Artikel 5 „Recht auf Freiheit und Sicherheit" der Europäischen Menschenrechtskonvention zu entsprechen. Eine grosse Auswirkung – auch auf das Anliegen der Revision des Scheidungsrechts – hatte das neue Eherecht von 1988, das ausdrücklich die formale Gleichstellung von Frau und Mann im Familienrecht bezweckt und auf der 1981 in die Bundesverfassung aufgenommenen Rechtsgleichheit der Geschlechter basiert. Als ordentlicher Güterstand wurde die Errungenschaftsbeteiligung eingeführt. In den 1990er Jahren wurde das Mündigkeits- und Ehefähigkeitsalter auf 18 Jahre herabgesetzt.

4.3 Legitimitätskrisen und der Imperativ zur Rechtfertigung

In der „Umbruchzeit" sind die Familie und ihre institutionelle Regulierung in vielerlei Hinsicht von einem massiven sozialen Wandel betroffen. Insbesondere die Ehe, die von den meisten Menschen bis weit ins 20. Jahrhundert als unverbrüchliches Sakrament wahrgenommen wurde und als besondere Institution auch zivilrechtlich sakralisiert war, sieht sich einer dramatischen Legitimitätskrise gegenüber. Ihre normative Monopolstellung wurde – wie beschrieben – in mehrfacher Hinsicht untergraben: so fehlt es ihr beispielsweise zunehmend an „dezidierter Sinngebung und höherer Plausibilität" (Tyrell 1988: 150). Zudem zeigen sich Alternativen zur Ehe immer deutlicher und werden als frei gewählte Lebensformen sozial akzeptabel.

Auch die Scheidung als Auflösung der Institution der Ehe erfährt einen normativen Wandel, der von Reformen ihrer institutionellen Regulierung begleitet wird. Die Deutschschweiz als Forschungsgebiet der vorliegenden Studie befindet sich diesbezüglich in einem Stadium nachholender Entwicklung, die in beschleunigter Weise vor sich geht. Hier ist in einem gewissen Sinne ein zivilisatorischer Bruch im Gange, weil mit der Ehe eine der Grundfeste der gesellschaftlichen Ordnung erschüttert wird. Wenn das, was bis weit ins 20. Jahrhundert als unauflöslich galt, nunmehr als Institution weitgehend banalisiert wird, indem das Scheidungsrecht immer mehr liberalisiert und die Verfahren immer mehr vereinfacht werden, entsteht ein Legitimations- und Rechtfertigungsbedarf, der die neuen „Verhältnisse" normativ einfängt. Der Gesetzgeber, der den „Geist der Gesetze" definiert, muss, wenn er die Institutsgarantie der Ehe auflöst und damit zur Banalisierung von Scheidung beiträgt, seine Reformen normativ begründen und dafür Rechtfertigungsstrategien formulieren. Die Scheidung als Institution kann als „kollektives Gut" betrachtet werden, zu dessen Erzeugung und Bestandswahrung soziale Akteure beitragen. Das in ihr verkörperte Wissen (bzw. Handlungsmuster) „bedarf der Legitimation, um Zustimmung der Gesellschaftsmitglieder zu finden." (Keller 2011: 245)

Trotz der „Normalisierung der Scheidung", von der Beck-Gernsheim (2010: 45) spricht, müssen auch von Scheidung betroffene Personen das Ende ihrer Ehe rechtfertigen – und vor dem Hintergrund der normativen „Umbrüche" neue Legitimationsstrategien für ihr Handeln finden und sich gegebenenfalls auf neue moralische Ordnungen beziehen. Das Scheidungsrecht der Schweiz von 1907 kann bei weitem nicht als privatisiert angesehen werden. Die Ehe entspricht in keiner Weise einem Vertrag, der jederzeit ohne Angaben von Gründen aufgekündigt werden kann – wie es etwa Burkart (2014) diagnostiziert hat. Bis ans Ende des 20. Jahrhunderts fragten Richterinnen und Richter in der Schweiz sehr wohl vor dem Hintergrund der Schuldfrage nach den Beweggründen der Scheidung und ihrer Rechtfertigung.

Die involvierten Akteure sind auf allen Ebenen von dem ergriffen, was Boltanski und Laurent Thévenot (2007: 58) als den „Imperativ zur Rechtfertigung" bezeichnen. Sowohl der Gesetzgeber in Form der politischen Akteure als auch die von Scheidung Betroffenen unterliegen einem Druck, teilweise einem rechtlichen Zwang, ihre Anliegen – seien es Änderungen der gesetzlichen Regulierung, sei es der individuelle Wunsch, sich scheiden zu lassen – zu legitimieren. So wie die Ehe als Ausdruck einer bewussten Wahlentscheidung unter einen Rechtfertigungszwang gerät, da sie gegenüber Alternativen normativ begründet werden muss (Beck-Gernsheim 2010: 46), bleibt die Scheidung, so kann mit Boltanski argumentiert werden (siehe Kapitel 1.3), unabhängig von der Frage der institutionellen Pflicht zur Begründung des Scheidungswillen und der Schuldfrage, rechtfertigungsbedürftig.

5 Die Theorie der Rechtfertigung

Die mit der Institution der Scheidung befassten Akteure – sei es als Scheidungs-betroffene oder als politische Akteure – müssen in ihrer diskursiven Praxis ihre Sichtweisen und Anliegen begründen und gleichsam eine Rechtfertigung liefern. Die von Boltanski und Thévenot formulierte Theorie der Rechtfertigung fängt dieses „Rechtfertigungsimperativ" (Boltanski/Thévenot 2011: 44) ein und fragt danach, wie Akteure ihre Gerechtigkeitsprinzipien zur Sprache bringen. Es geht dem Ansatz „um eine Rekonstruktion der *empirisch* vorhandenen moralischen Ordnungen", auf die Akteure in Situationen implizit oder explizit Bezug nehmen (Diaz-Bone 2015: 138). Er ist insofern in idealer Weise dazu geeignet, den Gegenstand der vorliegenden Arbeit – die Rechtfertigung von Scheidung in der Deutschschweiz am Ende des 20. Jahrhunderts – zu fassen.

Im Zentrum der von Boltanski formulierten Sozialtheorie stehen Situationen des Streits. Es sind Momente, in denen eine Person feststellt, dass der augenblickliche Zustand nicht länger zu ertragen ist und diese Unzufriedenheit einer anderen Person gegenüber äussert. Der alltägliche „Gang der Dinge" ist unterbrochen. Das, was vorher kein Gegenstand bewussten Nachdenkens war, wird nun reflexiv erfasst. Es kommt zu Diskussionen, in denen Kritiken, Vorwürfe und Klagen ausgetauscht werden. Gerade in Auseinandersetzungen sind die Beteiligten gezwungen, „kalkulierte" Argumente zu fabrizieren, um sich zu rechtfertigen. „Wer andere Personen kritisiert, muss Rechtfertigungen produzieren, um die eigene Kritik zu stützen, während Personen, die Ziel der Kritik sind, ihr Handeln rechtfertigen müssen, um ihre Sache zu verteidigen." (Boltanski/Thévenot 2011: 44)

Die Kontrahenten eines Streits geraten unter einen „Generalisierungsdruck". Sie sind gezwungen, die Situation nicht nur als lokal oder singulär zu behandeln. Vielmehr müssen sie in der Lage sein, ihre „Beweggründe der Unzufriedenheit als ‚privat' auszublenden und sich einer allgemein geteilten Definition annähern" (Boltanski/Thévenot 2011: 46), die bestimmt, was von Relevanz ist. Sie nehmen Bezug auf allgemeine Prinzipien, etwa der Effizienz oder der Solidarität, um Behauptungen zu rechtfertigen und stellen insofern generalisierbare Situationsbeschreibungen an, die in ihrem rudimentären Stadium ein normatives Prinzip enthalten (Potthast 2001: 552). Je zugespitzter die Situation ist, desto expliziter müssen die Beteiligten sich um Argumente bemühen, die auf allgemeine Normen und Konventionen zurückgreifen. Die Rechtfertigungen müssen dabei grundsätzlich den Regeln des Akzeptablen folgen. Es gibt für Boltanski und Thévenot

© Springer Fachmedien Wiesbaden GmbH, ein Teil von Springer Nature 2018
T. Mazzurana, *Über die Rechtfertigung der Scheidung*,
https://doi.org/10.1007/978-3-658-22679-4_5

(2011: 44) „keinen Grund anzunehmen, es würden für die Person, die Kritik übt, und für die, die auf Kritik zu reagieren gezwungen ist, unterschiedliche Regeln des Akzeptablen gelten."

Den Disputen und Streitigkeiten liegt ein Dissens zugrunde: es ist stets eine umstrittene Frage, was für eine relative „Grösse", Geltung oder Wertigkeit die ins Feld geführten Sachverhalte – Menschen, Dinge, Handlungen, Ideen – haben (Boltanski/Thévenot 2011: 45). In der Auseinandersetzung als Prozess der Prüfung werden unter Anwendung eines Äquivalenzprinzips – als einem Prinzip, das „vergleichbar" macht – die Elemente „der Größe nach" geordnet (Potthast 2001: 553). Es wird „Qualifizierungsarbeit" geleistet – „Qualifizierung" als Bestimmung und Zuordnung von Eigenschaften und Zuordnung von Wertigkeiten zu Objekten, Personen oder Handlungen (Diaz-Bone 2015: 137). Die Praxis des Klassifizierens im Sinne des Einordnens der Elemente nach ihrer „Grösse", beruht dabei auf der „Anwendung sozialer Repräsentationen" (Diaz-Bone 2007: 495) und hat neben einer kognitiven damit insbesondere eine normative Dimension (Boltanski/Thévenot 2007: 16ff.).

Boltanski und Thévenot geht es um die Rekonstruktion der empirisch vorhandenen moralischen Ordnungen, die für die Akteure praktische Relevanz besitzen, da sie in Situationen des Streits implizit oder explizit in ihrer „Klassifizierungspraxis" darauf Bezug nehmen. Die moralischen Ordnungen – oder Rechtfertigungsordnungen – verweisen auf eine je andere Form des Gemeinwohls „das anzustreben ein Kollektiv als wertvoll erachten kann" (Diaz-Bone 2015: 137) und begründen damit das, was „gut" oder „schlecht", „gerecht" oder „ungerecht", „richtig" oder „falsch" ist, jeweils anders. Sie sind insofern „ideale soziale Welten, die durch die impliziten moralischen Ordnungen organisiert werden." (Diaz-Bone 2015: 138) Sie sind kein Abbild der empirischen Realität, sondern eine Vorstellung der idealen sozialen Welt. „Es handelt sich also um *Metaphysiken des Sozialen*, die bekanntlich von der real existierenden *Wirklichkeit* zu unterscheiden sind." (Diaz-Bone 2015: 138) Zentral ist dabei, dass Boltanski und Thévenot den Akteuren die Kompetenz zusprechen, als „Metaphysiker" (Boltanski/Thévenot 2007: 203) „kompetent zu handeln (und auch zu müssen) und die Rechtfertigungsordnungen als ‚Denkmodelle' für ihr reales, alltägliches Urteilen und Handeln heranzuziehen. Damit erhalten Rechtfertigungsordnungen als ‚Denkmodelle' für die Akteure nun eine durchaus empirische Realität." (Diaz-Bone 2015: 139) Sie bezeichnen in gewisser Weise eine Logik, „die für die kollektive Konstruktion und Kognition von Wertigkeiten und Qualitäten von kompetenten Akteuren herangezogen werden." (Diaz-Bone 2015: 140) Sie stellen „maßgeblich idealtypische Referenzpunkte dar, auf welche Akteure im Streitfall Bezug nehmen." (Bogusz 2010: 49)

Die Rechtfertigungsordnungen korrespondieren mit dem, was Boltanski und Thévenot als „Gemeinwesen" oder „Welt" bezeichnen.[8] Jede dieser Welten realisiert eine spezifische Normativität, die sich auf ein anzustrebendes Gemeinwohl bezieht und sich in normativen Begriffsoppositionen – zum Beispiel wie oben: „gut" oder „schlecht", „gerecht" oder „ungerecht", „richtig" oder „falsch" – ausdrückt (Diaz-Bone 2015: 138f.).

Boltanski und Thévenot identifizieren sechs unterschiedliche Rechtfertigungsordnungen mit ihren spezifischen Konventionen bzw. ihrer jeweils eigenen praktischen Normativität. Es handelt sich dabei eher um Beschreibungen als um präzise Definitionen. Die unterschiedlichen Rechtfertigungsordnungen arbeiten die Autoren aus der Analyse klassischer Texte der politischen Philosophie heraus und zeigen in ihrer Untersuchung zeitgenössischer, als handlungsanleitend gedachter Handbücher, wie diese Urteilsordnungen auch in modernen Gesellschaften weiterexistieren. Sie gehen davon aus, dass die sechs „Welten" ausreichen, „um die Mehrzahl der in alltäglichen Situationen vorgenommenen Rechtfertigungen zu beschreiben. Doch ist die Sechs selbstredend keine magische Zahl. Die genannten Welten sind historische Gebilde und die eine oder andere mag vielleicht gerade die Möglichkeit einbüßen, Rechtfertigungen weiterhin eine Grundlage zu bieten, während andere Welten neu entstehen." (Boltanski/Thévenot 2011: 57) In späteren Werken ergänzen sie diese normativen Ordnungen um eine „projektbasierte" (Boltanski/Chiapello 2006; Boltanski 2007b) und eine „ökologische" Ordnung (Thévenot et al. 2011). Die acht Welten beschreiben sie in folgender Art und Weise:

In der *Welt der Inspiration* „gilt Wert oder Wertigkeit als von einer unmittelbaren Beziehung zu einer äußerlichen Quelle abhängig" (Boltanski/Thévenot 2011: 57). Jede wahrhafte Grösse in der Welt hängt vom Wirken der Gnade (Gottes) ab und „ist daher gänzlich unabhängig von der Anerkennung anderer." (Boltanski/Thévenot 2011: 58) Zu den relevanten „Wesenheiten" gehören beispielsweise „Geister, verrückte Menschen, Künstler und Kinder" (Boltanski/Thévenot 2011: 58), ebenso lassen sich die „politischen Avantgarden" (Boltanski/ Thévenot 2007: 127) anführen. „Zu den typischen Arten ihres Handelns gehören

---

[8] Von Boltanski und Autorinnen und Autoren aus seinem wissenschaftlichen Umfeld sind bereits mehrere Begriffe eingeführt worden, die im Grunde den gleichen Sachverhalt bezeichnen, so etwa „Rechtfertigungsordnung", „Welt", „Qualitätskonvention", „Gemeinwesen" oder „Polis". Sie werfen dabei eine jeweils spezifische Perspektive auf die kollektive Konstruktion von Qualitäten: So betont der Begriff der „Rechtfertigungsordnung", dass diese Logiken auch für die diskursive Begründung bzw. die diskursive Kritik herangezogen werden können; der Begriff der „Polis" weist darauf hin, dass ein (virtuelles) Gemeinwesen aktualisiert bzw. ein Gemeinwohl angestrebt wird; der Begriff der „Welt" hebt hervor, dass den Akteuren in Situationen ein praktisch geteilter Sinnhorizont zur Verfügung steht (Diaz-Bone 2015: 140).

das Träumen, der Gebrauch der Phantasie, die Rebellion und die lebendige Erfahrung." (Boltanski/Thévenot 2011: 58)

In der *Welt des Hauses* „hängt die Größe der Menschen von ihrer Position in einer Kette persönlicher Abhängigkeiten" (Boltanski/Thévenot 2007: 130) innerhalb eines von Gott mittels Rängen und Stufen geordneten und hierarchisierten Universums ab. Handlungen beruhen „auf Beziehungen von Angesicht zu Angesicht sowie auf Respekt für Traditionen." (Boltanski/Thévenot 2011: 59) Zu den relevanten Arten, Beziehungen herzustellen, zählen zum Beispiel Heirat, Geburt und die Kindererziehung.

In der *Welt der Bekanntheit*, einem auf Ansehen und Ruhm gründenden Modell der Ordnung, hängt die Wertigkeit „einzig von der Meinung der anderen ab." (Boltanski/Thévenot 2007: 141) Gemessen wird die Grösse durch konventionelle Zeichen öffentlicher Wertschätzung, wie etwa Marken, Abzeichen, Presseerklärungen und Werbebroschüren. Relevante Personen sind Personen des öffentlichen Lebens, Stars, Meinungsführer und Journalisten (Boltanski/Thévenot 2011: 60). „Beziehungen werden entsprechend durch Beeinflussung hergestellt, durch Identifikation mit jemandem oder indem man sich auf eine Person beruft, durch das Sprechen über jemanden sowie durch Verbreitung von Tratsch und Gerüchten." (Boltanski/Thévenot 2011: 60)

In der *staatsbürgerlichen Welt* sind Personen von Wert, „wenn sie sich für Dinge einsetzen, die über sie hinausweisen." (Boltanski/Thévenot 2007: 160) Tugend ist der Wertmassstab. „In der staatsbürgerlichen Welt bleiben Personen klein, solange sie als Einzelne dem Diktat ihres eigennützigen Willens folgen; Bedeutung und Wertigkeit hingegen erlangen sie als allein um das Gemeininteresse besorgte Glieder des körperlosen Souveräns." (Boltanski/Thévenot 2011: 60) Solidarität, die Rechte und die Gleichheit der Menschen werden betont, weil sie Teil eines aufgeklärten Kollektivs sind. Die Prüfung der Grösse untersucht, ob man die Personen „als Einzelne oder als Staatsbürger und Glieder des Souveräns ansieht, also ob der sie antreibende Wille ein singulärer ist oder sich am Gemeininteresse orientiert." (Boltanski/Thévenot 2007: 162) Wertvolle Personen weisen über das Individuum hinaus und sind dementsprechend „Föderationen, öffentliche Körperschaften, Repräsentanten oder Delegierte. [...] Relevante Gegenstände sind entweder immaterieller Art, wie etwa Regeln, Gesetze und Verfahren, oder materiell, wie Gewerkschaftsbüros oder Wahlurnen. Zu den erwähnenswerten Beziehungen gehören solche, die Menschen mobilisieren und dazu bringen, kollektiv zu handeln." (Boltanski/Thévenot 2011: 61)

In der *Welt des Marktes* sind die bedeutenden Personen Käufer und Verkäufer. Als wertvoll erachtet werden sie, wenn sie reich sind. „Zu ihren Hauptqualitäten gehört es, opportunistisch zu sein, wenn es darum geht, die Möglichkeiten zu erkennen und zu ergreifen, die der Markt ihnen bietet, ferner nicht durch persönliche Beziehungen behindert zu werden und sich emotional unter Kontrolle zu haben." (Boltanski/Thévenot 2011: 62) In Beziehung treten diese Personen in Form des Wettbewerbs.

In der *Welt der Industrie* „gründet Wertigkeit auf Effizienz. Sie lässt sich anhand des Maßstabs professioneller Fähigkeiten bemessen." (Boltanski/Thévenot 2011: 62) Dementsprechend sind in dieser Welt Expertinnen und Experten die Personen von Wertigkeit schlechthin. Ihre Beschreibung gilt auch zur Qualifikation von Gegenständen: „Sie gelten als groß, wenn sie effizient, produktiv und einsatzbereit sind. Werkzeuge, Methoden, Kriterien, Pläne, Grafiken, Schemata etc. kommen zum Einsatz. Beziehungen gelten als harmonisch, wenn sie organisiert, messbar, funktional und standardisiert sind." (Boltanski/Thévenot 2011: 62)

In der *projektbasierten Welt* – die bereits in Kapitel 4.1.4 über das Projekt der Familie besprochen wurde – sind die Akteure wertvoll, wenn sie Netzwerke bilden können und sich als „projektfähig" erweisen; die netzbildende Tätigkeit des Vermittlers dient dieser Welt als Grundlage (Boltanski/Chiapello 2006: 152). Das generelle Äquivalenzmass als Kriterium der Vergleichbarkeit ist die Aktivität; aktiv sein bedeutet „*Projekte* ins Leben zu rufen oder sich den von anderen initiierten Projekten anzuschließen." (Boltanski/Chiapello 2006: 156). Dies ist gleichbedeutend damit, sich in „*Netze*" einzugliedern und sie zu erkunden, „um so seine Isolation zu durchbrechen und Chancen zu haben, persönliche Kontakte zu knüpfen" (Boltanski/Chiapello 2006: 156). „Die Metapher des Netzes wird immer mehr zu einer allgemeinen Vorstellung der ganzen Gesellschaft." (Boltanski 2007b) In dieser Welt herrscht ein „Ungebundenheitsimperativ" (Boltanski/Chiapello 2006: 169) vor.

In der *grünen Welt* sind Handlungen oder „Entitäten" von Wert, „wenn sie Umweltprinzipien oder eben ‚Grünsein' dienen und entsprechen", also „zum Beispiel sauber oder umweltfreundlich, erneuerbar, wiederverwertbar oder nachhaltig sind und im Einklang mit der Natur stehen." (Thévenot et al. 2011: 157). Rechtfertigungen, die auf Umweltüberlegungen basieren, gehen davon aus, „dass es zum allgemeinen Wohl der Menschheit ist, die Sensibilität für Umweltthemen und -konsequenzen zu fördern, die Wildnis zu schützen, Umweltressourcen zu bewahren und die Verbundenheit mit der Natur, dem Boden oder der Wildnis in den verschiedensten Formen zu pflegen und zu entwickeln." (Thévenot et al. 2011: 157)

Die von Boltanski und Thévenot beschriebenen Rechtfertigungsordnungen bestimmen Äquivalenzen auf friedliche Weise. Dies trifft auf Situationen in demokratisch verfassten Rechtsstaaten der westlichen Welt zu, in denen Konflikte friedlich gelöst werden können. Es existieren neben diesem „Rechtfertigungsregime" auch andere Regime, die einen jeweils anderen Kooperationsmodus bzw.

unterschiedliche Arten der Interaktion aufweisen (Boltanski 2012: 68ff.): neben der Gerechtigkeit sind dies die Gewalt, die Angemessenheit bzw. die Routine (*justesse*) und die Liebe. Das Regime der Liebe bzw. das Affektregime (*régime d'agapè*) baut, wie das Regime der Gewalt, auf einem geringen Grad an Reflexivität auf. Darauf wurde bereits in der Einleitung hingewiesen. Im Regime der Liebe – so Boltanski in einem Interview –

> „werden die Beziehungen eben durch die Tatsache befriedet, dass die Personen die Äquivalenzen außer Kraft setzen und dadurch die Berechnung (*calcul*) schwierig oder unmöglich machen. [...] Eine der interessanten Eigenarten dieses Regimes ist es, dass die Personen hier eine Vorliebe für die Gegenwart zum Ausdruck bringen. Die Äquivalenzen sind außer Kraft gesetzt, an der Vergangenheit wird nicht wie in Form einer Schuld festgehalten, und sie wird nur schwach erinnert. Was die Zukunft betrifft, so wird sie nicht wie ein zu vollendender Plan wahrgenommen, sondern es wird sich ihr, ausgehend von der Gegenwart, im Modus der Erwartung hingegeben. Warum wird nur so schwach an der Vergangenheit festgehalten? Weil die Berechnung außer Kraft gesetzt ist, können sich die Proteste, die darauf zielen, untereinander Gerechtigkeit walten zu lassen, nicht formieren. Die Gerechtigkeit ist immer retrospektiv, sie blickt nach hinten. In der Liebe als *Agape* richten sich die Personen in der Gegenwart ein, ohne permanent nach den Gewinnen und Verlusten von jedermann zu suchen." (Boltanski zit. n. Basaure 2008: 5f.)

Das Ende einer Beziehung kann – wie in der Einleitung gezeigt wurde – als „Regimewechsel" bezeichnet werden. Die betroffene Person wechselt vom Regime der Liebe, das Kalkulation und Kalkül ablehnt und es dadurch erschwert, Kritik und Vorwürfe an das Gegenüber zu formulieren, in das Regime der Gerechtigkeit und blickt auf einmal völlig desillusioniert auf die Vergangenheit zurück und beginnt aufzurechnen und Vorwürfe und Kritik zu äussern (Boltanski/ Thévenot 2011: 47). Dieser Moment, in dem sich das Fenster der „Kritikfähigkeit" öffnet, ist jedoch kein Moment der Wahrheit: „Das Regime, das einen kalkulieren lässt, ist mitnichten wahrer oder realer als das Regime, in dem man sich die Fähigkeit zum Kalkül verbietet. Es ist eine neu durchgemischte Wahrnehmung der Welt, die sich aus dem schnellen Wechsel von einem Regime zum anderen ergibt und die Illusion entstehen lässt, es blitze eine Wahrheit auf." (Boltanski/Thévenot 2011: 47)

Die Theorie der Rechtfertigung ermöglicht es, die Kriterien der Rechtfertigung mit ihren normativen Ordnungen zu analysieren, die Menschen für ihr eigenes Handeln mobilisieren. Sie kann benennen, worauf sich Personen im Streit als „letzte Gründe" berufen, um ihrer Kritik Nachdruck zu verleihen. In den Situationen des Streits werden in der diskursiven Rechtfertigung mehrere Welten im Sinne von Rechtfertigungsordnungen geltend gemacht. Die jeweiligen Situationen gehören einer „Pluralität disparater Welten" an; die Erklärungsleistung der Theorie besteht dementsprechend „nicht darin, die epistemische Instabilität aufzulösen, sondern eine Pluralität von Äquivalenzkriterien sichtbar zu machen" (Potthast 2001: 554). Dieses Vorhaben verfolgt die vorliegende Arbeit.

6 Fragestellung und Methodik

Nachdem in Kapitel 2 die Forschungslücken der aktuellen Scheidungssoziologie präsentiert wurden und in Kapitel 5 die Theorie der Rechtfertigung als forschungsleitende Perspektive eingeführt wurde, werden nun vor diesem Hintergrund die in der Einleitung angerissenen Fragestellungen reformuliert und detaillierter dargestellt. Zudem wird die Theorie der Rechtfertigung wissenssoziologisch verortet und an die Wissenssoziologische Diskursanalyse angeschlossen. Danach werden die konkrete methodische Vorgehensweise und das empirische Material vorgestellt.

6.1 Forschungsinteresse

Das Ziel der vorliegenden Arbeit ist es, einen Beitrag zur Soziologie der Ehescheidung zu leisten, der in einer wissenssoziologischen Perspektive Rechtfertigungsmuster und damit soziale Repräsentationen und Deutungen von Scheidung zum Gegenstand hat. Das Forschungsinteresse gilt den subjektiven Begründungen und Bewertungen der Scheidung – und damit den Wissensbeständen und Deutungsmustern von Akteuren. Es handelt sich damit um keine Studie, die hypothesentestend objektive Scheidungsprädiktoren zum Gegenstand hat oder Scheidungsgründe mit Hilfe einer standardisierten Fragebogenerhebung mit vorgegebenen Antwortmöglichkeiten erkundet.

Der Anschluss an die von Boltanski entwickelte Theorie der Rechtfertigung bietet sich aus zwei Gründen an: der Niedergang der bis vor kurzem unverbrüchlichen Institution der Ehe bringt den Gesetzgeber bei der Gestaltung der institutionellen Regulierung der Eheauflösung unter Rechtfertigungsdruck. Ebenso sind die Akteure vor Gericht dazu veranlasst, eine Rechtfertigung für ihr Scheidungsbegehren zu formulieren bzw. gegen Ansprüche des Partners zu argumentieren und Gründe für ihre Sache vorzubringen. Boltanski interessiert sich gerade für solche Situationen, in denen ein Imperativ zur Rechtfertigung zur Geltung kommt. Zudem drängt sich die Theorie der Rechtfertigung auch forschungsstrategisch und methodologisch auf: sie entspricht der Forderung der Familiensoziologie, so nahe wie möglich an die Menschen heranzukommen, um bessere Einblicke in die subjektiven Gründe und normativen Deutungsmuster von Scheidungswilligen zu erlangen.

© Springer Fachmedien Wiesbaden GmbH, ein Teil von Springer Nature 2018
T. Mazzurana, *Über die Rechtfertigung der Scheidung*,
https://doi.org/10.1007/978-3-658-22679-4_6

Gefragt wird zum einen nach den sozialen Repräsentationen von Ehe und Scheidung, wie sie sich im politischen Feld als dem „Ort schlechthin symbolischen Wirkens" (Bourdieu 1991: 39) in der diskursiven Praxis der beteiligten Akteure zeigen. Die Frage, wie durch diese Repräsentationen Gesetzesänderungen und die Umgestaltungen der Regulierungsmuster, die immer normativ begründet sein müssen, letztendlich gerechtfertigt und legitimiert werden, zielt auf die „letzten Gründe" ab, auf die sich die politischen Akteure in der diskursiven Auseinandersetzung berufen, um ihrer Kritik oder Rechtfertigung Nachdruck zu verleihen (Potthast 2001: 554). Es geht nicht darum, das Ergebnis der politischen Auseinandersetzung um die Definitions- und Legitimationsmacht über die Institution der Ehe zu analysieren. Vielmehr sollen die unterschiedlichen, auch widersprüchlichen Äquivalenzprinzipien herausgearbeitet und das Interpretationsrepertoire sowie das Spektrum der Rechtfertigungsmuster dargestellt werden. Gefragt wird nach den Deutungsmustern, die die Akteure in der Debatte anwenden, welche Phänomene der Diskurs aufweist, welche unterschiedlichen „Wissenskonglomerate" – mit unterschiedlichen Problematisierungen, Handlungsempfehlungen etc. – die Debatte strukturieren (Elliker 2013: 105), welche Instanzen überhaupt legitimerweise befugt sind, Ehen zu scheiden und inwiefern die Akteure die Konsequenzen für andere in ihre Argumentation miteinbeziehen bzw. welche Bezüge auf welche normativen Codes explizit hergestellt werden.

Neben der Analyse der Rechtfertigungen im politischen Feld stellt die Arbeit zum anderen die Frage, wie Ehepartner in der Situation vor Gericht ihr Scheidungsbegehren rechtfertigen, welche Argumente sie vor Gericht bemühen und wie sie ihre Gerechtigkeitsprinzipien zur Sprache bringen. Die dabei sichtbar werdenden Wissensbestände und Deutungsmuster bilden die sozialen Repräsentationen von Ehe, von Familie, ihrem Zusammenhalt, aber auch ihrer Desintegration, ab. Es zeigt sich, was illegitim ist in einer Ehe bzw. was als legitimer Grund erachtet wird, um als Scheidungsgrund vorgebracht zu werden. Damit stellt die Arbeit die Diskurse der Scheidungsbetroffenen mit ihren subjektiven Situationsdefinitionen in den Mittelpunkt und kommt nicht nur einer Forderung der neueren Familiensoziologie nach, Trennungsmotive und -ursachen aus einer „Innenperspektive" zu beurteilen (Kopp et al. 2010: 151), sondern auch der von Boltanski postulierten methodologischen Notwendigkeit, „so nahe wie möglich an dem zu bleiben, was die Personen sagen und ihre Rechtfertigungen, ihre Kritik und, allgemeiner gesagt, die moralischen Forderungen, auf die sie sich beziehen, ernstzunehmen." (Boltanski 2007a: 50) In der diskursiven Praxis der Rechtfertigung stellen die Betroffenen gleichsam Normen auf, ausserhalb derer ein eheliches Zusammenleben nicht mehr vorstellbar ist. Damit entstehen unabhängig davon, ob eine Erzählung der alltäglichen Wirklichkeit entspricht oder eine Unwahrheit darstellt, die den Richter oder die Richterin überzeugen soll, „aus-

drucksstarke Gemälde des Ehelebens", hinter denen sich eine „Kollektiverwartung" verbirgt, „eine Art Archetyp dessen", „was das Familienleben nicht sein
soll." (Farge/Foucault 1989: 27)

Das Interesse richtet sich somit in zwei Bereichen auf die diskursive Praxis
von Akteuren, die sich in zwei konkreten, abgrenzbaren institutionellen Feldern
mit Scheidung befassen und dabei entweder als Betroffene ihr eigenes Scheidungsbegehren oder als Akteure im politischen Feld eine bestimmte Form der
Regulierung von Ehe und Scheidung rechtfertigen. Die Kriterien der Rechtfertigung, die von den Akteuren herangezogen werden, die Bewertungen, die expli-
ten Urteile, die Argumente, die in Bezug zu allgemeinen Gerechtigkeitsvorstellungen stehen können, die Gründe, die für eine Scheidung ins Feld geführt werden, machen dabei die Pluralität von Deutungsmustern und Klassifizierungen
sichtbar. Die verschiedenen Ebenen des gesellschaftlichen Diskurses entwickeln
dabei jeweils ihre Eigenlogik, weil sie mit je spezifischen Argumentations- und
Legitimationsverpflichtungen und -zwängen verbunden sind.

In der Studie steht damit die diskursive Praxis der Rechtfertigung in der jeweils konkreten Situation vor Gericht bzw. im Parlament in einer zeitlich eng
abgrenzbaren Periode im Mittelpunkt. Die Rechtfertigungen sind damit lediglich
Ausschnitte aus einem Diskurs, der in gewissem Sinne keinen Anfang hat – der
Scheidungsdiskurs beginnt nicht erst mit den Parlamentsdebatten über die Schei-
dungsrechtsreform in den 1990er Jahren; wie das dritte Kapitel gezeigt hat, fand
bereits in der Antike ein Diskurs über die Institution der Ehe und ihrer Auflösung
statt (Foucault 2012: 98ff.). Boltanskis eigenen kritischen Bemerkungen zu diesem Problem der „Temporalität der Situation" aufnehmend, wird versucht, in der
Arbeit die „lange Temporalität, in deren Verlauf die Poleis sich herausbilden"
(Boltanski zit. n. Basaure 2008: 9) ansatzweise[9] einzubeziehen. An die Frage
nach den Rechtfertigungen in konkreten Situationen schliesst die Frage an, inwiefern sich die Modi der Rechtfertigung verändert haben und ob sich neue
Normen bzw. Deutungsmuster in den Diskursen ausmachen lassen.

---

[9] Es kann hier nicht vollumfänglich die Aufgabe der politischen Soziologie geleistet werden, „die
historisch konkreten hegemonialen Kämpfe in der politischen Rechtfertigungsordnung des politischen Feldes nachzuzeichnen." (Lehner 2015: 34)

6.2 Die Theorie der Rechtfertigung als wissenssoziologisches Forschungsprogramm

Das Forschungsinteresse der vorliegenden Arbeit sind Rechtfertigungsmuster und soziale Repräsentationen und Interpretationen von Ehe und Scheidung in einer wissenssoziologischen Perspektive. Die sozialen Repräsentationen können als „sozial generierte und konstruierte Vorstellungen" (Schützeichel 2007: 450) aufgefasst werden, als normative Ordnungen bzw. Konventionen, die diese Interpretationen und Repräsentationen „organisieren" (Diaz-Bone 2015: 356).

Die Theorie der Rechtfertigung rückt Situationen in den Blick, „in denen Personen sich ans Kritisieren machen" (Boltanski 2010: 46) – und damit Disputate, Auseinandersetzungen und Prozesse der Klassifizierung. Es geht Boltanski (2010: 45f.) – im Sinne der Strategie: „Zurück zu den Sachen selbst" – um eine „angemessenere Beschreibung des situationsgebundenen Handelns der Akteure", darum „gewissermaßen naiv" sich „anzuschauen, was die Akteure tun, wie sie die Absichten der anderen interpretieren, wie sie ihre Sache argumentativ vertreten". „Situation" ist bei Boltanski die Analyseeinheit, nicht etwa die „Gesellschaft". „Dies ist die Konsequenz aus der Einsicht in die Unmöglichkeit, die Totalität sozialer Wirklichkeit wissenschaftlich beobachten zu können." (Bongaerts 2013: 136) Situationen bilden „gleichsam einen Ausschnitt aus einer nur denkbaren und deshalb nicht analysierbaren Totalität" (Bongaerts 2013: 136).

Zentral bei Boltanski ist die Bezugnahme auf die Reflexions- und Deutungsfähigkeit als fundamentale Kompetenz der Akteure. Sie beziehen sich in ihrem Handeln auf Rechtfertigungsordnungen als Denkmodelle für ihr reales, alltägliches Urteilen und Handeln. Die Akteure wissen von den normativen Ordnungen und Anordnungen typischer Personen und Dinge und sind in der Lage, Situationen an der personellen und dinglichen „Rahmung" zu erkennen und das eigene Verhalten und Handeln an den mit einer Welt verbundenen Erwartungen zu orientieren (Bongaerts 2013: 134ff.; Diaz-Bone 2015: 139). „The competence [...] has to allow persons both to form arguments that are acceptable in terms of justice and to construct assemblages of objects, arrangements that hold together and that can thus be qualified as fair." (Boltanski 2012: 38)

Die Kompetenzen der Akteure können als Wissensbestände verstanden werden. Aus ihren Beschreibungen, Klagen, Rechtfertigungen oder Kritiken tritt gleichsam eine Normativität hervor, zeigen sich normative Positionen, auf die sich die Akteure stützen können (Boltanski 2010: 48). Die Praxis des Klassifizierens, das Zuordnen von „Qualitäten" im Sinne eines moralischen Wertes, ist als diskursive Praxis *deskriptiv* und *normativ* zugleich." (Boltanski 2010: 109) Boltanski plädiert für eine Soziologie, „die sich vor allem mit den normativen Dimensionen der menschlichen Tätigkeit befaßt", „eine Moralsoziologie im

Sinne Durkheims, das heißt nicht eine mit Moralismus durchtränkte Soziologie, sondern eine Soziologie, welche die ‚moralischen Tatsachen' ernst nimmt" (Boltanski 2007a: 421f.). Man kann den Entwurf Boltanskis auch dahingehend begreifen, „dass die Rekonstruktion der verschiedenen sozialen Welten als Wissens- und Symbolordnungen (Konventionen) soziale Ordnung und entsprechendes Handeln verständlich machen soll." (Bongaerts 2013: 141) Für Akteure, die Kritik üben oder gezwungen sind, auf Kritik zu reagieren, gelten eben die gleichen „Regeln des Akzeptablen" (Boltanski/Thévenot 2011: 44). Es ist gerade die Erforschung der spezifischen Wissens- und Symbolordnungen, mit denen die Akteure die Welt einteilen und bewerten, die den Gewinn dieses Forschungsprogrammes ausmacht (Bongaerts 2013: 145).

In Situationen der Rechtfertigung beziehen sich die Akteure auf Gerechtigkeitsvorstellungen, auf allgemeine Prinzipien der Äquivalenz bzw. auf geteilte Konventionen. Mit dem Begriff der Konvention bzw. Rechtfertigungsordnungen ist ein Anschluss an die Diskursforschung möglich. Rainer Diaz-Bone (2015: 356) etwa fasst die Ordnungen der Rechtfertigung als „Tiefenstrukturen in Diskursen" auf, „die die kollektive Kognition (oder Sozio-Kognition) strukturieren." (Diaz-Bone 2015: 356) Die Rechtfertigungen sind als Konventionen zugleich „kognitive Formate", „das heißt sie ‚formatieren' die Wahrnehmung, sie sind situative bzw. sachbezogene Schemata für Denken, Handeln und Urteilen. Konvention[en] sind auch *Diskursordnungen,* sie reglementieren, wie legitim argumentiert und was anerkannt werden kann" (Diaz-Bone 2008: 4312). Der Anschluss ist zudem über eine andere Perspektive der Diskursforschung möglich, die die diskursive Praxis von Akteuren ins Zentrum ihres Forschungsinteresses rückt.

6.3 Empirische Forschungsstrategie: Wissenssoziologische Diskursanalyse

Die Wissenssoziologische Diskursanalyse, wie sie von Reiner Keller (2011) ausgearbeitet wurde, ist geeignet, den Gegenstand der vorliegenden Arbeit – Rechtfertigungsmuster und soziale Repräsentationen und Interpretationen von Scheidung – erfassen zu können. Sie bezeichnet ein sozialwissenschaftliches Forschungsprogramm zur Analyse gesellschaftlicher Wissensverhältnisse und Wissenspolitiken, das „auf die Rekonstruktion der *diskursiven Konstruktion* der Wirklichkeit" (Keller 2011: 272) abzielt. Es geht ihr dabei um „die Erforschung der Prozesse der sozialen Konstruktion von Deutungs- und Handlungsstrukturen auf der Ebene von Institutionen, Organisationen bzw. kollektiven Akteuren und um die Untersuchung der gesellschaftlichen Wirkungen dieser Prozesse." (Keller

2011: 12) Ziel ist dabei das Herausarbeiten typischer „Diskursgestalten", nicht die Beschreibung der Einmaligkeit diskursiver Ereignisse. Mit dem Begriff des Diskurses bietet Keller (2011: 205) einen Begriff „für die Typik disparater empirischer und als Ereignisse singulärer Äußerungen" an.

Die Verankerung der Wissenssoziologischen Diskursanalyse innerhalb der Wissenssoziologie von Berger und Luckmann, in der Tradition des Symbolischen Interaktionismus und der Foucaultschen Fokussierung auf Macht und Wissensregimen bedeutet, „Diskurse nicht als abgehoben semiotisch prozessierendes System zu analysieren, sondern als soziale Praxis." (Keller 2013: 27) Die Wissenssoziologische Diskursanalyse gründet auf einem anderen Diskursverständnis als etwa der Ansatz von Diaz-Bone, der sich für „Tiefenstrukturen in Diskursen" interessiert, während bei Keller die diskursive Praxis den Gegenstand der Analyse darstellt. Es sind die Akteure, die durch und in Diskursen im konkreten Sprach- und Symbolgebrauch die soziokulturelle Bedeutung und Faktizität physikalischer und sozialer Realitäten konstituieren (Keller 2011: 12). Sie produzieren und prozessieren in ihrer diskursiven Praxis legitimatorische Wissensbestände, welche die gesellschaftliche Realität erst konstituieren (Elliker 2013: 67).

Diskurse sind „tatsächlich und materialiter stattfindende Sprachhandlungen und Kommunikationsprozesse" und bestehen aus Äusserungen als konkret dokumentierbare, für sich genommen je einmalige sprachliche Materialisierung (Keller 2011: 234, 271). Die Akteure „greifen auf unterschiedliche Ressourcen (rhetorische Mittel, Kapitalien, institutionelle Mechanismen u.a.) zurück und sind in praktisch-symbolische Kämpfe um die Legitimität bzw. die Geltungsansprüche ihrer Beiträge bemüht." (Keller 2011: 271) Die Äusserungen in der diskursiven Praxis – Benennungen, Bedeutungszuschreibungen, Problematisierungen, Klassifikationen, Aussagen über die Faktizität von Sachverhalten – unterliegen unterschiedlichsten „Evidenz- und Konsistenzprüfungen" und müssen sich „praktisch-pragmatisch" bewähren (Keller 2011: 271).

Es ist insbesondere dieser Fokus auf die konkrete soziale Praxis der Diskursproduktion, der die Wissenssoziologische Diskursanalyse anschlussfähig macht an den Ansatz Boltanskis, der – so lässt sich formulieren – Diskurse der Rechtfertigung zum Gegenstand hat. So werden in der vorliegenden Arbeit die parlamentarischen Debatten um das neue Scheidungsrecht als Aushandlungen um die symbolische Deutungshoheit darüber verstanden, was Ehe und Scheidung in der Schweiz sind und sein sollen. Die politischen Akteure greifen dabei auf mehr oder weniger legitime gesellschaftliche Wissensbestände zurück.

6.4 Methodisches Vorgehen

Das Ziel der Studie ist die Rekonstruktion der Rechtfertigungsdiskurse von Scheidung in zwei konkreten Institutionen. Dabei soll im Anschluss an das Forschungsprogramm der Wissenssoziologischen Diskursanalyse die Untersuchung auf die typischen Gehalte ausgerichtet sein. Es geht um das Herausarbeiten typischer „Diskursgestalten" (Keller 2011: 272), nicht um die Beschreibung der Einmaligkeit diskursiver Ereignisse. Damit soll die Frage beantwortet werden, auf welche normativen Ordnungen die Akteure – sowohl die Scheidungswilligen vor Gericht als auch die Politikerinnen und Politiker im Parlament – typischerweise in ihrer Argumentation zurückgreifen. Es geht um die Darstellung des Spektrums typischer Rechtfertigungen und der in Äusserungen mobilisierten normativen Ordnungen.

Keller hat für Analyse der inhaltlichen Strukturierung von Diskursen vier Konzepte vorgeschlagen, die im folgenden Abschnitt präsentiert werden. Die Wissenssoziologische Diskursanalyse orientiert sich dabei an einem Verfahren, wie es für die Grounded Theory entwickelt wurde (Elliker 2013: 79; Keller 2011: 251). Dazu gehört auch die Auswahl und Analyse der Datenquellen, die sich an dem Konzept des theoretischen Samplings orientiert, das darauf ausgerichtet ist, mittels maximaler und minimaler Kontrastierung das gesamte Spektrum der für den vorliegenden Fall interessierenden Bedeutungsdimensionen, das heisst die wesentlichen typischen Gehalte, zu erfassen (Elliker 2013: 80).

6.4.1 Die inhaltliche Erschliessung von Diskursen

Keller (2011: 240ff.) schlägt für die Analyse der inhaltlichen Strukturierung von Diskursen vier Konzepte vor: Deutungsmuster, Klassifikationen, Phänomenstruktur und narrative Strukturen, die zusammen das Interpretationsrepertoire des Diskurses bilden.

Der erste Zugang zur inhaltlichen Erschliessung ist das Konzept der *Deutungsmuster*. Allgemein bezeichnet der Begriff Deutungsmuster die Organisation der Wahrnehmung der sozialen und natürlichen Umwelt in der Lebenswelt, wobei der Begriff des Musters auf den Aspekt des Typischen abzielt und Wissens- bzw. Deutungselemente und bewertende Bestandteile verknüpft. „Deutungsmuster werden in der wissenssoziologischen Tradition als kollektive Produkte begriffen, die im gesellschaftlichen Wissensvorrat vorhanden sind und sich in konkreten sprachlichen Äußerungen manifestieren." (Keller 2011: 240) Im Zuge der Konstitution und Aufbereitung des Themas eines Diskurses werden neue Deutungsmuster erzeugt oder bereits bestehende, die im kollektiven Wissensvorrat der Gesellschaft verfügbar sind, in neuartiger Weise verknüpft. Dabei werden typisierende und typisierte Interpretationsschemata in Deutungsprozessen aktualisiert. „Deutungsmuster organisieren individuelle bzw. kollektive Erfahrungen und sie implizieren meist Vorstellungen (Modelle) angemessenen Handelns." (Keller 2011: 240) Sie beziehen sich – im Sinne Boltanskis – auf allgemeine Gerechtigkeitsvorstellungen bzw. auf allgemeinwohlorientierte Konventionen und bieten einen Bewertungsmodus dessen dar, was einem gemeinsamen Menschsein zuträglich ist. Deutungsmuster leiten „Angemessenheitsurteile von Individuen als eine Art ‚tacit knowledge' bzw. ‚mentale Disposition'" (Keller 2011: 241) und stiften Sinn. „Der Begriff des Deutungsmusters visiert also eine gesellschaftlich konventionalisierte Deutungsfigur, einen ‚Typus', der die Wahrnehmung und Deutung von Phänomenen anleitet. Dieser Typus verknüpft unterschiedliche Deutungselemente zu einer kohärenten (nicht notwendig: konsistenten) Deutungsfigur, die in unterschiedlicher manifester Gestalt auftreten kann." (Keller 2011: 240)

Die Untersuchung der *Klassifikationen* und der *Qualifizierungen* von Phänomenen ist ein weiteres von Keller vorgeschlagenes Konzept für die inhaltliche Erschliessung von Diskursen (Keller 2011: 243f.). Es ergänzt die Analyse der Deutungsmuster, indem es darauf hinweist, dass Deutungen in der diskursiven Praxis stets mit Bewertungen einhergehen. „Der normale Vollzug unserer Alltagsroutinen besteht in einem ununterbrochenen Prozess des Klassifizierens im Rückgriff auf die subjektiv angeeigneten kollektiven Wissensvorräte." (Keller 2011: 244) Klassifikationen konstituieren die Art und Weise der Erfahrung von Phänomenen und beziehen sich dabei „nicht nur auf die Einteilung von Tatsachen, sondern ebenso auf moralische und ästhetische Bewertungen von Phänomenen als gut oder böse, schön/hässlich/erhaben etc." (Keller 2011: 246) Hier rückt die Diskursanalyse in die Nähe der Rechtfertigungstheorie von Boltanski: „Wie jeder Sprachgebrauch klassifiziert also auch die Sprachverwendung in Diskursen die Welt, teilt sie in bestimmte Kategorien auf, die ihrer Erfahrung, Deutung und Behandlung zugrunde liegen. Zwischen Diskursen finden Wettstreite um solche Klassifikationen statt, bspw. darüber, wie (potenzielle) technische Katastrophen zu interpretieren sind und welche Konsequenzen damit verbunden werden sollten" (Keller 2011: 248).

Das Konzept der *Phänomenstruktur* ist ein weiterer Zugang zur Ebene der inhaltlichen Strukturierung von Diskursen. Diskurse verbinden in der „Konstitution ihres referentiellen Bezuges", also ihres Themas, unterschiedliche Elemente oder Dimensionen ihres Gegenstandes zu einer spezifischen Gestalt, einer „Phänomenkonstellation". Bezeichnet werden „keineswegs Wesensqualitäten eines Diskurs-Gegenstandes, sondern die entsprechenden diskursiven Zuschreibungen." (Keller 2011: 248) Die Akteure behandeln in der Konstruktion etwa eines politischen Themas die verschiedenen inhaltlichen Dimensionen im Rückgriff auf argumentative, dramatisierende und evaluativ-bewertende Aussagen: „die Bestimmung der Art des Problems oder des Themas einer Aussageeinheit, die Benennung von Merkmalen, kausalen Zusammenhängen (Ursache-Wirkung) und ihre Verknüpfung mit Zuständigkeiten (Verantwortung), Problemdimensionen, Wertimplikationen, moralischen und ästhetischen Wertungen, Folgen, Handlungsmöglichkeiten u.a." (Keller 2011: 248f.) Für die Beschreibung der Phänomenstruktur orientiert sich Keller an verschiedenen Konzepten der Grounded Theory: die „dimensionale Erschließung" bezieht sich auf die inhaltlichen Dimensionen eines Phänomens. „Im Sprachgebrauch der *grounded theory* geht es hier um die Entwicklung von Kodes, d.h. um die Generierung abstrakter Kategorien zur Benennung einzelner Aussage- und Diskursbausteine durch die verschiedenen Stufen des offenen, axialen und selektiven Kodierens." (Keller 2011: 251) Die „inhaltliche Ausführung" bezieht sich auf die inhaltliche Ausführung der jeweiligen Dimensionen. „Die Wissenssoziologische Diskursanalyse zielt hier auf eine *typisierende Rekonstruktion der Gehalte*, auf die Regeln oder Prinzipien dessen, was als Inhalt in Frage kommt [...]. Durch die Analyse der verschiedenen Aussagen hindurch lassen sich so *Kodierfamilien* bilden" (Keller 2011: 251).

Als vierte Möglichkeit der inhaltlichen Erschliessung von Diskursen nennt Keller das Konzept der narrativen Strukturen. „Als Erzählstrukturen, story lines, plots, scripts bzw. *narrative Strukturen* können diejenigen strukturierenden Momente von Aussagen und Diskursen bezeichnet werden, durch die verschiedene Deutungsmuster, Klassifikationen und Dimensionen der Phänomenstruktur (z.B. Akteure, Problemdefinitionen) zueinander in spezifischer Weise in Beziehung gesetzt werden." (Keller 2011: 251). Die Diskursbausteine werden zu Erzählungen zusammengefasst und über einen „roten Faden" zu Diskursen integriert, wodurch ein zusammenhängendes, erzählbares Gebilde entsteht.

In der vorliegenden Studie wurden die Konzepte zur inhaltlichen Erschliessung von Diskursen kombiniert und auf die verschiedenen Datenquellen angewendet. Bei der Analyse des politischen Diskurses ging es in einem ersten Schritt um die Darstellung der inhaltlichen Dimensionen des Diskurses. Dafür wurde die Botschaft des Schweizerischen Bundesrates über die Änderung des Schweizerischen Zivilgesetzbuches untersucht, die als Basis der Diskussionen im Parlament wichtige Diskurs-Bestandteile liefert, auf die die politischen Akteure in den einzelnen Redebeiträgen zurückgegriffen haben. Sie gibt die Phänomenstruktur des Diskurses über die inhaltlichen Dimensionen der Revision vor. Als „dominante Deutungsvorgabe" (Schwab-Trapp 2002: 48) nimmt sie die in den Parlamentsdebatten vorgebrachten Narrative und Deutungsmuster in einem gewissen Sinne vorweg. Danach wurden die konkreten Äusserungen der politischen Akteure in den Parlamentsdebatten im Stände- und Nationalrat untersucht. Im Sinne eines zirkulären Vorgehens wurden dabei aus dem Material zunächst generative Fragen und erste Konzepte und Kategorien formuliert. Mittels des Prinzips der minimalen bzw. maximalen Kontrastierung wurden im Laufe der Analyse und Interpretation der Daten drei unterschiedliche Diskurse sichtbar.

Eine ähnliche Vorgehensweise wurde bei der Analyse der diskursiven Rechtfertigungspraxis der Scheidungsbetroffenen vor Gericht verwendet. Auch hier wurde in mehreren Schritten nach Kategorien kodiert und – indem auf weiteres Material zurückgegriffen wurde – die Kategorien verfeinert, bis eine gewisse theoretische Sättigung eingetreten war, das heisst bis keine zusätzlichen Daten mehr gefunden werden konnten, die sich auf die Eigenschaften einer Kategorie ausgewirkt haben. In der Analyse wurde das Augenmerk auf thematische Achsen gelegt, die als Narrative die Themen der Scheidungsdiskurse vor Gericht strukturieren und dabei „(bestreitbare) Weltzustände als Erzählungen [konstituieren]" (Keller 2011: 251). Insofern kann ein Thema, zum Beispiel fehlende oder mangelnde Interaktion zwischen den Ehegatten, in mehreren Narrativen vorkommen. Es ist aber nur in einem Narrativ das strukturierende Moment; es ist das, worauf die diskursive Praxis abzielt bzw. das, was „von Belang" ist.

6.4.2 Datenquellen

Die vorliegende Arbeit untersucht keine „Alltagskonversationen", die bei Keller (2011: 233) als „relativ diskursunabhängige" Ebene konzeptualisiert sind. Es werden „Spezialdiskurse" untersucht, die in spezifischen Institutionen hervorgebracht werden. Die Quellen folgen in ihrer konkreten Anfertigung jeweils ihrer eigenen Logik. Die zwei Perspektiven auf den Forschungsgegenstand – einerseits die Analyse der politischen Diskurse im Parlament, andererseits die Analyse der Legitimationsdiskurse von Scheidungswilligen vor Gericht – wirken sich in der Auswahl des Materials aus.

Für die Analyse der diskursiven Rechtfertigung werden drei unterschiedliche Datenquellen verwendet: erstens die Botschaft des Bundesrates vom 15. November 1995 über die Änderung des Schweizerischen Zivilgesetzbuches, zweitens die Parlamentsdebatten zur Revision des Scheidungsrechts im Stände- und Nationalrat vom 25. September 1996 bis zum 26. Juni 1998 sowie, drittens, 49 Scheidungsakten aus einem Ostschweizer Bezirksgericht aus den Jahren 1997 bis 1999. Es handelt sich bei allen Quellen um schriftliche Dokumente, die entweder das Ergebnis einer Gruppe von Autorinnen und Autoren sind – wie im Fall der Botschaft des Bundesrates –, die Transkriptionen gesprochener Worte der Parlamentarierinnen und Parlamentarier im National- und Ständerat darstellen oder die von den Betroffenen selbst bzw. mit Hilfe von Anwältinnen und Anwälten oder vor Gericht von Mitarbeitenden als Berichte zum Eheverlauf und den Scheidungsgründen angefertigt wurden.

Die Quellen wurden somit in einer relativ kleinen Zeitspanne in den 1990er Jahren angefertigt. Sie bilden damit einen bestimmten Ereignis- und Handlungszusammenhang ab, erlauben aber keine Rückschlüsse auf die Entwicklung der letzten knapp 20 Jahre.

Botschaft des Bundesrates
In der Botschaft zuhanden der Bundesversammlung erläutert der Bundesrat seinen Vorschlag für einen parlamentarischen Erlass oder Entscheid. Darin informiert er das Parlament über die erarbeiteten Vorschläge, die angestrebten Ziele und die zugrunde liegenden Probleme. Die Botschaft soll das Parlament von der bundesrätlichen Lösung überzeugen. Der Inhalt der Botschaft ist in Art. 141 Parlamentsgesetz geregelt und umfasst unter anderem „im vorparlamentarischen Verfahren diskutierte Standpunkte und Alternativen und die diesbezügliche Stellungnahme des Bundesrates", „die Auswirkungen auf Wirtschaft, Gesellschaft, Umwelt und künftige Generationen" und „die Auswirkungen auf die Gleichstellung von Frau und Mann" (Fassung gemäss Ziff. I des Bundesgesetzes vom 3. Oktober 2008).

Die vom Bundesrat am 15. November 1995 veröffentlichte Botschaft über die Änderung des Schweizerischen Zivilgesetzbuches beinhaltet die Abschnitte über die Revision des Scheidungsrechts. In ihr werden die Gründe für die Notwendigkeit der Revision genannt sowie die konkreten Textstellen des Gesetzes beschrieben und begründet.

Parlamentsdebatten
Parlamentarierinnen und Parlamentarier äussern sich in einem Diskursfeld, das institutionell-diskursiv vorstrukturiert ist. Im politischen Feld sind die Akteure einer feldspezifischen *illusio* verpflichtet; es gibt in gewisser Weise eine berufsethische Verpflichtung, eine bestimmte Argumentation zu vollziehen, wodurch der Gebrauch der Argumente in eine Richtung gelenkt wird. Die Äusserungen der Akteure sind Einsätze in symbolisch-politischen Kämpfen um die gesamtgesellschaftliche Durchsetzung ihrer partikularen Interessen (Bourdieu 2013: 105). Die politischen Akteure bewegen sich dabei in einem Spannungsfeld zwischen Gesinnungsethik und Verantwortungsethik (Weber 1980a: 551). Zum einen steht die diskursive Rechtfertigung unter der gesinnungsethischen Maxime der eigenen moralischen Standpunkte und die der Partei; es geht um eine Legitimation gegenüber den eigenen Glaubensüberzeugungen. Verantwortungsethisch geht es

zum anderen um die Berücksichtigung der (voraussehbaren) Folgen des Handelns vor dem Hintergrund der häufig auch wissenschaftlich argumentierenden Güterabwägung und der Frage, welche Folgen der Gesetzesentwurf für die Frauen, für die Männer, für die Kinder, aber auch für die Institution der Ehe, hat.

Obwohl sich die Akteure in der Arena des Parlaments auf Augenhöhe begegnen, fällt im Moment der Abstimmung die Stimmverteilung der Mandate auf die einzelnen Parteien ins Gewicht. Auch davor verfügen in der politischen Diskussion die politischen Akteure durch das Wahlergebnis über unterschiedliches symbolisches Kapital. Im Ständerat, der mit der Wahl im Jahr 1995 46 Mitglieder umfasste, war die Freisinnig-Demokratische Partei (FDP) mit 17 und die Christlichdemokratische Volkspartei (CVP) mit 16 Mandataren vertreten. Die Schweizerische Volkspartei (SVP) und die Sozialdemokratische Partei der Schweiz (SP) mit jeweils fünf Mitgliedern folgten mit Abstand. Zudem hatte die Liberale Partei der Schweiz (LPS) zwei und der Landesring der Unabhängigen (LdU) einen Vertreter im Ständerat. Im Nationalrat war mit der Wahl von 1995 die SP die stärkste (55 von 200 Sitzen), die FPD zweitstärkste (45 von 200 Sitzen) und die CVP drittstärkste (34 von 200 Sitzen) Fraktion.

Im siebten Kapitel werden auszugsweise Äusserungen der politischen Akteure präsentiert. Die Zahl in der Klammer nach dem jeweiligen Zitat gibt an, aus welcher Parlamentssitzung die Äusserung stammt:

[1]   Ständerat, Herbstsession 1996: Siebente Sitzung (25. September 1996)
[2]   Ständerat, Herbstsession 1996: Achte Sitzung (26. September 1996)
[3]   Nationalrat, Wintersession 1997: Neunte Sitzung (15. Dezember 1997)
[4]   Nationalrat, Wintersession 1997: Zehnte Sitzung (16. Dezember 1997)
[5]   Nationalrat, Wintersession 1997: Elfte Sitzung (17. Dezember 1997)
[6]   Nationalrat, Wintersession 1997: Zwölfte Sitzung (17. Dezember 1997)

Scheidungsakten
Die von Scheidung Betroffenen liefern in den Scheidungsprotokollen eine Begründung, warum sie eine Entscheidung getroffen haben, die ihnen selbst moralisch-ethisch erklärungs- und rechtfertigungsbedürftig erscheint. Es geht um eine subjektive Motivation hinsichtlich einer eigenen Betroffenheit in Bezug auf etwas, was man als potenzielle Devianz gegenüber einer immer noch anerkannten Norm beschreiben kann. Es herrscht sowohl ein Rechtfertigungsdruck gegenüber dem Gericht als Institution, die über die Auflösung der Ehe entscheidet, als auch gegenüber der eigenen Person, die Scheidung anzustreben. Aus den Scheidungsakten lassen sich Einblicke in das Alltagsrepertoir der Akteure gewinnen. Das dabei zu Tage tretende Alltagsdenken ist dabei nicht genau kodifiziert und nähert sich dem Gegenstand induktiv anhand der konkreten Erfahrungen, die in der Ehe gemacht wurden. Die Akteure haben eine Vorstellung einer

guten Ehe, die selten expliziert wird. Es sind eher banale, mehr oder weniger unzusammenhängende „Vorfälle" und „Zuschreibungen", die alle für sich genommen keinen Scheidungsgrund ergeben. Erst in der Gesamtschau weisen sie eine Struktur auf, die auf eine Beendigung der Ehe hinausläuft. Je weiter man von dem Pol politischer und wissenschaftlicher Diskurse entfernt ist, desto rudimentärer werden die Rechtfertigungsdiskurse in ihrer Komplexität und es finden sich dabei immer subjektive Behauptungen – es wird Empörung gezeigt, es wird etwas skandalisiert, es wird appelliert an das moralische Bewusstsein der Zuhörerin und des Zuhörers, der der Schilderung glauben soll. Die Akteure diskursivieren ihre Tatsachenbehauptungen, die quasi moralische Argumente beinhalten, nicht. Sie liefern nicht zugleich die Erläuterung bzw. die Interpretation mit. Sie setzen vielmehr auf Authentizität, auf ein „So-und-nicht-anders-war-es."

Das in dieser Studie untersuchte Material hat einen besonderen Charakter, der es von anderen, in Kapitel 2.2.2 vorgestellten, retrospektiv verfahrenden Untersuchungen zu den subjektiven Gründen der Scheidung massgeblich unterscheidet. Während diese Fragen nach den Gründen stellten, die „zur Einreichung der Ehescheidung als letztem Akt der Trennung vom Partner führten" bzw. nach jenen Ursachen, „von denen die Betroffenen letztlich annehmen, daß sie zur Auflösung ihrer Ehe beigetragen haben" (Nave-Herz et al. 1990: 57f.), kann mit dem in dieser Studie untersuchtem Material der Frage nachgegangen werden, welche Gründe vor Gericht herangezogen werden, um den eigenen Scheidungswillen begründen und plausibilisieren zu können. Es sind Tatsachenbehauptungen im Rahmen einer staatlichen Institution, die ein moralisches Argument enthalten. Deshalb wurde in der vorliegenden Arbeit auch auf die Möglichkeit verzichtet, verstehende Interviews mit Scheidungsbetroffenen zu führen, weil gerade die Analyse dieser institutionenspezifischen Diskurse einen, über retrospektive Befragungen hinausreichenden, Mehrwert verspricht.

Für die Analyse stehen mit Scheidungsakten „Verwaltungsdokumente" zur Verfügung. In der Schweiz wurde bis zur Scheidungsrevision am Ende des 20. Jahrhunderts, um die Verschuldensfrage zu klären, in den Einvernahmen der Ehepartner vor Gericht eine Schilderung des jeweiligen Eheverlaufs angefertigt. Diese Ehebiografie wurde entweder selbst von den Betroffenen verfasst und als Text den Akten beigelegt, oder von einer Mitarbeiterin oder einem Mitarbeiter des Gerichts im Zuge der „Vernehmung" angefertigt. Für die vorliegende Studie wurden 49 Gerichtsakten aus den Jahren 1997 bis 1999 ausgewertet, die sich im Archiv eines Ostschweizer Bezirksgerichts befinden. Die Akten wurden anonymisiert und um die Angaben bereinigt, die einen Rückschluss auf die Personen zulassen. Die Anzahl war nicht vorab vorgegeben, sie ergab sich im Sinne der Grounded Theory aus einer schrittweisen Analyse des Materials, bis eine gewisse theoretische Sättigung vorlag. Bei der Zusammensetzung des Samples wurde

das Geschlecht der Person, die die Scheidungsklage eingereicht hat, das Alter
sowie die Ehedauer berücksichtigt, um unterschiedliche Konstellationen in die
Analyse einzubeziehen.

In den 49 analysierten Akten wurde in 35 Fällen die Scheidung von der
Frau eingereicht, in 13 Fällen war der Kläger der Mann, in einem Fall wurde die
gemeinsame Einreichung angegeben. In 13 Fällen war das Ehepaar weniger als 5
Jahre verheiratet, in 14 Fällen 5 bis 10 Jahre, in 16 Fällen 11 bis 20 Jahre, in
zwei Fällen 21 bis 30 Jahre und in vier Fällen 31 Jahre oder länger.

Die für das Gericht angefertigten Dokumente sind keine „einfache Abbildung
von Fakten oder der Realität". Sie können nicht als eine Schilderung dessen
aufgefasst werden, was „wirklich" passiert ist. Sie sie sind vielmehr „ein Mittel
der Kommunikation" (Flick 2010: 324) und „stellen eine spezifische Version
von Realitäten dar, die für bestimmte Zwecke konstruiert wurden." (Flick 2010:
327) Es sind gerade diese spezifischen Versionen, die als Quellen der Rechtfertigung fungieren und das Forschungsinteresse der vorliegenden Studie ausmachen.
Gefragt wird eben nicht nach den „wahren" Begebenheiten in der Ehe und den
„realen" Gründen, die zu ihrer Auflösung geführt haben – wie es die soziologische Scheidungsforschung bei vielen Gelegenheiten getan hat.

Diese Art der retrospektiven Schau auf die eigene Ehegeschichte ist geprägt
von bestimmten Anforderungen: der Auswahl der relevanten Geschehnisse, der
Notwendigkeit, den Wert der eigenen und fremden Handlungen zu werten, Ko-
härenz herzustellen und „stabilize imputations and specify intentions in such a
way as to allow the formulation of a synthetic judgement on the person."
(Boltanski 2012: 82) Diese Form des Diskurses soll in gewissem Sinne die inneren Werte und Beziehungen, die normativen Rechtfertigungsordnungen zugrunde liegen, verdeutlichen. „For to put oneself in an autobiographical position is to
commit oneself to passing judgement on one's life as a whole – that is, to adopt,
through a sort of thought experiment, the position of a last judgement. The situation in which an autobiography is delivered thus appears as a situation of justifi-
cation." (Boltanski 2012: 81f.)

Die Scheidungsakten als spezifisches Genre haben den Vorteil, dass die Akteure nicht wie in retrospektiven Befragungen zu den Ursachen der Scheidung
einer „biografischen Verzerrung" und der „sozialen Erwünschtheit" unterliegen
(Bodenmann et al. 2002: 18). Die Probleme der „Filterung" vor Gericht – „weil
der Scheidungsanwalt aus strategischen Überlegungen bestimmte [Gründe] her-
ausgreifen könnte, von denen er annimmt, daß sie geeignet wären, für seinen
Klienten vor Gericht die Scheidungsfolgen (z.B. das Sorgerecht) am günstigsten
zu beeinflussen" (Nave-Herz et al. 1990: 57f.) – sind gerade deshalb kein Problem, weil es ja um die ins Feld geführten legitimen bzw. die als legitim erachte-

ten Gründe geht, auch wenn sie „juristisch verkürzt" (Burghartz 1995: 172) sind. Die Akteure beschreiben ihren Eheverlauf vor dem Hintergrund der Notwendigkeit der Legitimierung ihrer eigenen Handlungen. Die Fragestellung lautet nicht, wie die Akteure ihren Eheverlauf schildern, sondern welche Gründe sie als legitim erachten, um eine Ehe zu beenden.

7 Diskursive Rechtfertigungen der Scheidung im Schweizerischen Parlament

Es ist die symbolische Macht des Staates, kollektiv geteilte Muster des Denkens und Wahrnehmens strukturieren zu können, die den symbolischen Kämpfen um die Definition und Legitimation von Institutionen und rechtlichen Ordnungen eine solche Relevanz verschafft. Insbesondere die Familienpolitik ist dermassen umstritten, weil die Familie ein zentraler Ort der sozialen Reproduktion ist.

Auch die Institution der Scheidung – als Auflösung der Institution der Ehe – ist eine im Laufe der Geschichte höchst umstrittene Frage; das hat der historische Rückblick im dritten Kapitel gezeigt. Mit der Revision des Scheidungsrechts tritt der Diskurs über die Legitimität und rechtliche Behandlung der Scheidung in den symbolisch wichtigsten Ort der Schweizerischen Politik, in das Parlament, ein. In den Debatten im Ständerat und Nationalrat wird die Revision begründet, werden konkrete Gesetzesvorlagen gerechtfertigt, tritt gleichsam die Normativität des Gegenstands zutage, wenn der „Geist der Gesetze" verhandelt wird.

In diesem Kapitel werden die Schweizerischen Parlamentsdebatten zur Revision des Scheidungsrechts in den 1990er Jahren einer Wissenssoziologischen Diskursanalyse unterzogen. Gefragt wird nach den sozialen Repräsentationen von Ehe und Scheidung, wie sie sich im politischen Feld in der diskursiven Praxis der beteiligten Akteure zeigen. Es stehen dabei nicht die Ergebnisse der politischen Auseinandersetzung in Form der Gesetzestexte im Fokus, sondern die Deutungsmuster der Akteure mit ihren normativen Begründungen. Für die vorliegende Arbeit ist es nicht von Interesse, wie diese symbolischen Kämpfe sich in Beschlüssen und Gesetzestexten manifestieren – es liegt hier keine Analyse der „politischen Ergebnisse" vor. Vielmehr sind die Rechtfertigungen, die ins Feld geführt werden und die normativen Rechtfertigungsordnungen, auf die Bezug genommen wird, von Interesse.

Die Diskursanalyse wird in zwei Schritten vollzogen: zuerst wird die vom Bundesrat veröffentlichte Botschaft über die Änderung des Schweizerischen Zivilgesetzbuches präsentiert, die als Basis für die Parlamentsdebatten wichtige Diskurs-Bestandteile liefert und in gewisser Weise die inhaltlichen Dimensionen dieser Debatten vorgibt. Danach wird die diskursive Praxis der politischen Akteure im Schweizerischen Parlament hinsichtlich ihrer dominanten Deutungsmuster untersucht. Im Fazit im neunten Kapitel werden abschliessend sowohl die

© Springer Fachmedien Wiesbaden GmbH, ein Teil von Springer Nature 2018
T. Mazzurana, *Über die Rechtfertigung der Scheidung*,
https://doi.org/10.1007/978-3-658-22679-4_7

Botschaft als auch die politischen Diskurse hinsichtlich ihrer Bezugnahme auf normative Ordnungen und Rechtfertigungsnarrative beleuchtet.

7.1 Politik als diskursive Praxis der Rechtfertigung

Die Veränderungen der institutionellen Regulierung von Familie sind das Ergebnis politischer Kämpfe um fundamentale Ideen und Interessen, von Versuchen der Durchsetzung von Sichtweisen und der Auseinandersetzung darum, „was überhaupt von allgemeinem Interesse sein kann und soll" (Lehner 2015: 27) und als politisches „Problem" die Regulierung durch den Staat benötigt. Es ist gerade die symbolische Macht des Staates, kollektiv geteilte Muster des Denkens und Wahrnehmens strukturieren zu können, die die Kämpfe um die Definitions- und Legitimationsmacht im Staat anfeuert. Dabei stehen die Strukturen und Bedingungen sozialer Reproduktion auf dem Spiel – und damit die Möglichkeit ihrer gesellschaftlichen Veränderung. Der Staat fungiert als „Zentralbank des symbolischen Kapitals" (Bourdieu 2014: 381) und ist insofern eine Art Letztinstanz der Anerkennung und Legitimität. Er ist in der Lage, innerhalb eines Terrains ähnliche Erkenntnis- und Bewertungsstrukturen sowie Klassifizierungsprinzipien durchzusetzen. „Damit hat er an der (Re-)Produktion der Instrumente zur Konstruktion sozialer Realität maßgeblichen Anteil, womit das, was als *common sense* unmittelbar Selbstverständlichkeit evoziert und unbewusste Natürlichkeit ausstrahlt, geschaffen und bearbeitet wird" (Lehner 2015: 33). So ist es etwa der eidgenössische Staat, der 1874 mit dem Bundesgesetz die Ehe dem Schutz des Bundes unterstellt und diesen zur Regelung des Zivilstandswesens ermächtigt – unter massiven konfessionell aufgeladenen und mit kulturkämpferischen Untertönen geprägten Debatten (Stalder 2008: 110f.).

Demokratisch verfasste Politik bildet dabei die legitime Arena der kontinuierlichen Auseinandersetzung um die symbolische Deutungshoheit. Bourdieu (2013: 105ff.) versteht das politische Feld als ein „Kampffeld zur Veränderung der Kräfteverhältnisse", in dem Akteure symbolische Kämpfe um die gesellschaftliche Durchsetzung ihrer partikularen Interessen, Weltsichten und fundamentaler Ideen (*idées-forces*), die als Mobilisierungskraft fungieren, ausfechten. In den symbolischen und politischen Kämpfen zwischen den beteiligten Akteuren steht das staatliche Monopol auf die Durchsetzung der „guten", das heisst der legitimen Sicht- und Teilungsprinzipien (*nomos*) der sozialen Welt, auf dem Spiel.

Politische Akteure stehen im Ringen um die symbolische Deutungshoheit unter einem stetigen Rechtfertigungsdruck. Sie müssen ihre Praktiken, Ideen und

Forderungen in konkreten Situationen begründen. Diese symbolischen Kämpfe geschehen in kleinteiligen, alltäglichen, oftmals langweilig anmutenden Stellungnahmen, die die politischen Akteure in der Öffentlichkeit, in der Regel in den Medien, aber auch in Wahlkampfreden oder in parlamentarischen Debatten, abgeben. Je intensiver der Streit ist, desto expliziter müssen die Akteure Argumente fabrizieren, die auf allgemeine Normen, historisch generierte Gerechtigkeitsvorstellungen und „Rechtfertigungsnarrative" zurückgreifen. Das politische Feld ist nicht nur ein Kampfplatz von politischen Parteien, es ist auch „ein Schauplatz, auf dem verschiedene Rechtfertigungen und Begründungen innerhalb einer stets umstrittenen ‚normativen Ordnung' aufeinander prallen." (Lehner 2015: 32) Daniel Lehner spricht vom politischen Feld „als jener relativautonomen sozialen Arena", „in der sich das gesamtgesellschaftliche Verhältnis zwischen konfligierenden Rechtfertigungsnarrativen verdichtet." (Lehner 2015: 32) Politik kann als eine „Praxis der Rechtfertigung" (Lehner 2015: 31) gefasst werden. Sie ist in diesem Sinne „der ideologisch verdichtete Ort, an dem politische Rechtfertigungsnarrative gegeneinander antreten und um Hegemonie in der politischen Rechtfertigungsordnung streiten." (Lehner 2015: 33)

Die politische Rechtfertigungsordnung ist von unterschiedlichen Narrativen durchzogen, die sich mitunter politischen Traditionen und Parteien teil- und zeitweise zuordnen lassen. Politische Forderungen lassen sich dabei sehr wohl durch unterschiedliche Narrative legitimieren. So rekurrieren feministische Politikerinnen und Politiker oftmals nicht nur auf ein feministisches Rechtfertigungsnarrativ, wenn sie an der binären Geschlechterdifferenz ansetzen, sondern mobilisieren ein egalitaristisches Rechtfertigungsnarrativ, wenn sie Macht- und Herrschaftsverhältnisse in die Argumentation miteinbeziehen (Lehner 2015: 34).

Da die Narrative und ihre Normen meist vorreflexiv bleiben und nicht Gegenstände der Auseinandersetzungen werden, „ist die diskursive Anordnung der Narrative zu einem konkreten Zeitpunkt in einem bestimmten politischen Feld meist relativ stabil." (Lehner 2015: 35) Der hegemoniale Status von Rechtfertigungsstrukturen ist durchaus Wandlungen unterworfen, was sich zum Beispiel für das neoliberale Rechtfertigungsnarrativ ab der Mitte der 1980er Jahre zeigen lässt (Lehner 2015: 35). Dieses Narrativ, das sich aus einer „Künstlerkritik" am fordistisch organisierten Wirtschaftsmodell mit seinem paternalistischen (Wohlfahrts-)Staatsverständnis speist, hat das auf der „Sozialkritik" (Boltanski/Chiapello 2006) basierende sozialdemokratische Rechtfertigungsnarrativ, das sich um soziale Gerechtigkeit, Demokratisierung und Solidarität gruppiert, unter Druck gesetzt bzw. abgelöst (Lehner 2015: 35).

Politische Rechtfertigungsordnungen mit ihren Narrativen können also spröde werden, wobei sich eine politische Krise dadurch auszeichnet, dass es zu Bruchlinien zwischen dem Zusammenspiel von politischen Praktiken, Rechtfertigungsnarrativen, politischen Strukturen und den konkreten Inhalten kommt. In Zeiten der politischen Krise können Akteure andere Trennungs- und Unterscheidungslinien und andere Rechtfertigungsnarrative im politischen Feld installieren (Lehner 2015: 35). „Stoßen die zentralen Rechtfertigungsprinzipien eines Narrativs auf keine öffentliche Anerkennung mehr, können ein politischer Diskurs und die damit verknüpfte Programmatik in sich zusammenbrechen." (Lehner 2015: 35) Dabei kann eine politische Rechtfertigungsordnung und die in ihr hegemonialen Rechtfertigungsnarrative in die Krise bzw. in die Kritik geraten, „wenn die Differenz zwischen dem eigenen normativen Anspruch eines Blocks an der Macht und der Realität der staatlich vermittelten Politiken ebendieses Blockes zu groß wird." (Lehner 2015: 35f.) In diese Rechtfertigungslücke zwischen Faktizität und normativem Selbstverständnis können neue politische Akteure vorstossen und die herrschende Sichtweise kritisieren und neue Sichtweisen durchsetzen.

7.2 Die Rekonstruktion der politischen Diskurse im Schweizerischen Parlament

7.2.1 Die Botschaft über die Änderung des Schweizerischen Zivilgesetzbuches

Die vom Bundesrat am 15. November 1995 veröffentlichte Botschaft über die Änderung des Schweizerischen Zivilgesetzbuches ist die Basis der Diskussionen im Parlament und liefert wichtige Diskurs-Bestandteile, auf die in den einzelnen Redebeiträgen zurückgegriffen wird. Sie gibt die Phänomenstruktur des Diskurses über die inhaltlichen Dimensionen der Revision vor. Als „dominante Deutungsvorgabe" (Schwab-Trapp 2002: 48) nimmt sie die in den Parlamentsdebatten vorgebrachten Narrative in einem gewissen Sinne vorweg.

Die Botschaft ist zudem als „Diskursfragment" (Keller 2011: 234) Ergebnis einer vorangegangen diskursiven Praxis: so ist sie zunächst das Ergebnis von Beratungen der Expertenkommission für die Revision des Familienrechts (Bundesrat 1996: 33ff.). Dabei erarbeiteten Juristinnen und Juristen in zwei Phasen – zuerst Mitte bis Ende der 1970er, dann Mitte der 1980er Jahre – in Diskussionen mit Fachleuten aus der Medizin, der Sozialarbeit, der Psychologie, der Soziologie sowie der Eheberatung Standpunkte und Leitlinien einer möglichen Revision des Scheidungsrechts. Im Vernehmlassungsverfahren im Jahr 1992 gab es zudem eine Vielzahl an Stellungnahmen zum Vorentwurf. Die Äusserungen der Akteure waren dabei mehrheitlich unterstützend; lediglich in Einzelfragen kamen unterschiedliche Standpunkte zum Ausdruck. Mit Beschluss vom 8. September 1993 wurde das Eidgenössische Justiz- und Polizeidepartement vom Bundesrat beauftragt, den Vorentwurf im Lichte der Vernehmlassungsergebnisse zu überarbeiten und eine Botschaft vorzulegen.

Die Botschaft kann als dominante und kollektiv mehr oder weniger verbindliche Deutung eines politischen Ereignis- und Handlungszusammenhangs gesehen werden. Deshalb sollen im Folgenden, bevor auf den politischen Diskurs im schweizerischen Parlament eingegangen wird, die thematischen Achsen und inhaltlichen Dimensionen der Botschaft vorgestellt und einige Fragen aufgeworfen werden: Welche Argumente werden für das Ansinnen einer Revision des Scheidungsrechts ins Spiel gebracht? Auf welche Normen wird zurückgegriffen, welche Fakten werden erwähnt? Was sind legitime Gründe, sich scheiden zu lassen? Was sind die Ziele eines Scheidungsrechts und welche Aufgaben fallen dem Staat zu?

Die historische Perspektive
Zunächst wird in der Botschaft die Notwendigkeit einer Revision des Scheidungsrechts begründet und die Problemstellung skizziert. Es findet sich zu Beginn der Verweis auf *das schweizerische Scheidungsrecht von 1874/1907*, das „für die damalige Zeit als besonders fortschrittlich" eingestuft und „im internationalen Bereich sogar als bahnbrechend" (Bundesrat 1996: 17) bezeichnet wird. Insbesondere wird die Tatsache hervorgehoben, dass erstmals für die gesamte Schweiz die Nebenfolgen[10] der Scheidung einheitlich geregelt wurden und der seinerzeit noch unbekannte Scheidungsgrund der unheilbaren Zerrüttung der ehelichen Verhältnisse eingeführt wurde – neben den besonderen Scheidungsgründen wie Ehebruch, Nachstellung nach dem Leben, Misshandlung und Ehrenkränkung, Verbrechen und unehrenhafter Lebenswandel, böswilliges Verlassen, Geisteskrankheit und der Scheidung wegen Ablauf einer gerichtlich angeordneten Trennung. „Ist die tiefe Zerrüttung allerdings vorwiegend der Schuld des einen Ehegatten zuzuschreiben", so der explizite Hinweis in der Botschaft, „kann nur der andere Ehegatte auf Scheidung klagen" (Bundesrat 1996: 17). Somit ist die Frage der Schuld immer noch ein wichtiger Bestandteil des Scheidungsrechts.

---

[10] Die Institution der Scheidung löst im rechtlichen Sinne die Ehe auf. Zudem ist eine Reihe von finanziellen und persönlichen Nebenfolgen der Scheidung zu regeln, wie etwa das Sorge- und Besuchsrecht für unmündige Kinder, der nacheheliche Unterhalt oder die güterrechtliche Auseinandersetzung.

Überblick über die heutige Rechtswirklichkeit

Für den darauffolgenden *Überblick über die heutige Rechtswirklichkeit* werden in der Botschaft sozial- und rechtswissenschaftliche Studien bemüht sowie Daten des Bundesamtes für Statistik für die Argumentation herangezogen. Die angeführten Zahlen zur *Entwicklung der Scheidungshäufigkeit* zeigen „eine starke und ziemlich regelmässige Zunahme" (Bundesrat 1996: 18): im Jahr 1970 wurden in der Schweiz 6400 Scheidungen verzeichnet, 1975 waren es 8900, 1983 11'700 und 1994 15'634. Die Scheidungshäufigkeit[11] erhöhte sich von 12,9 Prozent im Jahre 1967 auf 30,0 Prozent im Jahr 1983 und auf 37,8 Prozent im Jahre 1994. Diese deutliche Zunahme wird mittels Ländervergleich relativiert, wenn unterstrichen wird, dass die „zunehmende Scheidungshäufigkeit in der Schweiz [...] keine aussergewöhnliche Erscheinung [ist]." (Bundesrat 1996: 19) Die Botschaft weist darauf hin, dass die geschiedenen Ehen seit den 1960er Jahren in Europa fast ununterbrochen ansteigen. „In einigen Ländern liegt die Scheidungshäufigkeit beträchtlich über dem schweizerischen Wert." (Bundesrat 1996: 19) Die „Hauptgründe für die Zunahme der Scheidungen" werden in der Botschaft mit Verweis auf eine wissenschaftliche Studie (Duss-von Werdt/Fuchs 1980) genannt: „das Fehlen bzw. Abnehmen religiöser Bindungen, der angestiegene materielle Wohlstand, die Emanzipation der Frau sowie das geänderte Sexualverhalten" (Bundesrat 1996: 19).

Die Daten zu den *Scheidungsgründen in der Gerichtspraxis* führen zu der Aussage, dass die „besonderen Scheidungsgründe [...] obsolet geworden [sind]." (Bundesrat 1996: 20). Die besonderen Scheidungsgründe – Ehebruch, Nachstellung nach dem Leben, Misshandlung und Ehrenkränkung, Verbrechen und unehrenhafter Lebenswandel, böswillige Verlassung, Geisteskrankheit und Scheidung wegen Ablaufs einer gerichtlich angeordneten Trennung – kommen praktisch nicht mehr zur Anwendung. Rund 98,6 Prozent der Scheidungen stützen sich seit 1994 auf den allgemeinen Scheidungsgrund der tiefen Zerrüttung als Generalklausel. Den Erwartungen des Gesetzgebers von 1907, dass in der Regel die besonderen Scheidungsgründe zur Anwendung kommen und nur subsidiär auf die Generalklausel zurückgegriffen werde, ist die Praxis völlig entgegengelaufen. Mit einer Einschränkung: „Lediglich der Scheidungsgrund des Ehebruchs hat in einigen Regionen der Schweiz noch eine gewisse Bedeutung." (Bundesrat 1996: 20)

Eine weitere Erkenntnis spielt für die diskursive Rechtfertigung der Revision eine wichtige Rolle: in über 90 Prozent der Fälle sind beide Ehegatten spätestens im Laufe des Verfahrens mit der Scheidung einverstanden. Eine zunehmende Zahl von Gerichten, so die Botschaft, kommt den Scheidungswilligen inso-

---

[11] Ausgedrückt durch den Index der Scheidungshäufigkeit: Zahl der Scheidungen auf hundert im gleichen Jahr geschlossene Ehen.

fern entgegen, als sie sich für den Nachweis der Ehezerrüttung damit begnügen, dass sich die Betroffenen übereinstimmend in diesem Sinne äussern. „Damit hat sich die Konventionalscheidung entgegen dem klaren Wortlaut des Gesetzes seit langem in weiten Teilen der Schweiz eingebürgert." (Bundesrat 1996: 20)

In der Botschaft wird weiter die Frage der *nachehelichen Unterhaltszahlungen* bei einer Scheidung, insbesondere nach langer Ehedauer, behandelt. Aus den Daten ergibt sich der „auffallend[e]" Befund der grossen Zahl der Scheidungen, „in welchen keine Unterhaltszahlungen zugesprochen werden." (Bundesrat 1996: 22) Dabei ist eine wichtige Voraussetzung für einen Alimentenanspruch, „dass der Ansprecher ‚unschuldig' ist." (Bundesrat 1996: 22) Somit ist auch hier die Schuldfrage noch Bestandteil des Scheidungsrechts.

Die Mängel des geltenden Scheidungsrechts

Das Einbeziehen der statistischen Daten sowie der sozial- und rechtswissenschaftlichen Befunde fungieren als Hinweise für die Notwendigkeit, das Scheidungsrecht zu reformieren. Dass dies bisher nicht notwendig war, wird mit der flexiblen Gerichtspraxis gerechtfertigt, die „auf fast einmalige Art in Berücksichtigung der sich wandelnden gesellschaftlichen Verhältnisse und Wertvorstellungen weiterentwickelt" (Bundesrat 1996: 25) wurde. Dies ist, so der Hinweis in der Botschaft, jedoch nicht mehr weiter möglich. So lautet der erste zentrale Kritikpunkt am geltenden Scheidungsrecht, dass „die Möglichkeiten der Rechtsfortbildung durch die Praxis heute weitgehend erschöpft [sind]. Wichtigen Anliegen kann ohne Gesetzesrevision nicht mehr Rechnung getragen werden. Zudem klafft zwischen Scheidungsgesetz und Scheidungswirklichkeit ein breiter Graben, den es im Interesse der Rechtssicherheit zu beheben gilt." (Bundesrat 1996: 25f.)

Zweitens wird die Schuldfrage als problematisch definiert: sie „hat in der heutigen Scheidungspraxis sowohl bei den Scheidungsgründen wie bei der Zusprechung nachehelicher Unterhaltsbeiträge noch eine Bedeutung, die ihr nicht gebührt. Die fehlende gesetzliche Regelung der Konventionalscheidung führt dazu, dass einverständliche Scheidungen in einem unzweckmässigen Verfahren ausgesprochen werden." (Bundesrat 1996: 26) Insbesondere wird die fehlende Möglichkeit für Frauen thematisiert, an den während der Dauer der Ehe erworbenen Anwartschaften in der zweiten Säule grundsätzlich zu partizipieren.

Hauptziele der Revision des Scheidungsrechts

Nach dem Überblick über die Rechtswirklichkeit und der Nennung der Mängel des bestehenden Scheidungsrechts wird in der Botschaft ein Handlungsbedarf sichtbar und eine Problemlösung vorgestellt. Die dabei skizzierte Figur setzt sich vor allem ab von den in der Welt des Hauses vorherrschenden persönlichen Abhängigkeiten und verwendet Argumente, die aus der staatsbürgerlichen Welt und der Welt der Industrie stammen.

Zunächst wird in der Botschaft auf die *Beachtung der Grenzen des Rechtes* hingewiesen. Der Versuch wird als gross beschrieben, wegen der steigenden Anzahl an Scheidungen mit einem „griffigen Scheidungsgesetz die Ehestabilität" (Bundesrat 1996: 26) fördern zu wollen. „Die Annahme, dass die Stabilität von Ehe und Familie durch ein liberales Scheidungsrecht geschwächt oder durch strenge Scheidungsvorschriften verstärkt wird" (Bundesrat 1996: 26), ist aus Sicht der Botschaft kaum haltbar. Rechtliche Vorschriften werden als ein nur sehr beschränkt taugliches Mittel beschrieben, „um enge persönliche und dauerhafte Sozialbeziehungen konstruktiv zu gestalten." (Bundesrat 1996: 26) So beschränkt sich die Botschaft auf zwei Ziele: „Letztlich muss sich die Rechtsordnung weitgehend darauf beschränken, voreilige Scheidungen zu verhüten, und dort, wo eine Ehe endgültig gescheitert ist, ein faires Auseinandergehen zu ermöglichen." (Bundesrat 1996: 26) Somit wird die Scheidung als Institut der Auflösung der Ehe aufgefasst, das funktional und „fair" den Prozess der Trennung abschliessen soll. Die Funktion, eine bestehende Ehe zu retten, kommt dem Scheidungsrecht nicht zu; lediglich eine „voreilige" und spontane Entscheidung soll verhindert werden.

Vor dem Hintergrund der Grenzen des Rechts wird auf dem institutionellen Charakter der Ehe beharrt und für die *Beibehaltung der gerichtlichen Ehescheidung* Position bezogen. „Erst das rechtskräftige Urteil löst die Ehe auf", heisst es in der Botschaft (1996: 27). So darf die „definitive Feststellung des Scheiterns der Ehe" sowie die Regelung der Scheidungsfolgen nicht den Ehegatten allein überlassen werden, „indem die Ehe wie ein Vertrag als einseitig kündbar oder durch gegenseitige Übereinkunft als aufhebbar erklärt wird." (Bundesrat 1996: 27) Auch wird gegen die „Einführung eines blossen Administrativverfahrens" argumentiert. Zwar hat die heute vorherrschende Auffassung von der Partnerschaft der Ehe zu einer „zunehmenden Privatisierung der Eheordnung geführt", dennoch muss, so die Botschaft, an einer gerichtlichen Eheauflösung festgehalten werden. „Der institutionelle Charakter der Ehe überwiegt noch immer den vertraglichen. Daher soll das endgültige Scheitern der Ehe von einem Gericht festgestellt werden." (Botschaft 1996: 27) Nur dadurch kann verhindert werden, dass Ehen nicht übereilt geschieden werden. Und es wird sichergestellt, „dass bei der Regelung der Scheidungsfolgen den verschiedenen Interessen der Familienmitglieder und namentlich denjenigen der unmündigen Kinder angemessen Rechnung getragen wird." (Bundesrat 1996: 27)

Als drittes Ziel wird in der Botschaft ein *möglichst verschuldensunabhängiges Scheidungsrecht* vorgegeben. Das Verschuldensprinzip wird in zweifacher Hinsicht kritisiert: so wird „die Anknüpfung an das Verschulden als ungerecht und als unzumutbare Einmischung des Gerichts in den Privat- und Intimbereich der Ehegatten empfunden." (Bundesrat 1996: 27f.) Zudem kann „die heutige Regelung der Nebenfolgen der Scheidung den wirtschaftlich schwächeren Teil benachteiligen." (Bundesrat 1996: 28) Folgende Argumente werden gegen das Verschuldensprinzip im Scheidungsrecht genannt: erstens lässt sich nur selten eindeutig feststellen, welcher Ehegatte in welchem Ausmass Schuld an der unheilbaren Zerrüttung der Ehe hat. Für das Gericht ist es im Nachhinein in der Regel sehr schwierig, wenn nicht unmöglich, nachzuvollziehen, welche Umstände für das Scheitern der Ehe letztlich ursächlich sind. Oft werden einzelne Ereignisse aus der Ehe isoliert betrachtet, was aus Sicht der Botschaft kein zutreffendes Bild der Schuld ergibt. Zudem wird auf die Heterogenität der Normen in Ehen hingewiesen: „Im übrigen fehlt ein objektiver und allgemein verbindlicher Massstab für die Feststellung von Eheverfehlungen. Die Ehe wird in der heutigen Gesellschaft höchst unterschiedlich gelebt. Ein Verhalten, das in der einen Ehe als Pflichtverletzung erscheint, braucht deshalb in einer anders gelebten Ehegemeinschaft noch keine Zerrüttungsursache zu sein." (Bundesrat 1996: 28) Zweitens wird darauf hingewiesen, dass immer mehr Gerichte „es heute angesichts einer allgemeinen Tendenz zum Rückzug des Staates aus dem Privat- und Intimbereich der Ehegatten ab[lehnen], sich in deren persönliche Verhältnisse einzumischen und Schuld und Unschuld zwischen den Ehegatten zu verteilen" (Bundesrat 1996: 28). Der Aufwand der Nachforschung und der Ertrag stehen, so die Botschaft, in keinem Verhältnis zueinander, da selten eine klare Schuldfeststellung zu erwarten ist. Zudem wird drittens durch die Schuldfeststellung der Streit zwischen den Ehegatten unnötig verschärft. Viertens werden mit der Bindung des Scheidungsanspruchs an das Verschulden Ehen aufrechterhalten, „die jeder inneren Rechtfertigung entbehren", weil etwa die Ehegatten bereits seit längerer Zeit getrennt leben. „Das Interesse eines Ehegatten, den andern in einer sinnentleerten Ehe festzuhalten, sollte nicht weiter geschützt werden" (Bundesrat 1996: 29). Schliesslich kann fünftens, so die Befürchtung, die Voraussetzung der „Schuldlosigkeit" für Unterhaltsansprüche zu ungerechten Ergebnissen führen. Eine „einmalige Eheverfehlung" erhält, so die Argumentation, dadurch zu viel Gewicht, etwa dann, wenn dadurch ein Ehegatte ohne Unterhaltsanspruch geschieden wird. „Damit hat dieser Ehegatte oft allein die Folgen der gemeinsam gewählten Aufgabenteilung zu tragen, was ungerecht ist. Die gleiche Ehewidrigkeit muss dagegen beim erwerbstätigen Ehegatten nicht die gleiche Wirkung haben." (Bundesrat 1996: 29) Aus diesen Gründen ist, so der Appell, der „Beweis des Scheiterns einer Ehe [...] so weit wie möglich zu formalisieren, damit vor den Gerichten nicht ‚schmutzige Wäsche gewaschen' werden muss." (Bundesrat 1996: 29) Zudem wird gefordert, dass die wirtschaftlichen Nebenfolgen „ausgehend von objektiven Voraussetzungen so zu regeln [sind], dass ein gerechter Interessenausgleich zwischen den Ehegatten erreicht werden kann." (Bundesrat 1996: 29)

Ein weiteres, in der Botschaft formuliertes Ziel, ist die *Förderung der Verständigung der Ehegatten über ihre Scheidung*. Insbesondere die über die Ehescheidung hinausreichende Verbindung der Ehepartner wird für die Begründung dieses Anliegens herangezogen und es wird auf psychologische Studien zu Trennung und Scheidung verwiesen. Auch wenn die Institution der Ehe reversibel ist, bleibt, so der Hinweis, auf der rechtlichen Ebene und der Ebene der Beziehungen der Kontakt oftmals aufrecht, vor allem wenn Kinder in der Ehe gezeugt wurden. Insbesondere werden in der Botschaft bei diesem Ziel der Revision die Auswirkungen auf die Kinder thematisiert: „Auch wenn die Scheidung für alle Beteiligten ein äusserst schmerzlicher Prozess ist, gilt heute als erwiesen, dass weniger die Scheidung als solche die Entwicklung der Kinder schädigt, als vielmehr die dauernden Streitigkeiten der Eltern während der Ehe, während des Scheidungsprozesses und allenfalls auch danach." (Bundesrat 1996: 29) Kinder können die traumatischen Erfahrungen der Scheidung besser verarbeiten, wenn sie mit beiden Elternteilen eine gute und enge Beziehung unterhalten können und nicht in Loyalitätskonflikten mit den Eltern stehen. „Nacheheliches einträchtiges Zusammenwirken der Eltern zum Wohle des Kindes setzt aber voraus, dass die Ehegatten ihre Scheidung in ‚Anstand' vollziehen." (Bundesrat 1996: 29) Deshalb „muss das neue Scheidungsrecht einvernehmliche Lösungen zwischen den Ehegatten fördern, die sich, soweit es um die Scheidungsfolgen geht, nach der Scheidung als viel tragfähiger erweisen." (Bundesrat 1996: 30)

Ein weiteres Ziel der Revision, das in der Botschaft ausführlich behandelt wird, ist die *ausgewogene Regelung der wirtschaftlichen Folgen der Scheidung*. In der Argumentation wird zunächst auf das am 1. Januar 1988 in Kraft getretene Eherecht verwiesen, das keine gesetzliche Aufgabenteilung mehr kennt und darauf verzichtet, den Ehegatten ein bestimmtes Ehemodell vorzuschreiben. Damit ergibt sich die Folgerung, dass auch nicht festgeschrieben wird, in welcher Art und in welchem Umfang die Ehegatten erwerbstätig zu sein haben. Das Paar ist frei in seiner Entscheidung, wie es die Aufgaben unter sich aufteilen will. Die Botschaft verweist an dieser Stelle auf den Artikel 163 des Schweizerischen Zivilgesetzbuches, demzufolge die Ehegatten „gemeinsam, ein jeder nach seinen Kräften, für den gebührenden Unterhalt der Familie" sorgen. „Sie verständigen sich über den Beitrag, den jeder von ihnen leistet, namentlich durch Geldzahlungen, Besorgen des Haushaltes, Betreuen der Kinder oder durch Mithilfe im Beruf oder Gewerbe des andern", wobei „sie die Bedürfnisse der ehelichen Gemeinschaft und ihre persönlichen Umstände" berücksichtigen. Die Herausforderung für das Scheidungsrecht ist, dass es je nach Aufgabenteilung unterschiedliche Auswirkungen auf die wirtschaftliche Lage nach der Scheidung gibt.

Als Beispiel wird ein Ehegatte genannt, der sich „im Interesse der Familie während vieler Jahre, wenn nicht gar Jahrzehnte auf eine Erwerbstätigkeit verzichtet" hat, sodass „es ihm nach der Scheidung meist während kürzerer oder längerer Zeit unmöglich [ist], selber für seinen Unterhalt zu sorgen. Hier kann sich der erwerbstätige Ehegatte bei der Scheidung – wie schon unter geltendem Recht – nicht einfach aus seiner Verantwortung stehlen. Vielmehr entspricht es dem Gebot der nachehelichen Solidarität, dass die Folgen der in der Ehe gewählten Aufgabenteilung gemeinsam getragen werden. Das neue Recht muss deshalb vom Grundsatz ausgehen, dass ein Ehepaar so geschieden wird, wie es während der Ehe gelebt hat." (Bundesrat 1996: 31) Deshalb sind, so die Forderung, bei der Frage der Alimente nicht nur die Bedürfnisse der Kinder bestimmend, sondern auch „die Auswirkungen einer oft über lange Jahre eingespielten Aufgabenteilung auf die Erwerbsfähigkeit und die Chancen auf dem Arbeitsmarkt zu berücksichtigen." (Bundesrat 1996: 31) Der Partner hat im Sinne einer „zumutbaren nachehelichen Verantwortung" „in einem gewissen Rahmen über die Scheidung hinaus" (Bundesrat 1996: 31) zu unterstützen. Hier kommt dem „Gedanken der Solidarität der Ehegatten" (Bundesrat 1996: 31) eine zentrale Rolle zu. „Die wirtschaftliche Selbständigkeit der Ehegatten nach der Scheidung ist aber zu fördern." (Bundesrat 1996: 31)

Die Botschaft des Bundesrates bettet die Frage nach der ausgewogenen Regelung der wirtschaftlichen Folgen der Scheidung in einen grösseren gesellschaftlichen Zusammenhang ein. „Die nacheheliche Unterhaltsregelung darf nicht losgelöst von den ökonomischen und gesellschaftlichen Verhältnissen in der Schweiz festgelegt werden." (Bundesrat 1996: 31) Insbesondere in der Schweiz ist, so der Hinweis, durch die besondere Entwicklung ihres Sozialsystems ein Familienmodell vorherrschend, das auf einer Arbeitsteilung beruht, „indem die Frau die Kinder betreut und der Mann einer Erwerbstätigkeit nachgeht" (Bundesrat 1996: 32). Dies hat sich auch seit 1907 nicht geändert, sodass „häufig noch die 1907 gesetzlich vorgeschriebene und damals auch als Schutz gegen die Frauen- und Kinderarbeit in der Folge der industriellen Revolution des 19. Jahrhunderts gedachte Aufgabenteilung" (Bundesrat 1996: 32) von Ehepaaren, die Kinder zu betreuen haben, gewählt wird.

7.2.2 Die Parlamentsdebatten zur Revision des Scheidungsrechts

Die Botschaft des Bundesrates bildet die Grundlage für die politischen Debatten im Ständerat und im Nationalrat. Sie gibt als mehr oder weniger verbindliche Deutung des Ereignis- und Handlungszusammenhangs der Scheidung in der Schweiz die inhaltlichen Dimensionen des politischen Diskurses vor. Für die

Struktur des analysierten Diskurses spielen folgende Dimensionen mit ihren inhaltlichen Ausführungen eine wichtige Rolle. Zunächst die *Gründe für die Revision und deren Ursachen*: Wie wird die Notwendigkeit einer Revision des Scheidungsrechts begründet? Welche Gründe werden dafür genannt? Auf welches Problem antwortet die Revision? Was steht im Mittelpunkt? Dann der *Handlungsbedarf sowie die Lösung des Problems*: Welcher Handlungsbedarf wird konstruiert? Welche Problemlösungen werden vorgeschlagen? Wer ist verantwortlich? Gibt es Grenzen der regulativen Einflussnahme, die der Staat ausübt? Schliesslich die *Auswirkungen der Revision auf die Institution, die Gesellschaft und ihre Akteure*: Was für einen Stellenwert hat die Ehe in der spätmodernen Gesellschaft? Welche Bedeutung hat eine Scheidung? In welcher Beziehung stehen die vormals Vermählten nach der Scheidung?

In diesem Kapitel werden die Diskurse vorgestellt, so wie sie mit einer „am Verfahren der Grounded Theory orientierten, induktiv verfahrenden Ausdifferenzierung der typischen Gehalte" (Elliker 2013: 111) aus den Debatten im Ständerat und Nationalrat rekonstruiert wurden. Den präsentierten einzelnen Äusserungen der politischen Akteure kommt dabei lediglich ein exemplarischer Charakter zu. Rekonstruiert wurden hingegen die typischen Gehalte der Diskurse, welche in Form eines zentralen Deutungsmusters der Revision präsentiert werden; ihnen gilt das Forschungsinteresse. Das Deutungsmuster fasst die Äusserungen des Diskurses zu einer kohärenten Deutungsfigur zusammen und liefert Bewertungen dessen, was in der politischen Diskussion verhandelt wird. Deshalb werden im Folgenden nicht alle Dimensionen des Diskurses, die sich in der Phänomenstruktur der Botschaft finden, präsentiert.

Die Parlamentsdebatten werden durch drei Diskurse strukturiert: der erste Diskurs, der als „konservativ-etatistisch" beschrieben wird, ist am rechtsstaatlichen Narrativ orientiert, das seine Grösse im Sinne der „staatsbürgerlichen Welt" aus einem kollektiven Willen bezieht; er verbindet damit eine prinzipiell konservative Haltung, der es um die Wahrung der gesellschaftlich nützlichen Institution der Ehe geht. Es ist insbesondere dieser Diskurs, der die Deutungsmuster der Botschaft übernimmt bzw. reproduziert. Dies ist insofern nicht verwunderlich, als die „Trägerinnen" und „Träger" des Diskurses der CVP angehören, die in den 1990er Jahren die stärkste Fraktion stellt und dementsprechend – so die Annahme – bereits den (vorangegangen) Diskurs der Botschaft massgeblich mitgestalten konnte.

Zentrales Narrativ des zweiten, als „liberal" bezeichneten Diskurses, ist die Mündigkeit der Bürgerinnen und Bürger in Scheidungsfragen; der Staat spielt bei der „liberalen" Scheidung eine untergeordnete Rolle und enthält sich jeder moralischen Beurteilung. Der Diskurs bezieht zudem feministische Positionen in sein Deutungsmuster mit ein. Getragen wird dieser Diskurs insbesondere von politischen Akteuren der FDP.

Die Thematisierung des Geschlechterverhältnisses ist das dominante Narrativ des dritten Diskurses, der als „solidarischer" Diskurs charakterisiert wird. Er mobilisiert ein feministisches sowie ein egalitaristisches Rechtfertigungsnarrativ, wenn er die Scheidung als „solidarische" entwirft. Es sind hier insbesondere Parlamentarierinnen der SP, die „Trägerinnen" dieses Diskurses sind.

Der „konservativ-etatistische" Diskurs

Zentral für den als „konservativ-egalitaristisch" bezeichneten Diskurs ist die Annahme, dass die Scheidung ein „Hoheitsakt" [1][12] darstellt, der vor einem Gericht verhandelt werden muss. Dem Staat soll die Entscheidung, ob ein Paar geschieden wird, vorbehalten bleiben. Nicht der „Wille der Ehegatten allein" rechtfertigt den Scheidungsanspruch, sondern erst „die Einhaltung eines bestimmten Verfahrens begründet die Annahme, dass die Ehe unheilbar zerrüttet ist" [4]. Das Urteil über das Scheitern der Ehe ist keine Privatmeinung. Scheidung ist ein Rechtsverfahren, das als öffentlicher Akt seine Würde besitzt und nicht verharmlost werden darf; das Gericht muss mehr als die „formelle Kontrolle" [1] in Händen behalten. Jeder Vorstoss in der parlamentarischen Debatte, der die Scheidung als Vertrag erscheinen lässt, wird vehement abgelehnt. So führt ein Ständerat in der Debatte aus:

> „Wir wollen aber nicht, dass die Scheidung praktisch am Gerichtsschalter abgeholt werden kann, dass man also mit einem gemeinsamen Scheidungsbegehren ans Gericht gehen kann und nachher das Dokument abholt: ‚Jetzt bin ich geschieden.'" [1]

Lediglich der Staat hat die Legitimität, eine Scheidung auszusprechen. Ein Bundesrat äussert sich zu den Folgen einer Scheidung:

> „Dabei stellen sich Probleme, die sich nicht nur rein rechtlich oder sogar vertragsrechtlich bewältigen lassen, sondern diese Probleme sind und bleiben von eminent sozialer Natur. Zwangsläufig an erster Stelle steht daher die Frage, unter welchen Voraussetzungen eine Scheidung inskünftig zugelassen werden soll. Dem Institutscharakter der Ehe trägt lediglich die Scheidung durch Hoheitsakt, durch Gerichtsurteil und nicht durch einfachen Vertrag der Beteiligten Rechnung. Eine allenfalls in irgendeiner Art formalisierte Erklärung zuhanden des Zivilstandsamtes kann daher nach unserer Meinung nicht genügen. Der Bundesrat wollte angesichts der zentralen

---

[12] Die Zahl in der eckigen Klammer verweist auf die jeweilige Parlamentssitzung (siehe Seite 90).

Bedeutung der Ehe für die Familie und für die Gesellschaft und damit für den Staat die Scheidung ganz bewusst nicht privatisieren." [1]

Dem Staat kommt die Rolle eines Gewährsmannes zu, der für die korrekte Abwicklung einer Scheidung verantwortlich ist und die „Seriosität des Gerichtsverfahrens" [1] gewährleisten muss. Er soll den institutionellen Rahmen bereitstellen, um gewisse Standards sicherzustellen: so muss er für eine gleichberechtigte Behandlung der Eheleute vor Gericht sorgen und verhindern, dass auf einen der Ehepartner Druck ausgeübt wird. Insbesondere ist der Staat den „am Scheidungsprozess beteiligten schwächeren Parteien" [1] verpflichtet.

Um die „Seriosität" zu garantieren, muss sich der Staat in Person des Richters bzw. der Richterin insbesondere von der Ernsthaftigkeit des Scheidungswillens überzeugen. Deshalb darf nicht „zu schnell" geschieden werden; hier wird das Argument der „Seriosität" mit dem Argument der „Effizienz eines Gerichtsverfahrens" [1] verbunden. Der Staat nimmt in gewisser Weise eine skeptische Position gegenüber den individuellen Begehren der Scheidungswilligen ein; seine Funktion ist es, sie vor unbedachten Handlungen zu bewahren. Im Nationalrat äussert sich ein Politiker dazu:

> „Bei der Auflösung der Ehe spielt der Faktor Zeit eine massgebende Rolle. Jede der Parteien muss davon überzeugt sein, dass der Entscheid, sich zu trennen oder die Ehe aufzulösen, richtig ist." [3]

Durch den Vorschlag einer verpflichtenden zweimaligen Anhörung des scheidungswilligen Paares vor Gericht soll der Staat eine unüberlegte Scheidung verhindern. Das Scheidungsverfahren ist dazu da, die Ehegatten „vor dem unbedachten Schritt des endgültigen Auseinandergehens [zu] bewahren" [1]. Erst wenn die Möglichkeit einer zu schnellen, unbedacht durchgeführten Scheidung ausgeschlossen wird, ist eine Scheidung legitim. Die Verpflichtung zur zweimaligen Anhörung, die in der Botschaft vorgeschlagen wird, ist hier „nicht eine Verfahrensfrage", sondern vielmehr die „eigentliche Scheidungsvoraussetzung" [3].

Die Ehescheidung als Hoheitsakt zu verstehen, hat eine weitere, für die Begründung der Revision wichtige Konsequenz: sie wird als universelle, für alle Bürgerinnen und Bürger der Schweiz in gleicher Weise gültige Rechtsordnung verstanden. Kantonale Eigenheiten und persönliche Vorgehensweisen von einzelnen Richterinnen und Richtern dürfen für den „Geist der Gesetze" keine Rolle spielen. Es ist ja gerade die Rechtswirklichkeit, die „ein äusserst buntscheckiges Bild" [1] abgibt, das durch die Revision beseitigt werden soll. Dazu eine Äusserung aus dem Ständerat:

„Das Scheidungsrecht zu revidieren heisst nun allerdings, als Gesetzgeber gesellschaftspolitische Entscheide von grosser Tragweite für die Zukunft zu fällen. Hier
möchte ich auch etwas nuancieren. Es ist natürlich nicht das gleiche, ob irgendein
Richter in einer Stadt eine Ehe relativ leicht aufgrund einer Übereinstimmung der
beiden Partner scheidet oder ob Sie als Gesetzgeber sagen, das solle künftig die all-
gemeingültige Regel sein. Deshalb glaube ich nicht, dass wir vor allem nur auf die
Praxis in gewissen Gegenden unserer Schweiz abstellen dürfen. Denn das habe ich
unterdessen bei der Beratung dieser Vorlage gelernt: Die rechtliche Scheidungswirklichkeit in unserem Land ergibt ein äusserst buntscheckiges Bild. Ich habe feststellen
müssen, dass sogar im gleichen Kanton offenbar ganz unterschiedlich leicht geschieden wird, je nach der betreffenden Idee, die der konkrete Richter hat. In diese
allzu grosse Varietät wieder Ordnung zu bringen, ist Aufgabe des Gesetzgebers." [1]

Im „konservativ-etatistischen" Diskurs ist eine Position dominant, die die Ehe als
schützenswertes Institut der Gesellschaft sieht und die Scheidung nur als letzten
Ausweg aus einer für alle Beteiligten unbefriedigenden Ehe akzeptiert. Für einen
Ständerat ist die Familie der wichtigste Grundpfeiler der Gesellschaft und deshalb gleichsam sakrosankt. Ihm zufolge muss es die ständige Aufgabe der Politik
sein, für die Ehe einzutreten und die Rahmenbedingungen bereitzustellen, welche für „den Schutz der Familie und den Erhalt der Ehe erforderlich sind." [1]
Ein anderer Ständerat äussert sich in ähnlicher Weise, wenn er den im 19. Jahrhundert bei Wilhelm Heinrich Riehl entwickelten Topos der „Keimzelle der
Gesellschaft" aufnimmt:

„Vom Gesetzgeber kann und darf man erwarten, dass er das Institut der Ehe als
Grundlage der Familie und als Urzelle unserer Gesellschaft und unseres Staatswe-
sens schützt und fördert." [1]

Die Möglichkeit, die Ehe als Vertragswerk zu sehen, das ohne die Mitwirkung
des Staates wieder aufgelöst werden kann, wird in dieser Perspektive vehement
zurückgewiesen. Die Ehe ist gesellschaftlich derart wichtig, dass sie auch nicht
in die Nähe des Konkubinats gerückt werden darf, das allein vom freien Willen
der Beteiligten abhängt. Ein Bundesrat führt dazu aus:

„Wir möchten mit dieser Revision die Ehe nach wie vor als wichtiges gesellschaftliches Institut, als gesellschaftliche Einrichtung schützen und sie nicht einfach zu einem Vertrag degradieren, dessen Bedeutung sich in Rechten und Pflichten zwischen
den Ehepartnern erschöpft. Gerade hierin soll natürlich auch weiter der wesentliche
Unterschied zum Konkubinat bestehen, dessen Existenz und Inhalt ausschliesslich
vom Willen der Beteiligten abhängt. So kann die Schliessung und die Auflösung der
Ehe nicht allein dem Willen der Ehegatten überlassen werden, denn dafür ist die
Ehe, trotz aller ihrer Probleme, für Gesellschaft und Staat nach wie vor von viel zu
grosser Bedeutung." [1]

Daraus ergibt sich für ihn die Forderung, die Möglichkeiten der Scheidung eher zu beschränken, als sie – aus dieser Perspektive ohne notwendigen Grund – auszuweiten. Der Staat spielt gleichsam die Rolle des Bewahrers der Ehe. Dazu eine Stimme aus dem Ständerat:

> „Ist man wie ich der Meinung, dass der Staat trotz der vielen Ehescheidungen nach wie vor ein eminentes Interesse am Schutz des Instituts der Ehe hat, weil sie für Familie, Staat und Gesellschaft nach wie vor von grösster Bedeutung ist, so wird man die Hürden für die Scheidung etwas höher setzen." [1]

Im diesem Diskurs wird die Ehescheidung nicht nur als Hoheitsakt verstanden, sondern auch die Ehe als schützenswertes Institut der Gesellschaft gesehen, die erst getrennt werden darf, wenn sich die Scheidung als alternativlos erweist. Der Staat ist zwar der Bewahrer der Ehe, kann aber schlussendlich ihr Scheitern nicht verhindern. Er stösst hier an die Grenzen seines Einflusses. Der Entwurf der Revision ist insofern „ein reines Scheidungsrecht" und „kein Eheerhaltungsrecht" [1]. Ein Ständerat ist diesbezüglich der Meinung,

> „dass wir als Gesetzgeber das Scheitern von Ehen nicht verhindern können; aber wir haben dennoch Aufgabe und Verpflichtung, durch gesetzliche Vorschriften dazu beizutragen, dass bei der rechtlichen Auflösung von Beziehungen nicht noch zusätzlicher Schaden, namentlich auch für die Kinder, verursacht wird." [1]

Es sind aber nicht nur die Folgen für die beteiligten Akteure, die das Abwägen für oder wider das Erleichtern der Ehescheidung leiten sollen. Auch für das Ansehen des Instituts der Ehe ist ein staatlich verordnetes Aufrechterhalten abträglich. Ein Bundesrat führt es in der Debatte wie folgt aus:

> „Das bedeutet andererseits nun aber nicht – dagegen werde ich mich auch strikte wehren –, dass wir die Ehe zu einem blossen Vertrag degradieren, der jederzeit durch beidseitige Übereinstimmung wieder aufgehoben werden kann. Für eine solche Privatisierung der Scheidung hat die Ehe eine zu grosse Bedeutung für Staat und Gesellschaft. Auf der anderen Seite ist es für das Ansehen der Ehe auch nicht förderlich, wenn man Ehen, die nur noch auf dem Papier als rechtliches Band bestehen, um jeden Preis aufrechterhalten will." [4]

Die Möglichkeit der Scheidung wird schlussendlich nicht in Frage gestellt; dies ist angesichts der Realitäten schlicht unmöglich. Für einen Ständerat soll das Scheidungsverfahren

> „die Ehegatten zwar vor dem unbedachten Schritt des endgültigen Auseinandergehens bewahren. Andererseits wäre es verfehlt, immer dann, wenn der unverrückbare

Scheidungswille manifest geworden und daher nach heutiger Begriffsumschreibung eine ‚unheilbare, tiefe Zerrüttung der Ehe' anzunehmen ist, übertriebene formale Schranken beizubehalten oder sogar neu einzuführen." [1]

Der Staat kann Scheidungen nicht mehr verhindern, auch wenn er die Ehe als schützenswert definieren und sie dementsprechend fördern soll. Der Blick auf die gelebte Realität in der Schweiz – die Anzahl der Scheidungen und die Menge der von Scheidung betroffenen Personen – lassen keinen anderen Schluss zu. Das Scheidungsrecht soll die Auflösung der Ehe organisieren; es kann „kein Eheerhaltungsrecht" [1] sein. Seine Aufgabe ist vielmehr zu regeln, dass durch die „Auflösung von Beziehungen nicht noch zusätzlicher Schaden [...] verursacht wird." Damit geraten die Folgen für die Beteiligten Akteure, insbesondere für die Kinder, in den Fokus. Die Konsequenzen der Scheidung zu regeln, wird als wichtigste Funktion des Scheidungsrechts betrachtet. Dazu die Äusserungen eines Bundesrates:

> „Die Stabilität der Ehe mehr stützen als schwächen, wenn aber eine Ehe bedauerlicherweise unheilbar zerrüttet ist, soll ermöglicht werden, dass die leer gewordene Hülse mit möglichst viel Fairness und möglichst wenig Schmerz, Leid und Erniedrigung aufgelöst werden kann." [1] An anderer Stelle führt er aus: „Denn es ist viel gewonnen, wenn das Recht dafür sorgen kann, dass durch die Scheidung kein zusätzlicher Schaden angerichtet und den Beteiligten soweit als möglich geholfen wird, ihr Leben neu auszurichten, und das in möglichst grosser Fairness, ohne unnötige Erniedrigung und vor allem auch in Zusammenhang mit dem Schutze der betroffenen Kinder." [4]

Die Ziele eines Scheidungsrechts sind dann erreicht, wenn die unvermeidlichen Scheidungen „humanisiert" sind, „Fairness erreicht, Erbitterung und Erniedrigung soweit wie möglich vermieden und das Kindeswohl bestmöglich gewahrt werden." [1] Darüber hinaus sind aber die „Grenzen der Möglichkeiten von Recht und Rechtsetzung" [1] schnell erreicht. Insbesondere den Wünschen verschiedener politischer Akteure, aktiver die Gerechtigkeit zwischen den Ehepartnern staatlich zu gestalten, wird in der diskursiven Praxis entgegengetreten. Der Gesetzgeber kann nicht die Aufgabe übernehmen, die Ungleichheiten in der Gesellschaft durch ein Scheidungsrecht aufzuheben. Dazu eine Äusserung aus der parlamentarischen Debatte im Ständerat:

> „Indessen zeigt natürlich gerade die Revision des Scheidungsrechtes auch die Grenzen der Möglichkeiten von Recht und Rechtsetzung. Unterschiede zwischen Mann und Frau in der beruflichen Ausbildung, die schon vor der Eheschliessung bestanden haben, wie auch unterschiedliche Erwerbsmöglichkeiten oder Karrierechancen können auch durch ein modernes Scheidungsrecht nicht korrigiert werden. Auch die

faktische Ungleichbehandlung von Vater und Mutter bei der Kinderzuteilung lässt sich durch rechtliche Massnahmen nicht einfach beseitigen, solange die Kinderbetreuung zur Hauptsache von der Ehefrau wahrgenommen wird." [1]

Das staatlich geschützte und organisierte Institut der Scheidung als Auflösung der Ehe ist ein „neutrales" Ereignis in der Geschlechterperspektive. Die „Fairness", für die der Staat zu sorgen hat, bezieht sich prinzipiell nicht auf die materielle Ungleichheit zwischen Mann und Frau. Ein Bundesrat führt im Ständerat aus:

> „Bei unteren und mittleren Einkommen ist die Scheidung eines Paares mit Kindern eine wirtschaftliche Katastrophe und wird es bleiben. Das können wir auch mit dieser Revision nicht aus der Welt schaffen." [1]

In diesem Diskurs hat die nacheheliche Solidarität ihre Grenzen; sie „darf nicht überstrapaziert werden" [2], da sie „eine Neuausrichtung der beiden geschiedenen Partner erschwer[t]." [5] Die Ehescheidung muss „zu einer klaren Situation – in Neudeutsch: ‚clean break' –, nämlich zur Auflösung der Ehe führen." [5] Die Scheidung wird als Zäsur verstanden, die „dem Grundsatz nach auch die wirtschaftlichen Folgen endgültig regeln" soll. Sie ist, so eine Äusserung im Nationalrat „ein ‚clean break', ein Schlussstrich, ein wirtschaftlicher Vollzug einer rechtlich vollzogenen Tatsache." [5] Die Ehepartner sind nach der Scheidung „rechtlich einander fremde Personen." [2]

Die Einsicht in die Grenzen des Rechts führt dazu, die Scheidungsbetroffenen in die Pflicht zu nehmen und mehr oder weniger hohe Anforderungen an sie zu stellen. Sie sind es, die mit einer Übereinkunft beispielsweise bei den Nebenfolgen der Scheidung gleichsam die Rolle des Staates als Gestalter und Organisator der nachehelichen Beziehung übernehmen sollen. „Statt sich gegenseitig zu bekämpfen – immer auf Kosten des anderen –, erarbeiten die Parteien miteinander eine optimale Lösung für die Zukunft." [3] Der Gesetzgeber „verlangt von den Scheidungswilligen [...], dass sie sich über die Nebenfolgen ihrer Scheidung selbst einigen müssen." [3] Er fordert, so drückt es eine Nationalrätin aus,

> ein „beidseitiges Engagement der scheidungswilligen Parteien. Das erfordert das gemeinsame Gespräch und die gegenseitige Auseinandersetzung über Vergangenes und Zukünftiges. Durch diese Gespräche sollen die Parteien auf eine neue Gesprächsebene geführt werden." [3]

Der „konservativ-etatistische" Diskurs lässt sich insofern verdichten: Ehescheidung ist ein staatlicher Akt und erschöpft sich nicht in einem privaten Willen. Dem Staat obliegt die Entscheidung, ob eine Ehe als geschieden angesehen werden kann oder nicht. Die Ehe gilt als schützenswertes Gut, das vom Staat aktiv unterstützt werden muss. Es gibt Grenzen des staatlichen Handelns in Bezug auf den Intimbereich der Bürgerinnen und Bürger. Der Staat kann nicht aktiv in die Geschlechterverhältnisse eingreifen. Die Scheidungsbetroffenen sind eingebunden in die Gestaltung ihrer nachehelichen Zukunft.

Der „liberale" Diskurs

Zentrales Deutungsmuster des „liberalen" Diskurses ist die Mündigkeit der Bürgerinnen und Bürger in Scheidungsfragen. Sie sind es, die am besten über ihre Ehesituation Bescheid wissen und sich aus zu respektierenden Gründen für eine Trennung ihrer Ehe entschieden haben. Ihre Meinung soll vor Gericht die entscheidende sein; der Willen der Einzelnen legitimiert in diesem Sinne die Scheidung. Jede „staatliche Bevormundung der Scheidungspartner" [4] wird abgelehnt.

Die Scheidungswilligen werden in diesem Diskurs als verantwortungsbewusste Personen dargestellt, die nicht leichtfertig oder mit der puren Absicht der Konfrontation mit ihrem Gegenüber die Ehe beenden wollen. Sie „wollen eben als mündige Menschen die rechtlichen und finanziellen Folgen der Scheidung einvernehmlich lösen. Dieser Entscheid ist vom Staat zu respektieren." [4] Dies wird auch anhand der Äusserung eines Nationalrates deutlich:

> „Wer sich in der Praxis mit Scheidungen auseinandersetzen muss, weiss auch, dass die Scheidung in der Regel nicht verantwortungslos verlangt wird. Vielmehr geht ein langwieriger und schmerzhafter Denkprozess der Partner voraus, vielfach sogar ein versuchter Neubeginn. Erst am Ende dieser schweren Auseinandersetzungen wird sich die Einsicht durchsetzen, dass die Ehe gescheitert ist." [4]

Von Scheidung betroffene Personen handeln nicht unbedacht und aus einer Laune heraus. Um das Argument zu untermauern, wird auf die in der Praxis bereits Realität gewordene Konventionalscheidung hingewiesen. Der Wille zur gütlichen Einigung bewirkt, dass neun von zehn scheidungswilligen Paaren dem Gericht eine Konvention zur Regelung der Scheidungsfolgen vorlegen und gar nicht mehr auf die Klärung ihres Scheidungsbegehrens durch das Gericht warten. Das Gericht hat vollkommen zu Recht seine Autorität in der Bewertung der Scheidung sowie der Folgen der Scheidung verloren. Dazu eine Parlamentarierin im Ständerat:

> „Heute legen die scheidungswilligen Paare zu 90 Prozent dem Gericht eine Konvention zur Regelung der Scheidungsfolgen vor. In aller Regel genügt die klare Aussage

beider Parteien, dass keine Ehewilligkeit mehr vorhanden sei, um die Scheidung zu erlangen. Keiner Behörde käme es in den Sinn, nach den Gründen der Heirat zu fragen. Daher ist es nur billig, den Entscheid der Ehegatten auf Scheidung als solchen zu respektieren. Der Staat hat nur den Rahmen für die Scheidungsnebenfolgen zu setzen und die schutzwürdigen Interessen der Kinder zu wahren." [1]

Dem Staat wird hier die Legitimität abgesprochen, über den Zustand der Ehe zu befinden. Zudem wird eine aktive und eingreifende Rolle der staatlichen Institutionen in der Sphäre des Privatlebens abgelehnt. „Grundsätzlich soll der Staat den Privat- und Intimbereich eines scheidungswilligen Paares respektieren." [1] Seine Aufgabe wird als möglichst zurückhaltende und unsichtbare Rolle ausgelegt. Er hat sich auf die Verwaltung der Auswirkungen der Scheidung zu konzentrieren; dem Staat obliegt es dabei nur noch, die Scheidungsnebenfolgen zu regeln im „schutzwürdigen Interesse der Kinder". Durch diesen Kompetenzverlust „muss nicht befürchtet werden, dass ‚Scheiden' zu einfach wird und die zu kurzen Verfahren zu unüberlegten Handlungen verleiten." [1]

Wenn sich die Scheidenden über die Modalitäten der Scheidung einig sind, soll der Staat dieser Scheidung möglichst geringe Hürden in den Weg stellen. Es wird der Anspruch vertreten, „dass der prozessuale Aufwand im Regelfall, also dort, wo eine Einigung zustande kommt, möglichst klein gehalten wird – das nicht zuletzt auch deshalb, um die Kosten des Scheidungsverfahrens möglichst tief zu halten." [3] Der Nationalrat führt weiter aus: „Jeder unnötige Verfahrensaufwand kostet Zeit, Geld und Nerven." [3] Deshalb wird im Gegensatz zum „konservativ-etatistischen" Diskurs ein künstlich verlängertes Verfahren abgelehnt. So wird eine „staatlich verordnete Denk- und Wartepflicht am Schluss der Ehe" strikt zurückgewiesen. Auch wird eine „Verkürzung der Trennungsfristen als sachgerecht" [3] betrachtet und die Scheidung auf Klage soll vielmehr erleichtert als erschwert werden; dem Scheidungswilligen soll die Möglichkeit gegeben werden, „die Ehe auch gegen den Willen des widerstrebenden Ehepartners zu lösen" [3].

Der Staat wird in diesem Diskurs von allen moralischen Ansprüchen befreit, die von verschiedener Seite an ihn gestellt werden. Das Verfahren soll von „möglichst jedem Ballast befreit werden." [3] So kann es für eine Ständerätin „nicht Sache des Staates sein, die psychologischen Folgen von Scheidungen abzufedern." [1] Für einen Nationalrat soll „der Gerichtssaal nicht der Ort für die Trauerarbeit der Scheidenden" [3] sein. Im Gegenzug darf das Scheidungsbegehren nicht von moralischen Beurteilungen durch den Staat oder seinen Repräsentanten begleitet werden. Auch wenn die „Scheidungshäufigkeit […] erschreckend hoch" ist, so eine Ständerätin, bleibt nichts anderes übrig, als dies „leider zur Kenntnis zu nehmen." Sie führt weiter aus:

„Die moralische Verurteilung einer Scheidung und das Errichten künstlicher Hürden haben aber trotzdem keine Berechtigung. Ist ein Paar so weit, sich scheiden zu lassen, ist in aller Regel ein schmerzhafter Prozess zu einem Ende gelangt. Es ist daher verfehlt, dieses Ende durch ein langwieriges Scheidungsverfahren noch hinauszuzögern." [1]

Die Auflösung der Ehe soll eine amoralische Sache sein. Dementsprechend finden sich in den Äusserungen, die den „liberalen" Diskurs konstituieren, keine moralischen Bewertungen oder Forderungen, welche Bedeutung die Ehe für die Gesellschaft haben soll. Lediglich ihr institutioneller Charakter wird anerkannt, auch wenn auf den privat- und vertragsrechtlichen Aspekt der Ehe hingewiesen wird.

„Die Ehe stellt etwas Besonderes dar, und dies soll auch nach der Änderung des Scheidungsrechtes so bleiben. Die Ehe als Vertrag sui generis muss und soll sich vom Konkubinat unterscheiden. Da aber die Ehe im Alltag vielfach als Vertrag empfunden wird, muss und wird sie sich auch den Vergleich mit dem Konkubinat gefallen lassen." [4]

Der Gesetzgeber soll möglichst „die Eigenverantwortung" [3] der im Grunde rational und vernünftig denkenden und handelnden Bürgerinnen und Bürger fördern; er soll „die Eigenverantwortung der Parteien im Grunde hochhalten" [6]. In dieser Perspektive sind die von Scheidung Betroffenen „Scheidungspartner" [3]: „Die Ehepartner werden in Anerkennung ihrer Selbstbestimmung, wenn immer möglich, zu Scheidungspartnern. [4]

Im „liberalen" Diskurs werden Frauen als gleichberechtigte Marktsubjekte verstanden. Sie sind wie Männer mündige Bürger, die keinem besonderen Beistand durch den Staat bedürfen. Im Ständerat führt dies eine Politikerin wie folgt aus:

„Aber wir sind andererseits ebenfalls überzeugt davon, dass die gleichgestellten Frauen – die wir in jeder Beziehung gleichstellen möchten wie die Männer; es geht hier um ein Gesetz, das einen grossen Schritt in die Richtung der Gleichstellung tut – auch die Stärke haben, eine Vereinbarung überlegt abzuschliessen und nicht äusserem Druck nachzugeben. Auch das möchten wir anerkennen. Wir glauben nicht, dass man diese gleichgestellten Frauen weiterhin immer an der Hand nehmen muss und sie praktisch bevormunden muss, weil man Angst hat, sie würden unüberlegte Dinge abschliessen." [1]

Es besteht kein Bedarf, dass der Staat aktiv in die Beziehungen der Geschlechter eingreift. Eine Ausrichtung der Gesetzgebung auf die Förderung der wirtschaftlichen Selbstständigkeit genügt, um die wirtschaftliche Lage der Frauen zu ver-

bessern. Das, was in den Parlamentsdebatten unter „dem Stichwort der nachehelichen Solidarität" verhandelt wird – „die Aufteilung der in der zweiten Säule
angesparten Altersvorsorgegelder" [5] – wird unter diesem Aspekt gesehen: mit
der Revision des Scheidungsrechts und seinen Auswirkungen „wird – das ist
entscheidend – die wirtschaftliche Stellung der geschiedenen Frau ganz wesentlich gestärkt." [5] Das Ziel der Revision muss sein, die „wirtschaftliche Selbständigkeit Geschiedener" [1] zu verbessern. Der Diskurs mobilisiert diesbezüglich ein feministisches Narrativ, das er aber nicht mit staatlichen Eingriffen in
Verbindung bringt, sondern mit der Metapher der „unsichtbaren Hand" des
Marktes, der aus dieser Perspektive das optimale Wohl für die Frauen erzielt.

Der „liberale" Diskurs lässt sich demgemäss verdichten: der Wille der einzelnen
mündigen Bürgerinnen und Bürger begründet legitimerweise die Ehescheidung,
die sie aus zu respektierenden Gründen vollziehen wollen. Der Staat hat eine
möglichst zurückhaltende und unsichtbare Rolle einzunehmen und den Privat-
und Intimbereich eines Paares zu respektieren; lediglich die Nebenfolgen im
Interesse schutzbedürftiger Personen sind von ihm in einem möglichst kostengünstigen Verfahren zu organisieren. Ein aktives Eingreifen in die Beziehung der
Geschlechter wird abgelehnt; vielmehr ist die wirtschaftliche Selbstständigkeit
insbesondere der Frauen zu verbessern.

Der „solidarische" Diskurs

Die Thematisierung des Geschlechterverhältnisses ist das bestimmende Narrativ
dieses Diskurses. Der Stellenwert der Frau im Verhältnis zum Mann, ihre Probleme und Betroffenheiten im Scheidungsrecht sind der Fluchtpunkt der Äusserungen und der vorgeschlagenen politischen Lösungen. Eine solche Sichtweise
wird als unabdingbar eingeschätzt, auch deshalb, weil die Revision auf die Wünsche und Forderungen von Frauen zurückgeht und ihre Rechtfertigung nicht
ausschliesslich aus dem Alter des Gesetzes zieht. Eine Revision muss den
„Geist" des neuen Eherechts atmen, das die gerechte Aufteilung der Rechte und
Pflichten in einer Partnerschaft vorsieht. Eine Parlamentarierin im Nationalrat
beginnt ihre Ausführung in diesem Sinne:

> „Im Scheidungsrecht ist die Sicht, die von den Geschlechterdifferenzen ausgeht, un-
> umgänglich. Thema ist der Interessenausgleich zwischen den Geschlechtern. Was
> sich an Herrschaft, Unterdrückung, ökonomischer Abhängigkeit und Gewalt unter
> dem Deckmantel der ewigen Liebe und im Dunkeln der Privatsphäre während der
> Ehe abspielt, kommt im Zeitpunkt der Scheidung unweigerlich an den Tag." [4]

Der geforderte „Interessenausgleich zwischen den Geschlechtern" wird hier mit einem traditionalen Ehemodell in Verbindung gebracht, das die Frau in ökonomische Abhängigkeit von ihrem Mann bringt und ihr in der gesellschaftlichen Hierarchie einen benachteiligten Platz zuteilt. Die Ehe ist in diesem Diskurs dann eine gute Sache, wenn sich zwei Menschen „verbindlich versprechen, sich im Alltag, besonders in schwierigen Zeiten, beizustehen", also solidarisch handeln; diese „Gemeinschaften sollen geschützt werden." [4] Grundsätzlich ist für die Nationalrätin aber „die Ehe geschichtlich gesehen" keine „nachahmenswerte Institution", da sie die Geschichte der Ehe als eine „Geschichte der gewaltsamen Unterwerfung der Frauen durch die Männer" [4] betrachtet.

Der Interessenausgleich ist dann auch das bestimmende Deutungsmuster in der diskursiven Praxis. Notwendig ist dieser Ausgleich gerade vor dem Hintergrund der herrschenden Ungleichheit zwischen Mann und Frau, die nicht nur in der Scheidungssituation in drastischer Weise deutlich wird, sondern eine Konstante der gesellschaftlichen Verhältnisse darstellt. Männer sind in vielfältiger Weise gegenüber Frauen privilegiert. Eine Nationalrätin führt aus:

> „Im Gegensatz zu ihren Exfrauen werden Männer von einem männerprivilegierenden Wirtschaftsrecht und Justizsystem sowie von gesellschaftlichen Rollenerwartungen optimal aufgefangen. Nicht jeder Ehemann ist ein Unterdrücker oder Ausbeuter. Aber jeder Mann profitiert von einem Gesellschaftssystem, das in allen Bereichen die Aufrechterhaltung seiner Privilegien garantiert." [4]

Die Aufgabe des Staates ist es, mit einem Scheidungsrecht die Ungleichheiten zwischen Mann und Frau, die in und vor der Ehe herrschen, auszugleichen. Der Staat steht in der „Verantwortung, hier auf Erden für Gerechtigkeit zu sorgen" [3]. Für eine Ständerätin sind es insbesondere die materiellen Folgen, die gelöst werden müssen – „il est urgent de régler plus équitablement les conséquences matérielles du divorce." [1] Ebenso fordert eine Nationalrätin ein aktives und in die Beziehung der Geschlechter eingreifendes Scheidungsrecht. Sie stellt die Frage, was ein gerechtes Scheidungsrecht anvisieren muss und gibt selbst als Antwort:

> „Richtschnur ist das Gleichheitsgebot von Artikel 4 der Bundesverfassung. So, wie sich das Gleichstellungsgesetz[13] gegen Ungleichheiten im Erwerbsleben von Mann

---

[13] Das Schweizerische Bundesgesetz über die Gleichstellung von Frau und Mann von 1995, das am 1. Juli 1996 in Kraft trat, untersagt jede Art der Diskriminierung von Frauen oder Männern im Rahmen ihrer unselbständigen Erwerbsarbeit. Laut Artikel 3 „dürfen Arbeitnehmerinnen und Arbeitnehmer [...] aufgrund ihres Geschlechts weder direkt noch indirekt benachteiligt werden, namentlich nicht unter Berufung auf den Zivilstand, auf die familiäre Situation oder, bei Arbeitnehmerinnen, auf eine Schwangerschaft."

und Frau richtet, muss das Ehe- und Scheidungsrecht Ungleichheiten von Erwerbs- und Betreuungsarbeit ausgleichen. Die Folgelasten der traditionellen Rollenverteilung müssen gerecht verteilt werden." [4]

Insbesondere die Frage der Gestaltung der nachehelichen Beziehung ermöglicht den Bezug auf die Geschlechtergerechtigkeit. So müssen die Nebenfolgen der Ehescheidung „vom Gedanken der nachehelichen Solidarität geprägt sein", um den Frauen Gerechtigkeit widerfahren zu lassen: „Sie sollen der Frau, die während Jahren oder Jahrzehnten auf eine berufliche Laufbahn verzichtet hat, in der Regel keine lebenslänglichen Pfründen, aber eine Fortsetzung des bisherigen Lebensstandards und eine faire Chance zur beruflichen Wiedereingliederung vermitteln." [4]

Die Perspektive der Botschaft des Bundesrates – „die Ehe wird nicht mehr als Lebensversicherung betrachtet, sondern es wird eine Lösung anvisiert, die die Parteien nach einer bestimmten Frist von ihrer gegenseitigen Verpflichtung befreit" [4] – wird sehr kritisch beachtet, insbesondere wenn es sich um Familien handelt, die von einer Scheidung betroffen sind. Die Geschiedenen bleiben über ihre Ehegeschichte hinaus verbunden, insbesondere wenn Kinder aus der Ehe hervorgegangen sind. Eine Nationalrätin führt aus:

„Dieses Konzept mag in Fällen von kurzer oder kinderloser Ehe richtig sein, aber in diesen Fällen ist meistens ohnehin kein Schaden auszugleichen. Aus Beziehungen jedoch, aus denen gemeinsame Kinder hervorgegangen sind, bleiben die Geschiedenen über die Kinder miteinander verbunden und tragen die gemeinsame Verantwortung für diese, besonders, solange die Kinder unmündig sind. In diesen Fällen – und das betrifft immerhin die Hälfte aller Scheidungspaare – steht die Frage im Zentrum, wie die Leistung der unbezahlten Arbeit, d. h. der Betreuungs- und der Hausarbeit, auszugleichen ist, ohne dass diejenige Person, die sie geleistet hat, den kürzeren zieht." [3]

Die Aufgabe des Gesetzgebers, die nacheheliche Beziehung im Interesse insbesondere der Frauen zu gestalten – was mit ihrer Benachteiligung in der auf der traditionalen Ehe basierenden Gesellschaft begründet wird –, wird in mehreren Themenfeldern betont: so ist es eine der Funktionen des Staates, im Scheidungsprozess den Schwächeren, das heisst insbesondere den Frauen, zur Seite zu stehen. Frauen werden in diesem Diskurs als schützenswert definiert, die vor der stärkeren und mächtigeren Streitpartei geschützt werden müssen. Eine Nationalrätin führt bei den Detailverhandlungen zur Frage der zwingenden Bedenkfrist vor der endgültigen Scheidung aus:

„Die Bedenkfrist hat – ähnlich wie in anderen Vertragsverhältnissen, in denen sich zwei ökonomisch unterschiedlich starke Parteien gegenüberstehen – den Zweck, zu verhindern, dass eine Partei unter Druck in eine Vereinbarung einwilligt. Angesichts des abgekürzten Verfahrens bei einvernehmlichen Scheidungen und im Wissen um die beschränkte Einsicht, die einem Gericht im Verlaufe eines ein- bis zweistündigen Verfahrens in die Verhältnisse des Einzelfalles möglich ist, halte ich es für richtig, die Sicherheitsbarriere der Bedenkfrist beizubehalten. Während dieser Frist ist es der schwächeren Partei auch möglich, eine rechtskundige Fachperson beizuziehen. Diese kann die Vereinbarung nötigenfalls zurückziehen oder mit der Gegenpartei Verhandlungen aufnehmen." [4]

Der Staat wird hier als „Sicherheitsmechanismus" verstanden, der aktiv in den Prozess der Scheidung einwirken soll, wenn beispielsweise „der Eindruck entstanden ist, dass das Kräfteverhältnis zwischen den Parteien sehr ungleich verteilt sei" [4].

In diesem Diskurs herrscht ein ganz anderes Verständnis des Staates als in den oben dargestellten Diskursen. Der Staat ist hier Autorität in zweierlei Hinsicht: er hat die Befugnis, tief in die private Sphäre seiner Bürgerinnen und Bürger einzugreifen, indem er ihre nachehelichen Beziehungen massgeblich gestaltet. Ihm wird zumindest die Kompetenz eingeräumt, „für gleichwertige Startchancen" [4] nach der Scheidung zu sorgen – ein „gerechtes Scheidungsrecht" muss dies leisten können. Und es wird dem Staat Wirksamkeit unterstellt: „Die gesellschaftspolitischen Auswirkungen dieser Vorlage sind ganz erheblich" [3]. Ein Nationalrat bekräftigt die Vorstellung des Staates als massgeblicher Faktor in der Gestaltung der nachehelichen Konstellation:

„Es ist wirklichkeitsfremd anzunehmen, ein restriktives Scheidungsrecht vermöge die Zahl der gescheiterten Ehen wirksam zu beeinflussen. Für die dramatisch zunehmende Scheidungsquote gibt es viele Faktoren, die normativ jedoch kaum beeinflussbar sind. Das Scheidungsrecht kann aber die gesellschaftliche und wirtschaftliche Realität – vor allem jene der alleinerziehenden Mütter und ihrer Kinder und damit auch deren soziales Wohlbefinden und deren Entwicklungschancen – ganz massgebend mitprägen." [4]

Der „solidarische" Diskurs lässt sich insofern verdichten: das Scheidungsrecht muss im Hinblick auf die Gleichstellung der Geschlechter organisiert sein und die bestehenden Ungleichheiten kompensieren. Dem Staat kommt eine aktive Rolle in der Gestaltung der persönlichen Beziehungen zu; er ist ein massgeblicher Faktor in der Gestaltung der nachehelichen Konstellation, die mit Solidarität verbunden wird. Die Frauen benötigen als schützenswerte Personen im Prozess der Scheidung Beistand und Schutz durch den Staat.

8 Diskursive Rechtfertigungen der Scheidung vor Gericht

Im dritten Kapitel wurde in einem historischen Rückblick deutlich, welche Rechtfertigungen der Scheidung – oder zumindest des Ansinnens auf Trennung von „Bett und Tisch" – in der abendländischen Geschichte bis zum beginnenden 20. Jahrhundert in „authentischen" Stimmen vor Gericht zu finden sind. Davor wurden im zweiten Kapitel sozialwissenschaftliche Studien aus den letzten 70 Jahren präsentiert, die in Form von Interviews oder mittels Fragebogenerhebungen die Scheidungsgründe aus der subjektiven Sicht der Betroffenen untersucht haben. In diesem Kapitel steht die Frage im Mittelpunkt, wie in der Schweiz am Ende des 20. Jahrhunderts Scheidungswillige in der Situation vor Gericht ihr Scheidungsbegehren rechtfertigen, welche Argumente sie vor Gericht bemühen und wie sie ihre Gerechtigkeitsprinzipien zur Sprache bringen.

Dafür werden zwei verschiedene Herangehensweisen an das empirische Material gewählt. Zunächst werden aus den Scheidungsakten drei exemplarische Fälle präsentiert. Dabei werden die unterschiedlichen Argumente, die in einem Scheidungsdossier zu finden sind, in ihrer Gesamtheit präsentiert, anstatt sie isoliert und in Einzelteile zerlegt darzustellen. Danach werden anhand des gesamten Korpus die zentralen thematischen Achsen, die in diesen Akten zur Sprache kommen, noch einmal in einer thematisch-transversalen Zugangsweise präsentiert und kommentiert. Abschliessend wird im neunten Kapitel die Frage gestellt, ob sich in den verschiedenen Narrativen normative Ordnungen identifizieren lassen.

8.1 Ehescheidung als diskursive Praxis der Rechtfertigung

Die in diesem Kapitel dargestellten Zeugnisse von Scheidungsbetroffenen geben wichtige Einblicke in die „common sense"-Vorstellungen von Ehe, ihrer Legitimität wie auch der Legitimität ihrer Auflösung. Die Scheidungsakten sind dabei wichtige Quellen aus der „bottom up"-Perspektive zu den Rechtfertigungsdiskursen über Ehe und Scheidung. Sie bilden die alltäglichen Repräsentationen von Ehe, von Familie, ihrem Zusammenhalt, aber auch ihrer Desintegration ab, zeigen Gründe des Zusammenlebens, aber auch des Auseinanderlebens. In den

Klagen und Anklagen zeigt sich der Prozess der Dekonstruktion der Ehe, wird die Erosion einer Institution deutlich und finden sich Hinweise darauf, mit welchen Argumenten sie als legitimerweise auflösbar erscheint.

Die Rechtfertigungsdiskurse spiegeln wider, warum Individuen unter den heutigen spätmodernen Lebensbedingungen immer häufiger und immer selbstverständlicher den Schritt unternehmen, sich trotz der erwartbaren Konsequenzen aus einer Ehe herauszulösen bzw. die Legitimität dieser Bindung in Frage stellen. In den beschriebenen Legitimitätskrisen werden ebenso die Dimensionen angesprochen, die weiterhin als zentrale funktionale Bestandteile von Ehe gelten.

Die Menschen, die hier zu Wort kommen, sind selbst Scheidungsbetroffene und befinden sich beim Ablegen ihrer Zeugnisse mitten im Prozess der institutionellen Auflösung ihrer Ehe. Ihre Diskurse haben eine mehrfache Funktion: sie sollen rechtfertigen, dass man sich selbst zu diesem Schritt entschieden hat; sie sind eine Rechtfertigung vor sich selber, eine Legitimierung des eigenen Entschlusses, die Scheidung von einem vormals geliebten Menschen anzustreben. Die Zeugnisse sind aber auch eine Rechtfertigung gegenüber der staatlichen Institution, die mit der Ehescheidung betraut ist und die die ausschliessliche Legitimität besitzt, die Ehe zu beenden.

8.2 Drei exemplarische Fälle

„Als Mutter stand ich oft auf der Seite der schwächeren Partei". – *Marie[14]*

Marie, geboren Ende der 1930er Jahre, aufgewachsen zusammen mit mehreren Geschwistern in einer kleinen Gemeinde in der Ostschweiz. Über dreissig Jahre nach der Eheschliessung reicht Marie die Scheidung wegen Ehebruchs und wegen tiefer Zerrüttung ein.

In ihrer Schilderung scheint Maries Ehe nach dem typischen Muster der romantischen Ehe zu beginnen. Mit Anfang 20 lernte sie auf einer Hochzeit ihren späteren Ehemann kennen, der gerade von einem mehrjährigen Arbeitsaufenthalt im Ausland zurückkehrte. Für beide war sehr schnell klar, dass sie heiraten möchten; starke Gefühle führten, wie Maria schildert, zu einer schnellen Entscheidung. Aufgrund einer Schwangerschaft wurde der geplante Hochzeitstermin

---

[14] An dieser Stelle muss nochmals darauf hingewiesen werden, dass die analysierten Scheidungsakten anonymisiert und um die Angaben bereinigt wurden, die einen Rückschluss auf die Personen zulassen. So sind die in diesem Kapitel benutzten Namen erfunden. Auch die Berufsbezeichnungen wurden abgeändert.

um einige Monate vorverlegt. Weniger als ein Jahr nach dem ersten Treffen heiratete das Paar. Marie zufolge handelte es sich jedoch keinesfalls um eine „Muss-Hochzeit".

Angesichts der in der ersten Hälfte des 20. Jahrhunderts insbesondere im ruralen Raum vorherrschenden Norm, bei einer Schwangerschaft so rasch wie möglich zu heiraten, ist für diese Darstellung einer auf Leidenschaft und Liebe basierenden Ehe auch eine Interpretation möglich, die diese soziale Anforderung in den Mittelpunkt rückt und Maries Entschluss, zu heiraten, als unabwendbar bewertet, um kein uneheliches Kind zu gebären. Es ist aber auch die Zeit des „Umbruchs" von Ehe und Familie, in der Marie heiratet. Selbst wenn das Kind nicht geplant war – die grossen Umwälzungen im Bereich der Empfängnisverhütung stehen noch aus –, ist hier sichtbar, was später als Wandel der subjektiven Heiratsmotive seit den 1950er Jahren beobachtbar ist: der gemeinsame Kinderwunsch wird für Paare zum hauptsächlichen Zweck der Eheschliessung; ökonomische oder berufliche Ziele verlieren an Bedeutung (Nave-Herz 1987: 20ff.).

Marie berichtet in ihrem Dossier, wie die Geburt ihrer beiden Söhne ihr „Familienglück" vervollständigte, sich damit aber gleichzeitig ein Konfliktbereich eröffnete. Sie schildert ihren Mann als eine Person, die mit ihren beiden Söhnen „nicht viel anzufangen" wusste, sie lediglich im sportlichen Bereich förderte. Es herrscht eine ambivalente Einschätzung vor: ihr Mann „war seinen Söhnen ein guter Vater, ging teilweise aber hart und streng mit ihnen ins Gericht." Marie schildert ihn als einen Menschen, der Widerreden oder andere Meinungen schlecht akzeptieren konnte und dem es Schwierigkeiten bereitete, Konflikte zu lösen. Dies führte zu Problemen, als die beiden Söhne eine „eigene Meinung" bildeten und sich begannen, ihrem Vater zu widersetzen.

„Während 15 Jahren führten wir eine intakte Ehe", so Marie. Doch dann geriet sie immer mehr hinein in den Konflikt zwischen den Söhnen und dem Vater. „Als Mutter stand ich oft auf der Seite der schwächeren Partei, was dazu führte, dass" ihr Mann „am Ende immer wütend auf mich war." Zudem wurde seine Ausdrucksweise immer verletzender und seine Stimme immer lauter, „sodass man sie im ganzen Haus hören konnte." Aus Rücksicht auf das soziale Umfeld wich das Ehepaar einer Konfrontation aus. „Dem Frieden zuliebe haben wir uns mit der Zeit so gut es ging angepasst und beide geschwiegen."

Marie beschreibt hier einen Konflikt, der familiärer Natur ist und nicht direkt aus der Ehebeziehung entsteht. In der Familiensoziologie wird immer wieder darauf hingewiesen, dass die Ehebeziehung durch die Geburt der Kinder massiv in ihrer Qualität beeinträchtigt wird und sich die affektive Beziehung zwischen den Ehepartnern radikal verändert. Bei Maries Schilderung wird deutlich, wie mit zunehmendem Alter der Kinder die Konfliktträchtigkeit der Vater-Kind-Beziehung gewachsen ist und sie zum Puffer wird zwischen den Kindern und ihrem Vater. Die Probleme zwischen Vater und Kinder lösen dabei die Probleme zwischen Vater und Mutter bzw. Ehemann und Ehefrau aus bzw. verstärken diese zumindest. Hier wird nicht dem Ideal der „Verhandlungsfamilie" entsprochen, in der die tradierten Regeln des Zusammenlebens und die Entscheidungsmacht des Mannes und des Vaters in Frage gestellt sind zugunsten der Möglichkeit der gleichberechtigten Mitsprache aller Familienmitglieder (Burkart 2014: 72).

Als Konsequenz dieser permanenten Konflikthaftigkeit der Beziehung lebte sich, wie Marie ausführt, das Paar „immer mehr auseinander". Ein wichtiges Datum für das Scheitern der Ehe spielte der Auszug der gemeinsamen Söhne. Die Kinder fungierten, solange sie Teil des Haushaltes waren, als Kitt, der die Ehe noch zusammen hielt. Mit ihrem Auszug waren sie als stabilisierendes Element der Ehe nicht mehr vorhanden und ein vielleicht letzter gemeinsamer Bezugspunkt des Ehepaars ging verloren.

In Maries Schilderung ist der Auszug der Söhne der Katalysator, der den Niedergang der Ehe beschleunigte. Bereits vorher befand sich die Beziehung in einer Abwärtsspirale: Desinteresse, alltägliche Krisen und Schuldzuweisungen prägen das Bild, das Marie von ihrer Ehe zeichnet. Gemeinsame Unternehmungen fanden nicht mehr statt, routinierte Praktiken wurden hinterfragt – „Die Erledigung des Haushaltes nebenbei wurde als selbstverständlich angesehen", das „Sexualleben verkümmerte mehr und mehr", Marias Mann hatte für „Schmeicheleien und Umarmungen nichts mehr übrig".

Nachdem ihr Mann sich bereits mehrfach für längere Zeit im Ausland aufhielt, stellte er Maria „vor die Tatsache, dass er auswandern werde." Aus einem Brief und anderen Dokumenten wurde für sie ersichtlich, dass er im Ausland eine Freundin haben musste. Laut Marie „konnte klar auf einen Ehebruch seinerseits geschlossen werden", weshalb für sie „nur noch die Scheidung in Frage kam." Der langjährige Prozess der allmählichen Auflösung ihrer Ehe hatte mit einem konkreten Ereignis die Toleranzschwelle überschritten und ihr Bild einer funktionierenden Ehe zerstört.

„Ich verfolgte meine Interessen – meine Frau die ihren." – Simon

Simon, geboren Anfang der 1950er. Die Eltern sind selbstständig tätig. Karriere in einem international tätigten Unternehmen; in führender Position für die Tochtergesellschaften im Ausland zuständig. Knapp zwanzig Jahre nach der Eheschliessung reicht Simon die Scheidung ein.

Simons Scheidungsdossier ist sehr kurz gehalten. Es spricht die Sprache eines selbstsicheren Managers, der es gewohnt zu sein scheint, Entscheidungen autonom zu treffen. Es ist auch das Dossier einer Scheidung „ohne Streit". Das Ehepaar hat sich über die Scheidung verständigt. Deshalb scheint es für Simon auch nicht notwendig zu sein, die Scheidung mit langen Ausführungen, Erklärungen und Vorwürfen dem Gericht gegenüber zu legitimieren.

Simon beschreibt in seiner Scheidungsakte in fast beiläufigen Ausführungen den Beginn seiner Ehe. Seine Frau lernte er mit Anfang Zwanzig kennen, als er von einem Auslandsaufenthalt zurückkehrte. „Unsere Beziehung verlief gut" drückt er sich lapidar aus. Mehrere Jahre später heiratete das Paar, es folgte die Geburt zweier Kinder. Simon zeichnet von sich das Bild eines transnational agierenden, an „Politik und Wirtschaft" interessierten Managers, der es liebt „zu reisen" und der sich seinem „vielseitigen Job" verschrieb. Seine Frau hingegen zog sich nach der Geburt des zweiten Kindes, so berichtet er, komplett aus dem Berufsleben zurück und „nahm sich vollumfänglich der Kinder und des Haushalts an."

Die Schnittmenge zwischen der öffentlichen Sphäre der transnationalen Arbeitswelt und der privaten Sphäre der Familie verringerte sich im Lauf der Jahre sukzessive. Es sind insbesondere die unterschiedlichen Vorlieben, die Simon vor Gericht erwähnt – er an Politik und Wirtschaft interessiert während seine Frau „eher kulturelle Interessen" hat, die er weniger teilte. „Wir lebten uns allmählich und immer mehr auseinander. Grosse Streitigkeiten hatten wir nicht – wir setzten uns eher zuwenig auseinander."

Mehrere Jahre vor der Scheidung lernte Simon, der sich berufsbedingt „oft im Ausland" aufhielt, auf einer Geschäftsreise eine andere Frau kennen, die seine „Interesse[n] eher teilen konnte." Nachdem seine Frau davon erfuhr, kam es zum Bruch der Ehe.

Die unterschiedlichen Sphären, in denen sich Simon und seine Frau bewegen, wurden auch in seiner Ehe immer mehr als inkompatibel erfahren. Die Scheidung ist für Simon, so kann interpretiert werden, die Flucht eines erfolgreichen, international agierenden Managers aus dem Korsett einer traditionellen Ehe, die ihn in seiner Entwicklung und dem Nachgehen seiner Interessen einschränkt. Er zieht hier die Welt des Marktes der Welt der Familie vor. Simons Scheidungsbegehren kann aber auch anders gedeutet werden: nicht als Flucht aus der Institution der Ehe, sondern vielmehr als Weg in eine neue, bereits bestehende Beziehung bzw. ihre öffentliche Anerkennung – die aber, da sie nicht institutionalisiert ist und keine Kinder Ansprüche stellen, sicher zwangloser und weniger fordernd und insofern flexibler erfahren wird.

„Es war alles so alltäglich. " – Tanja

Tanja, geboren Anfang der 1970er Jahre, aufgewachsen mit älteren Geschwistern in einer Stadt in der Ostschweiz. Seit der Lehre im öffentlichen Dienst tätig. Knapp drei Jahre nach der Eheschliessung reicht Tanja die Scheidung „wegen tiefer Zerrüttung" ein.

Tanja zeichnet in ihrem Scheidungsdossier das Bild einer von Anfang an romantischen und leidenschaftlichen Beziehung. Sie begegnete ihrem Mann zum ersten Mal auf einem Fest – einem im 20. Jahrhundert charakteristischen Ort der Partnerwahl, an dem der erste Kontakt aufgenommen wird und Gemeinsamkeiten und Facetten der anderen Person in „stimmiger" Atmosphäre entdeckt werden können (Lenz 2009: 85). Es handelte sich für Tanja um „Liebe auf den ersten Blick"; das Paar war, wie sie ausführt, „von Anfang an unzertrennlich" und verbrachte viel Zeit miteinander, auch wenn es noch nicht in einer gemeinsamen Wohnung lebte. Am Beginn ihrer Beziehung steht eine starke Anziehung und Leidenschaft, ein Einander-Wollen, das für Tanja als Begründungselement der Ehe fungiert und das sie vor Gericht stark macht.

Die Anfangszeit ihrer Beziehung, so berichtet Tanja im Dossier, ist von einem für sie weitreichenden Ereignis bestimmt: bereits im ersten Jahr ihrer Beziehung wurde sie schwanger. „Wir nahmen das ziemlich gelassen, denn wir liebten uns und hatten sowieso vor eine Familie zu gründen." An eine Heirat dachte das Paar zunächst nicht, festigte seine Beziehung aber durch den Bezug einer gemeinsamen Wohnung. Der Entschluss, zu heiraten, fiel schliesslich doch, weil „wir uns liebten und weil es sicher auch einfacher für das Kind war." So heiratete das Paar wenige Monate vor der Geburt ihres Sohnes. Es handelt sich dabei um eine Konstellation, die immer typischer wird für den Beginn einer Ehe: Heirat ist nicht mehr der erste und vorrangige Schritt hin zur Familiengründung; vielmehr ist die Familiengründung der Ehe vorgelagert und die (bevorstehende) Geburt eines Kindes der Grund, eine vom Staat rechtlich geschützte und unterstützte institutionalisierte Beziehung einzugehen (Lenz 2009: 15f.).

In Tanjas Schilderung scheint es, als sei die Zeit nach der Geburt, als die junge Familie ihr gemeinsames Glück genoss, der Massstab, an dem sich die spätere Beziehung messen lassen musste, dessen Qualität der „Alltagstrott" aber nicht mehr erreichte, vielleicht nicht mehr erreichen konnte. „Wir waren alle drei glücklich" denkt Tanja an diese Lebensphase zurück, „auch mein Mann und ich hatten es damals noch gut miteinander." Hier zeigt sich ein Anspruch auf dauerhaftes Glück, das eine Ehe liefern muss; erfüllt sie diesen Anspruch nicht mehr, wird sie obsolet.

Im Scheidungsdossier nennt Tanja weitere Gründe, die im Laufe der Zeit dazu geführt haben, dass das Eheglück nicht anhielt, dass die Ehe nicht mehr den

Ansprüchen genügte und nicht mehr das war, was sie sich darunter vorstellte, als sie ihr Eheversprechen abgab. Im ersten Jahr nach der Geburt hörte Tanja auf zu arbeiten; „ich habe mich meinem Mann und unserem Sohn gewidmet" – ein in ihrer Erzählung wichtiges Datum. Ihr Mann hingegen, so ihre Klage, engagierte sich nicht im selben Ausmass für die Familie. „Auch seine Einstellung zur Familie war für mich nicht mehr akzeptabel", führt sie weiter aus. „Wenn er nach Hause kam hatte er Feierabend und es kam ihm nicht in den Sinn mich zu unterstützen, sei [es] im Haushalt, in der Kindererziehung oder ganz allgemein." Im Gegenteil, er begann wieder an sein altes Leben anzuknüpfen, unternahm „wieder mehr mit den Kollegen". Auch die gemeinsam verbrachte Zeit machte Tanja keine Freude; es war „fast immer das gleiche" klagt sie vor Gericht. „Zuerst haben wir gegessen, und dann schaute mein Mann fern." Für Tanja schlich sich ein „Alltagstrott" in ihre Ehe ein, eine Zustandsbeschreibung, die in deutlichem Kontrast steht zu ihrer Schilderung der Anfangszeit ihrer Beziehung. Es „fehlte" ihr „die Harmonie und die Romantik immer mehr." Sie formuliert hier einen Anspruch auf ein dem Alltag entrücktes dauerhaftes Glück an die Ehe, die nicht der Eintönigkeit und Monotonie des alltäglichen Lebens anheimfallen darf, die keine Routine sein darf, so wie eine frische Liebe keine sein kann. „Es war alles so alltäglich", fällt ihr ernüchterndes Urteil über ihre auf Liebe gegründete Ehe aus.

Hier zeigt sich ein Phänomen, das Nave-Herz als Erklärung für die Zunahme der Scheidungen anführt. Es sind heute insbesondere „die idealisierten Vorstellungen von einer Ehe und die Ansprüche an eine bestimmte Qualität einer ehelichen Partnerbeziehung", die „häufiger schneller zu unerfüllten Bedürfnissen und damit zu Spannungen in den ehelichen Beziehungen [führen]." (Nave Herz et al. 1990: 138)

Der Niedergang ihrer Ehe folgte, Unzufriedenheit schlich sich ein und die Gefühle, die die Ehe begründeten, verloren ihre Intensität: „Mir kam es vor als sei ich schon 30 Jahre verheiratet", blickt Tanja auf ihre kurze Ehe zurück. „Ich habe auch gemerkt, dass meine Gefühle für meinen Mann nicht mehr die gleichen waren, er wurde mir irgendwie gleichgültig." Hier zeigt sich, wie sich das Bild des Ehegatten ändert und die Bezugnahme aufeinander erodiert. Die „gemeinsame Sinnwelt", von der Berger und Kellner (1965: 222) sprechen, kann nicht aufrechterhalten werden; Tanjas Mann ist für sie nicht mehr der „signifikante Andere", der er lange Zeit war. „Meine Liebe zu meinem Mann war[...] einfach nicht mehr vorhanden. [...] Wir lebten auch schon seit anfangs Jahr wie in einer WG, jeder machte was er wollte." Schliesslich stellt sie ihren Entschluss zu heiraten in Frage und blickt nun völlig desillusioniert auf die Vergangenheit zurück: „Vermutlich haben wir uns doch nicht so gut gekannt, wie wir gemeint hatten. Die Heirat und das Kind waren vielleicht doch etwas überstürzt."

8.3 Thematische Achsen der Rechtfertigungsdiskurse

In den drei exemplarischen Fällen zeigen sich die inhaltlichen Dimensionen, die für die Rechtfertigung der Scheidung vor Gericht herangezogen werden, in ihrem Zusammenwirken.

Im ersten Fall werden mehrere Themen sichtbar: Konflikte des Vaters mit den Kindern führen zu Spannungen zwischen den Eheleuten, die auch nicht nachlassen, als die Kinder erwachsen werden und den Haushalt verlassen. Im Gegenteil, mit dem Auszug der Kinder geht der wichtigste gemeinsame Bezugspunkt des Paares verloren. Das, was vorher bereits in einem schleichenden Prozess den Niedergang der Ehe bewirkt, tritt unvermittelt zu Tage und verstärkt die sich bereits in einer Krise befindliche Beziehung. Ebenso wird an diesem Fall deutlich, dass sich eine in einer Abwärtsspirale steckende Ehe lange Zeit über der Toleranzschwelle des Ertragbaren befinden kann, bevor ein singuläres Ereignis zu ihrer endgültigen Auflösung führt.

Das zweite Beispiel zeigt, wie gering der normative Aufwand geworden ist, um eine Scheidung vor Gericht zu legitimieren. Ein paar Hinweise auf unterschiedliche Interessen – Politik und Wirtschaft versus Kunst und Kultur – werden von dem Scheidungswilligen als ausreichende und legitime Gründe erachtet. Der Verweis auf eine neue Beziehung scheint im Sinne eines Anspruchs auf einen Neubeginn vollkommen ausreichend zu sein.

Der dritte Fall legt dar, wie ein Anspruch an die Ehe nicht dauerhaft erfüllt wird, weil sich der Status der frisch Verliebten bzw. der frisch Vermählten mit seinem „Ausnahmestatus" im Alltag nicht aufrechterhalten lässt. Die Alltäglichkeit bricht gleichsam in die Ehe ein. Die mangelnde Unterstützung durch den Mann im Haushalt und in der Familienarbeit, seine Weigerung, sich den neuen Realitäten anzupassen und sein Wunsch, ein Leben wie vor der Hochzeit zu führen, verbinden sich zu einer ehelichen Realität, die sich ganz anders gestaltet als zuvor.

Diese exemplarischen Fälle zeigen in ihrer Komplexität, wie die einzelnen Gründe aufeinander bezogen werden und welchen Stellenwert sie in der diskursiven Rechtfertigungspraxis vor Gericht einnehmen. Es ist stets ein Bündel an Argumenten und Narrativen, das in der diskursiven Praxis vor Gericht mobilisiert wird. Auch wenn ein konkretes Ereignis zum Entschluss geführt hat, die Ehe zu beenden, so ist die Begründung in der Regel doch mehrdimensional.

Im Folgenden werden in einer thematisch-transversalen Zugangsweise die inhaltlichen Achsen der diskursiven Praxis vor Gericht dargestellt. Die bereits genannten zentralen inhaltlichen Achsen sind dabei nur ein Ausschnitt aus den vorgetragenen Rechtfertigungen. Im neunten Kapitel werden die sehr nah am

Material präsentierten inhaltlichen Dimensionen zu normativen Ordnungen der Rechtfertigung zusammengefasst.

„Wir führten eine gute Ehe. Die Probleme begannen mit der Geburt unseres ersten Kindes." – Elterliche Überforderung und familiäre Konflikte

> „Wir führten eine gute Ehe" meint Monika, die Probleme „begannen mit der Geburt unseres ersten Kindes". Simone beklagt vor Gericht, dass sich das Verhalten ihres Ehemannes „nach der Geburt" ihr gegenüber deutlich verändert habe. Bei Marlies hingegen ist die Schwierigkeit „nach der Geburt", dass ihr Mann „dieselben Ansprüche wie vorher" hatte, „doch ich hatte jetzt ein Kind zu versorgen."

Die hier vorgestellten drei kurzen Textauszüge stehen exemplarisch für eine Reihe von Aussagen in den Scheidungsakten, die die Geburt eines Kindes als einen Wendepunkt in der Ehegeschichte beschreiben. In ihnen wird die Geburt als der Ursprung von Unstimmigkeiten und Streitigkeiten zwischen den Ehepartnern beschrieben. Die Ankunft eines Kindes treibt einen Keil zwischen die Ehegatten, der nicht mehr zu schliessen ist und trägt damit gleichsam den Keim des ehelichen Niedergangs in sich.

Ein anderer Aspekt findet sich in folgendem Ausschnitt aus einem Scheidungsdossier:

> „Beide Kinder sind nun flügge" berichtet Miranda in ihrem Ehebericht. Für sie eröffnete sich dadurch die Möglichkeit, sich aus ihrer enttäuschenden Ehe zu lösen. Sie schildert, wir ihr bereits kurz nach der Eheschliessung klar war, „dass wenn die Kinder erwachsen sind, ich mein Leben selber in die Hand nehmen würde."

In dieser Textpassage werden die Kinder als ehestabilisierendes Element beschrieben. Sie verhindern als Kitt das Auseinanderbrechen der Ehe, zumindest so lange sie noch Teil des Haushaltes sind. Der Entschluss zur Scheidung, mag er auch schon vor langer Zeit getroffen worden sein, wird hinausgezögert, bis die Kinder ihre Adoleszenz durchschritten haben. Die Rolle der Mutter bzw. des Vaters dominiert in der Sichtweise auf die Ehebeziehung; persönliche Befindlichkeiten und das eigene Streben nach Glück werden dem Bild einer intakten Familie, zu der Vater und Mutter gehören, untergeordnet.

Kinder können insofern beides sein: sie fungieren als Verstärker vorhandener Probleme und Streitigkeiten bzw. stehen als Streitgrund am Anfang einer Beziehungskrise; sie sind aber auch ein „Ehe erhaltendes respektive Ehe konstituierendes Element" (Stalder 2008: 224).

In fast der Hälfte der analysierten Scheidungsakten finden sich explizite Hinweise auf Veränderungen im Eheleben, die im Zusammenhang mit Kindern entstehen und zu Problemen bis hin zu Krisen in der Beziehung führen. Dass Kinder in den Schilderungen eine so prägende und schillernde Figur darstellen, überrascht insofern nicht, als die Geburt von Kindern bzw. die damit in der Regel einhergehende Familiengründung vielfältige und weitreichende Auswirkungen auf die Paarbeziehung und eine grosse biografische Reichweite hat. In der Spätmoderne hat sich die Lebensführung junger Frauen und Männer vor der Familiengründung weitgehend angeglichen. Auch kinderlose (Ehe)Paare führen ein relativ angeglichenes Leben, „unabhängig davon, ob dies programmatisch – als egalitäres Beziehungskonzept – formuliert und eingefordert wird." (Geissler 2009: 33) Durch das Hinzutreten eines Kindes als einer dritten Person wird die Alltagsorganisation der Zweierbeziehung massiv und dauerhaft verändert. In gewissem Sinne entsteht erst durch die Präsenz des Kindes eine Familie.[15] Die bestehende Dyade wird zur Triade – eine folgenreiche Erweiterung und ein Bruch mit den Alltagsroutinen eines Paares (Lenz 2009b: 126). Die „Ehe mit einem Kind" hat, wie schon Georg Simmel feststellte, „einen völlig anderen Charakter als eine kinderlose, während sie sich gegen eine Ehe mit zwei oder mehr Kindern lange nicht mehr so bedeutsam unterscheidet." (Simmel 1992: 118)

Mit der Geburt des Kindes selbst wird in den Scheidungsakten keine Scheidung gerechtfertigt. Vielmehr werden die Auswirkungen und Belastungen, die sich aus der neuen Situation ergeben, als Ursachen für die Eheprobleme genannt. Das Kind bleibt in seiner Existenz unantastbar. Und doch wird es häufig in den Rechtfertigungsdiskurs eingebettet, da es die gesamte Konfiguration der Ehe verändert und sich zum Teil und in verschiedener Hinsicht massiv auf die Qualität der Paarbeziehung auswirkt.

> Für Martin, der als Pädagoge tätig ist, war die Kinderbetreuung „eine ausserordentlich schwierige und nervlich belastende Aufgabe, mit der er sich oft sehr überfordert fühlte". Ihm fehlte, wie er offen bekundet, „das Verständnis für die hohen Anforderungen, die die Pflege und Erziehung von drei kleinen Kindern mit sich brachte". Seine Frau hingegen meisterte die Aufgabe „erstaunlich gut", mit „viel Geduld, Toleranz und Liebe", wie er bewundernd feststellt. Sie konnte deshalb nicht nachvollziehen, „wie sehr dem Kläger diese Aufgabe Schwierigkeiten bereitete." Hier wird

---

[15] So ist das Vorhandensein einer Generationendifferenz für neuere soziologische Definitionen der Familie massgeblich. So schreibt Lenz (2009a: 13): „Konstitutiv für eine Familie ist das Vorhandensein einer Generationendifferenz. Von einer Familie kann immer erst dann gesprochen werden, wenn mindestens eine Generationenbeziehung in Form einer Mutter-Kind- bzw. Vater-Kind-Beziehung vorhanden ist. Zu betonen ist, dass durch die Geburt eines Kindes noch keine Familie entsteht, sondern erst, wenn zumindest eine Person eine Mutter- oder Vater-Position übernimmt."

der Vorwurf an seine Frau formuliert, zu hohe Erwartungen an seine Rolle als Vater zu stellen und ein mangelndes Verständnis für seine Probleme mit der Vaterrolle zu haben.

Bis in die 1960er Jahre hinein wurde die Einschränkung des Lebensstandards – nicht nur in finanzieller Hinsicht – als Normalität erlebt und ethisch gerechtfertigt. „Bescheidenheit, ja Opferbereitschaft galten als Tugenden. Die Kosten wurden im Familienverband umverteilt und durch Eigenproduktion verringert; weiter reichende Konsumwünsche wurden vertagt." (Geissler 2009: 35) Das Kind benötigt als „*Hindernis* im Individualisierungsprozeß" (Beck 1986: 193) neben Geld vor allem Beachtung und Fürsorge, es bindet Aufmerksamkeit und Energie, lässt durchgängig die Anforderungen, Aufgaben und Pflichten ansteigen, insbesondere in der Spätmoderne, in der erstmals das Rücksichtnehmen auf die Bedürfnisse sowie die optimale Förderung der Kinder gleichsam ein Gebot darstellen, die Erziehung immer mehr verwissenschaftlicht wird und die „Pädagogisierung der Kindheit" weit fortgeschritten ist (Beck/Beck-Gernsheim 2005: 168ff.). Gefühle von Hilflosigkeit, Überforderung mit den Ansprüchen und Kontrollverlust sind bei jungen Eltern weit verbreitet (Lenz 2009b: 126). Diese gestiegenen Anforderungen, alles „richtig" zu machen, treffen insbesondere Männer; sie sind nun wie selbstverständlich eingebunden in die Kindererziehung, eine Erfahrung, die ihre Vätergeneration nicht gemacht hat. Sie sind zum Teil erstmals mit diesen Forderungen der Frauen konfrontiert – und können ihnen nicht immer entsprechen.

Es sind aber nicht nur Belastungen durch die gestiegenen Anforderungen an die Kindererziehung, die eine Ehe an den Rand des Scheiterns und darüber hinaus treiben können. Als zusätzlich belastend erweisen sich in den Schilderungen Streitigkeiten um die Art und Weise der Kindererziehung. Im Zuge der Liberalisierung der Familie wird erstmals über die Weitergabe von Normen und Werten zwischen den Eltern und den Kindern verhandelt. Es ist nicht länger der Ehemann, der unhinterfragt den Erziehungsstil und die Erziehungsphilosophie mit ihren Werten vorgibt.

Für Brigitte, die fünf Jahre nach dem Kennenlernen ihren Mann heiratete und zwei Kinder gebar, „verlief" ihre Ehe „gut". Als grosses Hindernis stellten sich dessen ungeachtet die „unterschiedliche[n] Auffassungen in der Kindererziehung" dar. Es gab „mit der Zeit öfter Streitigkeiten" schildert Brigitte, da das Paar in „vielen Belangen verschiedene Meinungen hatte". „Es wurde immer schlimmer." Ihr Mann hatte ihr zufolge für die Kinder „keine Nerven und reagierte oft gereizt", was sich „sehr negativ" auf die „Beziehung und die ganze Familiensituation" auswirkte. Er ging den Auseinandersetzungen immer mehr aus dem Weg, „zog sich stets mehr in sich selbst zurück, vertrug immer weniger." Auch Brigitte engagierte sich mehr und mehr im Sportverein, „war aktiv und wollte etwas unternehmen." Als Konsequenz lebte sich das Paar „in einer längerdauernden Zeitspanne immer mehr auseinander." Die Entscheidung für eine Scheidung wurde dadurch erleichtert, dass beide Kinder „einer Trennung gegenüber positiv eingestellt" waren.

Hier wird eine Schwäche der Institution Ehe in der Gegenwart deutlich: die traditionelle männliche Dominanz als Patriarch mit der „Schlüsselgewalt" wird sowohl von den Frauen als auch von den Kindern nicht mehr akzeptiert. Die Erziehungsnormen, die traditionellerweise der Mann setzte, werden nun kontroversiell behandelt und bergen das Potenzial eines andauernden Konfliktes in sich. Erreichen die Spannungen ein kritisches Niveau, wird mit dem Wohl der Familienmitglieder für ein Auflösen der Ehe argumentiert. Eine solche Motivation findet sich auch in einer Studie von Nave-Herz (et al. 1990), in der über zwanzig Prozent der Befragten angeben, dass für ihr Scheidungsansinnen massgeblich war, das Leiden der Kinder in einer krisenhaften Ehe zu beenden. Das individuelle Wohlergehen hat gegenüber dem Kollektiv der Familie Vorrang.

> In der Ehe von Petra begann der Niedergang mit dem Eintreten ihrer Tochter in die Pubertät. „Dies führt ebenfalls zu Spannungen", stellt sie diese Zeit dar und schildert, dass in der „Erziehung unserer Kinder" sie und ihr Mann „verschiedene Meinungen" vertraten. Zudem gab es „zwischen der Tochter und dem Vater enorme Spannung", was für Petra mit ein Grund ist, „dass ich eine Trennung wünsche."

Die gestiegenen Anforderungen durch die Kindererziehung – aber auch durch Diskussionen über ihre Art und Weise – wirken sich auf das Verhältnis der Eltern aus. Die Ehebeziehung wird zum „Balance-Akt und Kraft-Akt" (Beck/Beck-Gernsheim 2005: 176). Das Beziehungsgeflecht, das nun um das Kind als einer dritten Person erweitert ist, konfiguriert sich neu und bringt andere Allianzen mit neuen „Machtverhältnissen" mit sich.

> Maria, deren Fall oben ausführlich geschildert wurde, galt die Loyalität immer mehr ihren Kindern, die sie im Streit mit ihrem Vater unterstützte, da sie „als Mutter" „oft auf der Seite der schwächeren Partei" stand. Die Konsequenz war, dass ihr Mann „am Ende immer wütend" auf sie war. Die langsame Erosion der Intimität in diesem Prozess war die Folge.

Die eingespielten und routinierten Rollen in der Ehe ändern sich durch Kinder. Die Ehepartner stehen sich nicht mehr länger als Ehepartner gegenüber, als Liebende, die ihr Leben aufeinander ausrichten. Sie stehen sich nun vielmehr als Mutter und Vater gegenüber, die oftmals über ihr Verhältnis zu den Kindern definiert sind. Das, was eine Ehe prägt – „Emotionalisierung, Intimisierung und Exklusivität ihrer Binnenstruktur" (Nave-Herz 2013: 152) – wird alleine durch die Anwesenheit von Kindern unterbrochen. Die gemeinsam konstruierte „Beziehungswirklichkeit", der „nomische Bruch" (Berger/Kellner 1965: 225), der eine Beziehung kennzeichnet, wird durch ein Kind wiederum gebrochen. Darauf hat schon Simmel hingewiesen, wenn er schreibt, dass „selbst die Ehe, sobald sie zu einem Kinde geführt hat, ihm manchmal unterliegt." (Simmel 1992: 106) Die eheliche Beziehung entwickelt einen anomischen Charakter.

> Für Martin ist der Rollenwechsel, den seine Frau aus seiner Sicht vollzog, eine Quelle des brodelnden Konflikts. Er nahm sie immer mehr in ihrer Rolle als Mutter wahr, was sich in seinem Vorwurf zeigt, „dass sich die Beklagte weniger um den Haushalt als vielmehr um die Kinder bemühte". Es scheint, als geriet er als Ehemann ins Hintertreffen, als sei er nicht mehr länger die wichtigste Bezugsperson seiner Frau gewesen. Ihn beschlich „das Gefühl, er werde in der Beziehung und in persönlichen Ausgleichsmöglichkeiten stark eingeschränkt." Martin versuchte zwar, wie er betont, durch „intensive Mithilfe im Haushalt" „seinen Teil zum familiären Zusammenleben beizutragen." Seine Frau stellte seiner Ansicht nach aber „einen hohen Anspruch betreffend seiner zeitlichen Präsenz in der Familie." Für sie war er nun vorwiegend der Vater, der sich mehr um die Familie als um sie als Ehefrau zu kümmern hatte.

Der Übergang zur Elternschaft führt also zu erheblichen Umwälzungen in der Beziehung des Paares, die bis zur Distanzierung und zum Aufbrechen der ehelichen Wirklichkeit führen können. Er kann aber auch zu einer Verflechtung der Lebensläufe und der Lebensplanung der Partner führen, die nur durch eine Trennung – und auch dann nicht vollständig – aufhebbar ist (Geissler 2009: 33).

Das Hinzutreten von Kindern zu einer Zweierbeziehung kann diese also schwächen, die Qualität der Beziehung strapazieren und ihre Intimität zum Erliegen bringen. In den Schilderungen der Scheidungsbetroffenen finden sich aber auch Hinweise darauf, dass die Kinder zumindest zeitweise – nur darum kann es gehen, da die vorliegenden Zeugnisse immer von später Geschiedenen stammen – die Beziehung stabilisieren und eine Scheidung hinauszögern.

> Für Marie war der Auszug ihrer beiden Söhne der Moment, an dem der Entschluss sich scheiden zu lassen, sich von einer fernen zu einer nahen Möglichkeit wandelte. Solange die Söhne Teil des Haushaltes waren, wurden die Probleme in der Familie und der Ehe als unauflöslich betrachtet und „dem Frieden zuliebe" quasi ein Stillhalteabkommen abgeschlossen. Das Paar hat sich „so gut es ging angepasst und beide geschwiegen." Nach dem Auszug der Söhne wurde nicht mehr akzeptiert, was vorher noch dem Wohl der Familie zuliebe geduldet wurde.

Die Schwelle, an dem das Kind als stabilisierendes Element nicht mehr vorhanden ist, ist dessen Auszug aus dem familiären Haushalt. In diesem Moment wird die Triade wieder auf eine Dyade reduziert und die Aufgabe, die für das Paar aussteht, diese Dyade wieder aufeinander auszurichten, scheitert oft.

Für Miranda, die in Lateinamerika aufgewachsen ist und ihren Mann in Europa kennenlernte, erfüllten sich die in die Ehe gesteckten Hoffnungen nach ihrem Umzug in die Schweiz nicht. Eine desolate Wohnsituation, eine Schwiegermutter, der sie „zu exotisch" war, finanzielle Probleme, fehlende Intimität, „zwei völlig verschiedene Charakter[e]" und unterschiedliche Lebensentwürfe – für Miranda war bald „klar, dass wenn die Kinder erwachsen sind, ich mein Leben selber in die Hand nehmen würde." Miranda schildert ihr Scheidungsanliegen vor Gericht mit folgenden Worten: „Beide Kinder sind nun flügge und ich eröffnete meinem Mann, dass ich nun meinen Freiraum wollte." Ihr Mann wollte dies zunächst wegen den finanziellen Konsequenzen nicht akzeptieren. Ihre Kinder zeigten aber Verständnis für ihr Anliegen. „Ich habe kein schlechtes Gewissen. Ich habe meine Pflichten als Ehefrau und Mutter erfüllt. Obwohl ich immer sexuell zu kurz kam, habe ich nie eine Beziehung unterhalten." Schliesslich lernte Miranda einen anderen Mann kennen, „der mich versteht und der mich glücklich macht." Dass die Kinder mit der Scheidung einverstanden sind, erleichtert das Begehren. „Meine Kinder freuen sich mit mir, da sie meine Geschichte kennen."

Dass Kinder eine stabilisierende Funktion einnehmen können, darauf hat die Familiensoziologie seit Anbeginn hingewiesen. Für Simmel etwa ist das Verhältnis zwischen Mutter und Kind der feste Kern, um den die Familie „herumgewachsen" ist und gleichsam „der ruhende Pol in der Flucht der Erscheinungen des Ehelebens, die im wesentlichen überall gleiche Beziehung, während die zwischen den Gatten unendlicher Wandlungen fähig ist." (Simmel 1985a: 126) Bei Berger und Kellner (1965: 225) verdichten Kinder in der Kernfamilie den Objektivierungsgrad, „so daß die eheliche Beziehung in erheblich geringerem Maße der Unsicherheit überlassen ist." Für Becker erhöhen Kinder als „langlebige Konsumgüter", die „den Eltern Einkommen, vornehmlich psychisches Einkommen" (Becker 1982: 213), generieren, den Nutzen ihrer Eltern. Bei Beck und Beck-Gernsheim (2005: 55) wird das Kind „zur *letzten verbliebenen, unaufkündbaren, unaustauschbaren Primärbeziehung*." „Das Kind wird zur *letzten Gemeinsamkeit*, die die Menschen gegen die ihnen entgleitenden Liebesmöglichkeiten errichten können. Es ist die *private Art der ‚Wiederverzauberung'*, die mit der Entzauberung und aus ihr ihre Bedeutung gewinnt." (Beck/Beck-Gernsheim 2005: 55) Für Boltanski (2007b) ist die Elternschaft „ein Projekt, das robuster, langlebiger und weniger leicht aufzulösen ist als die affektiven und professionellen Projekte, an denen man sich bisher beteiligt hat".

In der empirischen Familiensoziologie wird Kindern „in der Gesamtschau der Ergebnisse ein ehestabilisierender Effekt zugeschrieben." (Babka von Gostomski 1999: 203) Es zeigt sich, dass Ehezeiten ohne Kinder eher ein höheres Scheidungsrisiko aufweisen, als es in den Ehejahren besteht, in denen ein gemeinsames, kleines Kind Teil des Haushaltes ist, auch wenn man weitere ehespezifische Investitionen, wie etwa Wohneigentum, berücksichtigt. Voreheliche Kinder hingegen scheinen das Ehescheidungsrisiko zu erhöhen (Babka von Gostomski 1999: 212). Schneider (1990: 465) zeigt in seiner Studie, dass Eltern für eine Scheidung signifikant mehr Trennungsursachen und Belastungsaspekte – das sind Probleme, die zur Trennung führen können – nennen als Kinderlose. Das kann zweierlei bedeuten: erstens können Kinder – wie schon oben gezeigt – zu Belastungen führen, sie können zweitens aber auch eine Beziehung in der Weise stabilisieren, dass eine Trennung nur dann vollzogen wird, wenn ein sehr hohes Belastungsniveau erreicht ist; Kinder erhöhen bedeutsam die Toleranzschwelle des nicht mehr Ertragbaren.

„Nun war ich den ganzen Tag zu Hause, ich fühlte mich eingesperrt." –
Insularexistenzen

Kinder spielen in den Rechtfertigungen vor Gericht eine wichtige Rolle, wenn sie in den Schilderungen als Auslöser von Streitigkeiten, Meinungsverschiedenheiten, Sticheleien, von Disputen zwischen den Ehepartnern oder den Familienmitgliedern erscheinen. Es sind Belastungen und Anstrengungen, denen die Ehepaare nicht gewachsen sind; es ist eine Inanspruchnahme durch das Kind, die nicht gemeinsam als Paar gemeistert werden kann; es gibt keine einheitliche Vorstellung davon, wie das Kind erzogen werden soll – diese Vorwürfe an das Gegenüber und Eingeständnisse werden vor Gericht laut, wenn eine Ehe beschrieben wird, die nur noch aus Zwist und Meinungsverschiedenheiten besteht und der keine Zukunft mehr bescheinigt wird.

Eine Rolle spielen Kinder auch in Klagen über eine Ehe, in der nicht das Miteinander gestört ist, sondern die eigene individuelle Problemlage zum Thema wird. Die Perspektive liegt dabei nicht auf den problematischen und problematisch gewordenen Beziehungen der Ehegatten zueinander bzw. der Mütter und Väter zu ihren Kindern, sondern auf der eigenen Lage, die als unbefriedigend beschrieben wird.

Für Silvia war die Geburt ihres ersten Sohnes mit Ende Zwanzig ein einschneidendes Erlebnis mit einer grossen biografischen Reichweite. Die wie selbstverständlich von ihr erwartete Rolle als Mutter schränkte ihren Aktionsradius stark ein. „Nun war ich den ganzen Tag zu Hause", beklagt sie vor Gericht, „ich fühlte mich eingesperrt." Unterstützung von Seiten ihres Mannes erfuhr sie wenig; die Kinderbetreuung war ihr zugeteilt. „Schon früher haben wir nicht viel miteinander unternommen, doch jetzt merkte ich es." Die Frustration über die eigene Lage wirkte hinein in die

Intimität ihrer Beziehung: „Sexuell lief auch nicht mehr viel". Schliesslich wurde ihr bewusst, „dass ich für meinen Mann keine Liebe mehr empfand, er war mir wie ein Bruder." Nachdem sie wieder begann, Teilzeit zu arbeiten, lernte sie einen anderen Mann kennen. Eine Gewalterfahrung – eine „Ohrfeige" – brachte den endgültigen Entschluss, sich scheiden zu lassen.

Silvias Schilderung ihrer Ehekrise beginnt mit der Geburt ihres Sohnes und gleicht insofern ähnlichen Erzählungen aus dem vorherigen Abschnitt – mit einem Unterschied: es sind nicht parentale Konflikte, die ihre Ehe über die Grenzen des Ertragbaren hinausragen lassen; die Konflikte in ihrer Ehe erwachsen nicht einer neuen Beziehungskonfiguration oder aus Spannungen zwischen den Familienmitgliedern.

Eine ähnliche Erzählung findet sich bei Marianne, für die ihre Beziehung bereits vor der Familiengründung wegen der „konservativen Einstellung" ihres Mannes zerbrach. Diese zeigte sich ihr zufolge hinsichtlich der „Rolle der Frau allgemein", so zum Beispiel bei den Themen „Ausgang, Hobby, Haushalt." Für sie war es nicht vorstellbar, sich auf ihre Rolle als Hausfrau und Mutter beschränken zu müssen. Sie wollte ihren „Beruf weiterhin, wenn auch nur reduziert, ausüben." Ihr Mann hingegen vertrat die Meinung, „die Frau müsste zu Hause bleiben, wenn Kinder da sind." Obwohl Marianne gerne Kinder gehabt hätte, wie sie vor Gericht ausführt, war ihr diese Rollenzuteilung durch ihren Mann zutiefst suspekt. Mit der Scheidung hat sie sich gleichsam präventiv den ihr zugedachten traditionalen Vorgaben entzogen.

Bei Silvia und Marianne ist es vor allem die von ihnen so empfundene Einschränkung ihres persönlichen Fortkommens, die ihnen Grenzen setzt und die sie nicht akzeptieren wollen. In ihren Klagen über die mangelnden Möglichkeiten, sich ausser Haus engagieren zu können, in der Abwehr der ihnen zugesprochenen Rollen, wird ihr Anspruch deutlich, als gleichberechtigte Menschen in der öffentlichen Sphäre agieren zu können, sich im Beruf fortzuentwickeln und sich nicht mit einem sozial isolierten Dasein in der Familie begnügen zu wollen.

Silvia kann die im vorigen Abschnitt beschriebene angeglichene Lebensführung junger Frauen und Männer vor der Familiengründung nach der Geburt eines Kindes nicht aufrechterhalten. Für sie ändert sich ihr Alltag massiv – wie für viele Frauen in einer ähnlichen Situation. Insbesondere Frauen können der „Diktatur der Bedürftigkeit" (Beck/Beck-Gernsheim 2005: 55) des Kindes meistens nicht entkommen. Infolge der Beharrlichkeit der Aufgabenverteilung erleben Mütter nach der Geburt eine Verschiebung ihrer Aktivitäten von berufs- und partnerschaftsbezogenen hin zu familien- und kindbezogenen Tätigkeiten (Lenz 2009b: 126). Marianne entzieht sich bereits im Voraus der ihr zugedachten Rolle und dem ihr zugedachten Raum des Hauses.

In diesen zwei Schilderungen zeigen sich exemplarisch die Folgen dessen, was Beck (1986: 176) „die Bewußtwerdung der Konflikte an den aufbrechenden *Wahlmöglichkeiten*" genannt hat. Mit den getroffenen Entscheidungen – berufliche Mobilität, Aufteilung der Hausarbeit und der Kinderversorgung, Art und Zeitpunkt der Empfängnisverhütung – „werden die unterschiedlichen und gegensätzlichen Konsequenzen und Risiken für Männer und Frauen und damit die *Gegensätze ihrer Lagen* bewußt." (Beck 1986: 176) Mit der Zuständigkeit für die Kinder wird „über die berufliche Karriere der Ehepartner und damit über ihre gegenwärtige und zukünftige ökonomische Abhängigkeit und Unabhängigkeit mit allen damit wiederum verbundenen unterschiedlichen Konsequenzen für Männer und Frauen entschieden." (Beck 1986: 176) Es ist eben in der Regel die weibliche Erwerbsbiografie, die durch Kinder beeinträchtigt wird. Der Mann wird immer noch von den Strukturen des Arbeitsmarkts, den betrieblichen, tariflichen und sozialpolitischen Regulierungsmodi als Familienernährer betrachtet und begünstigt (Geissler 2009: 33f.). Die Frau hingegen wird über die ihr zugewiesene Rolle als Hausfrau und Mutter aus dem Erwerbsleben ausgeschlossen. Die traditionelle Rollenverteilung – der Mann arbeitet möglichst in Vollzeit, die Frau wenn nötig in Teilzeit – ist in der Schweiz immer noch das vorherrschende Modell: so waren im Jahr 2000 nur 15,9 Prozent der Mütter mit Partner und zumindest einem Kind im Alter unter 25 Jahren im Haushalt in Vollzeit (90 bis 100 Prozent) erwerbstätig; 50,3 Prozent dieser Frauen arbeiteten in Teilzeit; 33,8 Prozent waren nicht erwerbstätig. Vier von zehn Mütter mit Partner, deren jüngstes Kind sechs Jahre oder jünger war, gingen keiner Berufstätigkeit nach. Hingegen waren 93,5 Prozent der Väter mit Partnerin und Kinder(n) unter 25 Jahre im Haushalt in Vollzeit arbeitstätig.[16] Die Gründe für die Nicht-Erwerbstätigkeit unterscheiden sich bei Männern und Frauen erheblich: Über 50 Prozent der Frauen, die nicht arbeiten, nennen als Grund die Hausarbeit im eigenen Haushalt; bei Männer werden in der Statistik des Bundesamt für Statistik solche Gründe gar nicht „als statistisch zuverlässige Werte" ausgewiesen. Die Hausarbeit im eigenen Haushalt wird in derselben Untersuchung von 60 Prozent der Frauen als Grund für ihre Teilzeitarbeit angegeben. Bei Männern ist dies für weniger als 20 Prozent der Grund, in Teilzeit zu arbeiten (Bundesamt für Statistik 2003: 134).

---

[16] Im Jahr 2014 hat sich die Erwerbsbeteiligung von Müttern erhöht: nur noch 21,5 Prozent der Mütter mit Partner und Kinder(n) im Haushalt unter 25 Jahren sind nicht erwerbstätig. Die Erhöhung der Erwerbstätigkeit geschieht dabei ausschliesslich in der Teilzeit; der Anteil der Vollzeiterwerbstätigen liegt niedriger als im Jahr 2000 bei 15,1 Prozent. Bei Vätern mit Partner und Kinder(n) im Haushalt unter 25 Jahren hat sich die Vollzeiterwerbstätigkeit auf 86,0 Prozent verringert; angestiegen ist die Teilzeiterwerbstätigkeit auf eine Quote von 9,8 Prozent bei einer Nichterwerbsquote von 4,3 Prozent. Quelle: Bundesamt für Statistik (Schweizerische Arbeitskräfteerhebung – SAKE).

Wie Marianne, deren Mann meinte, dass die Frau nach der Geburt zuhause bleiben müsse, treffen auch andere Frauen in ihrer Ehe auf eine Situation, die sie vor Gericht als fesselnd und einschränkend beschreiben.

> Simone heiratete ihren Mann, der als „Illegaler" die Schweiz verlassen musste, „weil ich wollte, dass er wieder hier leben kann." Vor Gericht beklagt sie insbesondere das Verhalten ihres Mannes nach der Geburt ihres Kindes. „Er blieb öfters tagelang weg" lautet ihr Vorwurf. „Auch nach der Arbeit kam er nur nach Hause, um sich zu duschen und ging nachher weg und kam erst um 23'00 Uhr ca. wieder nach Hause." Nachdem seine Mutter ebenfalls eine Aufenthaltsbewilligung erhielt, musste sich Simone um sie kümmern. „Ich war jeden Abend zusammen mit der Mutter allein zu Hause" schildert sie ihre damalige Situation. „Mit der Familie unternahm er eigentlich nichts", was sie massiv störte. „Wenn ich reklamierte, bekam ich Schläge." „Ich habe zudem noch Anfang März erfahren, dass mein Mann ein Verhältnis hat zu einer anderen Frau. Dies hat den Ausschlag gegeben, dass ich nun endgültig genug habe".

In den hier präsentierten Passagen aus den Scheidungsakten wird ein topographischer Aspekt der Rollenverteilung sichtbar: während sich der Alltag in der Zweierbeziehung in der Regel für beide Partner an mehreren Orten vollzieht – in der Arbeitsstelle, in Bars und Restaurants, in Sportstätten, bei Freunden und Verwandten –, grenzt sich der Alltag mit der Familiengründung vor allem für Frauen stark auf einen einzigen Ort, die Wohnung, ein. Sie erscheint in den Schilderungen wie eine Insel, die dabei mehr Albtraum als Ort der Sehnsucht ist. Der Topos der „Insularexistenz" (Beck 1986: 182) ist ein in vielen Scheidungsdossiers wiederkehrender und wird verwendet, um die Scheidung und die damit erhoffte Veränderung der eingeschränkten Lebenswelt zu rechtfertigen. Vor Gericht wird ein ganzes Lebensmodell verhandelt, das als „Hausfrauenexistenz" die „isolierte Arbeitsexistenz par excellence" (Beck 1986: 182) darstellt. Es wird der Anspruch formuliert, sich gleichberechtigt in der öffentlichen Sphäre bewegen zu können. Ein sozial isoliertes Dasein in der Familie mit seinen negativen Begleiterscheinungen ist für diese Frauen vor Gericht ein legitimer Grund, sich aus der als beklemmend erfahrenen Ehe zu befreien.

„Ich musste alles managen, anstatt Unterstützung zu erhalten." – Der Anspruch auf Unterstützung

> Für Tanja, deren Scheidungsdossier als exemplarischer Fall bereits ausführlich vorgestellt wurde, war die Einstellung ihres Mannes der Familie gegenüber „nicht mehr akzeptabel." Sie erfuhr weder „im Haushalt", „in der Kindererziehung" „oder ganz allgemein" eine Unterstützung von Seiten ihres Mannes. Auch wenn Tanja keiner

Lohnarbeit nachging – ob freiwillig oder unfreiwillig ist aus dem Scheidungsdossier nicht ersichtlich –, wird der Anspruch an ihren Mann deutlich, im Haushalt einen Beitrag zu leisten und im Familienleben mitzuwirken.

Die etwa 25-jährige Stefanie beschreibt, wie ihr Mann ihr „nur gerade die ersten zwei Monate nach der Geburt von Laura bei der Betreuung des Kindes etwas geholfen hat". Zudem beteiligte sich ihr Mann „überhaupt nicht an der Hausarbeit". Sie besteht vor Gericht auf einer gemeinsamen Erledigung der im Haushalt anfallenden Arbeiten: „ich denke, man sollte dies gemeinsam machen", lautet ihr Kommentar. „Ich habe zwei Katzen und ein Kind und ich lege Wert auf eine saubere Wohnung, und das gibt schon viel Arbeit." Mithilfe konnte sie oft keine erwarten. „Wenn ich ihn bat, etwas zu machen, murrte er regelmässig, ich hingegen, wenn ich gefragt wurde, habe ich immer ihm entsprochen." Ihre abschliessende Einschätzung der Ehe: „Mittlerweile habe ich so genug vom Streiten, ich habe meinen Mann nicht mehr gern."

In diesen Ausschnitten zeigt sich eine die private Sphäre betreffende Kritik an einer Ehe, die die Frau alleine lässt mit den ihr zugeteilten Aufgaben sowohl der Kindeserziehung als auch im Haushalt. Hier werden nicht – wie im vorherigen Abschnitt – Klagen über eine Ehe angestimmt, die den eigenen Aktionsradius in einem solchen Ausmass einschränkt, dass die eigene Beziehung als nicht mehr gelingend eingeschätzt wird. Es sind auch weniger das eigene berufliche Fortkommen und das Aufrechterhalten sozialer Kontakte, die als Anspruch an eine gelingende Ehe formuliert werden.

Vielmehr wird ein Lebensmodell in Frage gestellt, das auf einer traditionellen Rollenaufteilung fusst und den Frauen klare Zuständigkeiten zuteilt. Für diese Frauen ist eine komplementäre Aufteilung der traditionellen Rollen in der Ehe weniger ein Ideal als vielmehr eine Quelle brodelnder Konflikte. Sie akzeptieren die gesellschaftlich lange Zeit etablierte und normativ verbriefte Rollenteilung innerhalb des Haushaltes nicht mehr länger. Dabei spielt es bei den hier zu Wort kommenden Frauen keine Rolle, ob sie arbeitstätig sind oder nicht.

Es ist aber weniger eine ideologische, politische Agenda, die sie verfolgen und vor Gericht in den Begründungszusammenhang ihres Scheidungsbegehrens einbetten. Vielmehr schildern sie die praktischen Schwierigkeiten, die sie im Alltag erleben und die sie ohne Hilfe und Beistand meistern müssen. Ihre Versuche, einen annähernd gleichberechtigen Umgang zwischen sich und ihrem Partner zu entwickeln, scheitern schliesslich. Die im Ehe- und Familienrecht von 1988 formulierte Gleichberechtigung von Mann und Frau in Fragen der familiären Pflichten bleibt für diese Frauen ein hehres Ideal.

„Ich musste alles managen, anstatt Unterstützung zu erhalten", lautet der Vorwurf von Sabine an ihren Mann. Im Falle von Marie wurde die „Erledigung des Haushal-

tes nebenbei" „als selbstverständlich angesehen. Komplimente oder ‚ein Danke-
schön' gab es so gut wie nie."

Dass diese Klagen in der Regel von Frauen vorgetragen werden, verwundert
nicht, sind doch Frauen nach wie vor hauptsächlich für die Haushalt- und Familienarbeit zuständig. Sie sind es, die in der Regel ihre Erwerbssituation diesen
Gegebenheiten anpassen müssen, „während sich der Beitrag der Männer an die
Haus- und Familienarbeit nur geringfügig an die familiären Gegebenheiten an-
passt." (Bundesamt für Statistik 2003: 131) So tragen in acht von zehn Paarhaus-
halten Frauen die alleinige Verantwortung für die Hausarbeit; leben Kinder im
Haushalt, sind es neun von zehn Frauen (Bundesamt für Statistik 2003: 143).

Zu der Klage, sich alleine um den Haushalt kümmern zu müssen und nicht
in ausreichendem Ausmass Unterstützung zu erhalten, kommt ein weiterer Aspekt hinzu.

> Petra, die im Alter von zwanzig Jahren ihren Mann kennenlernte und ihn einige Jah-
> re danach heiratete „weil ein Kind unterwegs war", bringt eine ähnliche Klage vor
> Gericht vor. Die letzten fünf Jahre hat sich ihr Mann, so ihr Vorwurf, um sie „und
> die Kinder kaum gekümmert" und auch mit der Familie „nichts unternommen." Es
> war ihre Aufgabe, „den Kindern etwas zu bieten". Den von ihr geforderten Fürsor-
> gepflichten kam er nicht nach. So nahm er beispielsweise an keinem Elternabend in
> der Schule teil. Für Petra „distanzierte sich" ihr Mann „mehr und mehr von seiner
> Familie", ein Zustand, der, so scheint es, für sie gleichbedeutend mit dem Ende ihrer
> Ehe war. Die Kommunikation war massiv gestört: „Es gab Zeiten, da sprach mein
> Mann mit mir 3 - 4 Wochen absolut nichts mehr." Als sie begann, in Teilzeit zu ar-
> beiten, war sie „finanziell nicht mehr derart abhängig" von ihrem Mann und „wurde
> auch wieder selbstbewusster". „Enorme Spannungen" zwischen Vater und Tochter
> waren schliesslich mitentscheidend für den Entschluss, sich scheiden lassen zu wol-
> len.

Es ist der Vorwurf der Distanz gegenüber der Familie, der hier formuliert wird,
der sich nicht nur in der mangelnden Unterstützung in der Hausarbeit oder der
Erziehung der Kinder äussert. Es ist das Fehlen eines ideellen Beistandes, eines
Bekenntnisses zur Partnerin und zur Familie, das in den Scheidungsdossiers
beklagt wird und in der Ehe eingefordert wurde.

> Farah, die in Ostasien aufgewachsen ist und wegen ihrem Mann in die Schweiz ge-
> kommen ist, wirft ihm vor Gericht vor, sich zu wenig um die Familie gekümmert zu
> haben „Er macht, was er will, ohne auf die Familie Rücksicht zu nehmen." Die Ver-
> antwortung lag alleine bei ihr. „Ich bin mit meinen Kindern immer alleine. Er küm-
> mert sich nicht um mich und um die Probleme der Familie. Alle Arbeit und alle
> Probleme lasten auf mir."

Gabriele, die noch nicht Zwanzig ist, als sie ihren Mann kennenlernte, beschreibt ihre Beziehung als von Anfang an mit Höhen und Tiefen versehen. „Unsere Ehe war nicht optimal, ohne Selbstwertgefühl", berichtet sie dem Gericht, „wir waren gegenseitig abhängig." „Ich zog den Familienwagen. Heute wirft mir mein Mann vor, ich hätte alles an mich gerissen. Ich habe einfach alles gemacht, weil wenn er heim kam, sass er vor dem Fernseher, war etwas nicht so, wie er es wollte, gab es ein Riesentheater."

In diesen Rechtfertigungsdiskursen zeigt sich, was für die scheidungswilligen Frauen als funktionale Bestandteile von Ehe gelten: die Unterstützung im Haushalt, sowohl in Form der Mithilfe als auch in finanzieller Art (siehe dazu den übernächsten Abschnitt), die ideelle Unterstützung – als „Ideal der Partnerschaft gegenseitiger emotionaler Unterstützung" (Nave-Herz 2013: 56). Die Männer kommen in der Perspektive der Frau ihrer Fürsorgepflicht nicht nach, insbesondere gegenüber der Familie.

Eine „fehlenden Unterstützung" durch den Partner ist in einer sozialwissenschaftlichen Studie aus den 1940er Jahren der meistgenannte Trennungsgrund (Schneider 1990: 460); die „Vernachlässigung des Heims und der Kinder" nennen Frauen als zweithäufigsten Trennungsgrund in einer Befragung aus den 1960ern (Levinger 1966: 805). Es lässt sich argumentieren, dass solche Konflikte der „desintegrierten Gattenfamilie" inhärent sind: sie hat zwar wichtige Funktionen und Aufgaben an den Staat und den Markt ausgelagert; mit der Aufgabe der Haushalts- und Familienarbeit wird die Ehefrau aber alleine gelassen.

Doch es sind nicht nur Frauen, die das mangelnde Engagement ihres Partners im Haushalt beklagen – auch wenn Männer dies nur vereinzelt tun.

Frank, Mitte Dreissig, heiratete seine Frau, weil sie „eine Familie gründen und Kinder haben" wollten. Innerhalb von drei Jahren ging die Ehe zu Bruch. „Wir haben uns immer mehr auseinandergelebt" lautet seine erste Einschätzung vor Gericht. Er beklagt insbesondere die mangelnde Unterstützung durch seine Frau: „Ich habe mit der Zeit den ganzen Haushalt ‚geschmissen'", führt er aus. „Ich habe gewaschen und immer mehr gemacht. Die Hemden sind dann manchmal nach 14 Tagen noch nicht gebügelt gewesen. Wenn ich etwas sagte, hiess es: du kannst es ja selber machen." Hier wird nicht nur ein Anspruch auf Unterstützung deutlich, sondern auch ein Anspruch an die Frau, die Hausarbeit ordentlich zu erledigen, auch weil sie deutlich früher als Frank von der Arbeit nach Hause kam. „Manchmal hat sie gekocht manchmal ich, je nach Lust und Laune." „Wir haben aber nichts mehr gemeinsam unternommen. Wir lebten nur so nebeneinander her. Mir hat das aber nicht mehr gepasst. Dem Frieden zuliebe habe ich aber nichts gesagt, ich dachte, dass der Partner eigentlich merken sollte, wenn etwas nicht mehr stimmt."

Es ist hier aber nicht der Anspruch auf Fürsorge durch die Frau, der vor Gericht formuliert wird. Vielmehr wird eine matrimoniale Unterhaltspflicht eingefordert, wenn kritisiert wird, dass zu geringe Leistungen im Haushalt erbracht werden, etwa zu wenig gekocht oder nur unregelmässig die Wäsche gebügelt wird.

„Er sagte mir damals, ich stünde ihm im Weg bei seiner Karriere." – Zwei kollidierende Sphären

Das Arbeitsleben im weitesten Sinn stellt in den Scheidungsdossiers eine wichtige thematische Achse dar. Dies ist nicht weiter verwunderlich, kommt doch der Erwerbsarbeit in den westlichen, spätmodernen Gesellschaften nach wie vor eine primäre Bedeutung für die soziale und wirtschaftliche Integration der Individuen zu (Rogge 2009: 67); sie ist eine wichtige Quelle der Identität und über das Einkommen ein massgeblicher Faktor für die Position in der Sozialstruktur und steht in der Regel in Zusammenhang mit Bildungsgrad und Prestige. Sie ist aber auch Quelle der Unabhängigkeit und Selbstständigkeit bzw. wird zu dieser im 20. Jahrhundert auch für „bürgerliche" Frauen.

Die Erwerbsarbeit ist in unterschiedlicher Form bereits – wie oben dargestellt – ein Thema in den analysierten Scheidungsakten: für Frauen ist die ihnen zugewiesene Rolle auf eine im privaten Raum tätige Hausfrau und Mutter eine schwere Bürde; sie widersetzen sich gleichsam dieser isolierten Arbeitsexistenz qua Scheidung. Ein Aspekt dieses Themas ist dabei die „Insularexistenz" als Verwiesensein auf die private Sphäre des Haushaltes.

In der diskursiven Rechtfertigungspraxis vor Gericht wird die Erwerbsarbeit zudem in einem anderen Kontext zum Thema – bezeichnenderweise in den Äusserungen von Männern.

> Michael, etwa 50 Jahre alt, Unternehmer, schildert in kurzen Ausführungen die „sehr vielschichtig[en]" Scheidungsgründe, aus denen „verschiedenste nicht lösbare Konflikte" erwuchsen. So gab es „bezüglich der Verwaltung, Verwendung und Erzielung der finanziellen Mittel [...] unüberbrückbare Konflikte". Auch lagen für ihn „die gegenseitigen Vorstellungen bezüglich des Zusammenlebens weit auseinander". Insbesondere eine Sache war für Michael nicht länger tragbar – und die zentrale Begründung für sein Scheidungsbegehren: „dass meine Frau nie verstanden hat, dass auch der Beruf und insbesondere berufliches Engagement unabdingbar für mich sind."

Hier scheint die Ehe ein Hindernis zu sein, um sich vollumfänglich dem beruflichen und wirtschaftlichen Erfolg widmen zu können. Michael beklagt das mangelnde Verständnis seiner Frau; welche Bedeutung sein „berufliches Engagement" für sie und ihre Vorstellung von Partnerschaft hat, kommt indes nicht zur Sprache. Er zieht als freiwilliges „Marktsubjekt" die Ehelosigkeit den Bindungen und Verpflichtungen in der Ehe vor. Er stellt gewissermassen einen Idealtypus in dem „zu Ende gedachten Marktmodell der Moderne" dar, das „die familien- und ehe*lose* Gesellschaft unterstellt. Jeder muß selbstständig, frei für die Erfordernisse des Marktes sein, um seine ökonomische Existenz zu sichern. Das Marktsubjekt ist in letzter Konsequenz das alleinstehende, nicht partnerschafts-, ehe- oder familien‚behinderte' Individuum." (Beck/Beck-Gernsheim 2005: 52f.)

> Auch für Simon, dessen Dossier oben als exemplarischer Fall vorgestellt wurde, liessen sich die beruflichen Ambitionen und Interessen nicht mehr länger mit den Vorstellungen und Wünschen seiner Frau vereinen. Es sind die unterschiedlichen Interessen – „Politik und Wirtschaft" –, die er vorrangig als Rechtfertigung für sein Scheidungsansinnen bemüht. Seine Anstellung im oberen Management eines international agierenden Unternehmens isolierte ihn immer mehr von seiner Familie; sein „vielseitige[r] Job", das viele Reisen, trennten ihn mit der Zeit nicht nur physisch von seiner Frau und der Familie.

Es ist hier die traditionale männliche Geschlechterrolle, die beansprucht und auch gegen Widerstände durchgesetzt wird. Der Anspruch auf beruflichen und wirtschaftlichen Erfolg kann als Wirkung eines Geschlechtsrollenstereotyps interpretiert werden, das den Erfolg des Mannes wesentlich an ökonomischen, beruflichen Erfolg bindet. „Erst ein sicheres Einkommen ermöglicht es ihm, dem Männlichkeitsideal des ‚guten Ernährers' und ‚fürsorglichen Ehemannes und Familienvaters' nachzukommen." (Beck 1986: 173) Dass die Scheidung der Verwirklichung des Idealbildes zuvorkommt, ist eine Erfahrung von immer mehr Männern.

Die Unvereinbarkeit von Familie und Beruf, die Inkompatibilität der privaten und der öffentlichen Sphäre, die Kollision der arbeitsweltlichen und familiären Ansprüche – dieses Narrativ wird in weiteren Scheidungsdossiers mobilisiert. Im Unterschied zu den zwei oben angeführten Textausschnitten, wird in der diskursiven Rechtfertigungspraxis eine weitere thematische Perspektive deutlich.

> Monika lernte ihren Mann mit Mitte Zwanzig im Ausgang kennen und heirate ihn ein paar Jahre später. Neben Problemen in der Kindererziehung – ihr Sohn „war von Geburt an ein sehr anspruchsvolles Kind" –, war für sie besonders belastend, dass ihr Mann in einer anderen Stadt arbeitete und dort eine eigene Wohnung hatte. Das Paar beschloss, gemeinsam „in die goldene Mitte zu ziehen." Es war Monika, die dafür ihren Beruf aufgab. Nachdem sie ein zweites Mal schwanger wurde, teilte ihr Mann ihr „völlig überraschend" mit, dass er sich wieder am Arbeitsort „eine Wohnung nehmen würde." Für Monika brach eine Welt zusammen, sie „fiel aus allen Wolken." Gerade noch hatte sie ihren Beruf aufgegeben, da entschied sich ihr Mann

gegen sie und ihre Familie. „Er sagte mir damals, ich stünde ihm im Weg bei seiner Karriere."

Es ist hier die Perspektive einer Frau, die es trotz der Bemühungen, die sie auf sich nimmt, nicht schafft, die getrennten Welten des Berufs und der Familie zu koordinieren und ihre Ehe auch auf Distanz aufrechtzuerhalten. Schlussendlich ist sie machtlos gegen den Wunsch ihres Mannes, „Karriere" zu machen.

> Für Katrin, die mit 18 Jahren ihren zukünftigen Mann kennenlernte und ihn wenig später heiratete, führten die unterschiedlichen Arbeitszeiten zu einer Erosion ihrer Ehe. Sie arbeitete als Verkäuferin tagsüber, während ihr Mann als Musiker in der Nacht beschäftigt war. Gemeinsame Unternehmungen blieben „auf der Strecke", jeder unternahm selbstständig und ohne den Ehegatten „selber Sachen". Was folgt, wird von Katrin als „ein langsamer Prozess des Auseinanderlebens" beschrieben, der auch durch einen Jobwechsel des Mannes nicht mehr gestoppt werden konnte.

Auch im diesem Ausschnitt wird die eheliche Wirklichkeit massiv durch das Auseinanderklaffen der beruflichen und familiären bzw. ehelichen Sphäre gestört. Es sind hier aber nicht unterschiedliche Ansprüche, die das Scheitern vorantreiben, sondern das Fehlen einer durch gemeinsame Unternehmungen reproduzierten ehelichen Praxis. Es fehlt schlicht die Zeit dafür. Insbesondere „freie" und hochflexible Berufe sind davon betroffen; die Anforderung mobil zu sein, führt zu einer „Pluralität" und „Prekarietät" der beruflichen Tätigkeiten, die „tendenziell die Zerbrechlichkeit der Gefühlsbeziehungen begünstigen" (Boltanski 2007a: 182).

„Für mich hatte mein Mann nie Geld." – Finanzielle Spannungen

Für Gabriele, die – wie bereits geschildert – mit den Familienangelegenheiten alleine gelassen wurde und ganz allein „den Familienwagen" ziehen musste, ist vor Gericht eine weitere Thematik von immenser Bedeutung, über die sie ausführlich in ihrer Scheidungsakte berichtet.

> Ihr Mann, führt Gabriele vor Gericht aus, hatte „immer wieder neue Interessen", was „immer wieder viel Geld" verschlungen hat. Sie war „mit seinen teuren Hobbys" einverstanden, „in der Hoffnung, das mache ihn glücklicher". Wie die Familienarbeit war auch das Management des Haushaltbudgets ihre Aufgabe – was zu deutlichen Spannungen führte: „Ich musste immer die Finanzen regeln, mein Mann hatte kein Verständnis, wenn ich immer wieder bremsen musste bei den Ausgaben." Ihr Mann erfuhr dies als Zurückweisung und warf ihr vor, „er bekomme nichts". Gabriele versucht ein Bild von sich zu vermitteln, das sie im Gegensatz zu ihrem Mann

als verantwortungsvoll zeigt. Sie verweist darauf, dass sie „immer wieder" arbeitete, „damit wir alles finanzieren konnten." Es war sie, die „die Einnahmen und Ausgaben im Einklang haben" wollte.

In dieser Textpassage findet sich zunächst der Hinweis auf die finanziell schwierige Situation, die sich aus den hohen Ausgaben des Mannes ergeben hat. Die teuren Hobbys führten dazu, dass Gabriele arbeiten musste, damit sich die Einnahmen und Ausgaben nicht zu sehr auseinanderentwickelten. Auf die Folgen dieser angespannten finanziellen Situation geht Gabriele aber bezeichnenderweise nicht ein, sind sie doch für ihren Begründungszusammenhang nicht entscheidend. Viel wichtiger ist ihr aufzuzeigen, dass ihr Mann die Fähigkeiten vermissen lässt, mit Geld umzugehen, es einzuteilen oder auf etwas zu verzichten, wenn die finanziellen Möglichkeiten grosse Ausgaben nicht erlaubten. Es sind Vorwürfe an den Charakter des Partners, der sich als ungeeignet erweist, basale Anforderungen der Marktgesellschaft zu erfüllen, und dem es an Kompetenzen mangelt, die in der „Welt des Marktes" benötigt werden, um nicht nur ein Aus-, sondern ein Fortkommen zu gewährleisten.

Für Nicole, die bis zur Geburt ihres ersten Kindes im elterlichen Betrieb beschäftigt war, spielt dieses Narrativ vor Gericht die zentrale Rolle. „Mein Mann konnte mit Geld nicht umgehen, konnte nicht einteilen", führt sie im Scheidungsdossier an. Wenn am Ende des Monats noch Geld vorhanden war, „gab er es auch schon wieder aus." Es war nicht möglich, „dass wir etwas auf die Seite legen konnten". Nicole betont, dass es sich dabei nicht um Notwendigkeiten handelte, für die das Geld ausgegeben wurde – ihr Mann benötigte „sehr viel Geld" „für seine Unterhaltung, Ausgang und Alkohol." Es war also nicht sie, die durch Ansprüche die finanzielle Situation des Paares über Gebühr strapazierte. Ja mehr noch, es oblag ihr die Verantwortung sicherzustellen, dass sie „über die Runden kamen", was sie aus ihrer Sicht mit Bravour erledigte: „wir hatten nie Schulden" betont Nicole. Ihr Mann verstand diese aus ihrer Sicht notwendige Einstellung nicht, was zu Problemen führte: „Wenn ich dazu etwas sagte, fühlte er sich beleidigt und unterdrückt. Es gab deswegen immer wieder Streit."

Der Streit über die Art und Weise der Mittelverwendung, die sich in Klagen über mangelnde Eigenschaften des Partners ausdrücken, ist ein Motiv, das sich in mehreren Scheidungsakten wiederfindet. Ein anderer inhaltlicher Aspekt findet sich in der folgenden Äusserung von Stefanie, die bereits zu Wort gekommen ist und insbesondere die mangelnde Unterstützung durch ihren Mann im Bereich der Kindererziehung und des Haushaltes kritisiert.

„Bis vor ca. 8 Monaten hat mir mein Mann kein regelmässiges Haushaltungsgeld gegeben". Erst eine Beschwerde bei seinen Eltern führte dazu, dass sie jeweils zu Beginn des Monats 800 Franken von ihrem Mann bekam.

Bei Stefanie ist die mangelnde finanzielle Unterstützung ein wichtiger Teil des Narrativ des Anspruchs auf Unterstützung. Ihr Mann entzieht sich aus ihrer Perspektive nicht nur seiner Verantwortung für die Familie, sondern kommt auch seiner materiellen Fürsorgepflicht nicht nach und kann die Daseinsvorsorge für seine Frau und Kinder nur unzureichend gewährleisten. Hier wird das normative Bild einer Ehe gezeichnet, in der die traditionelle Arbeitsteilung gilt und der Mann als Hauptverdiener der alleinige Ernährer der Familie sein soll.

„Für mich hatte mein Mann nie Geld", beschreibt Bettina in ähnlichen Worten ihre Situation in der Ehe. „Erst seit etwa vier Jahren bekam ich Fr. 800.- Haushaltungsgeld." Ein Betrag, der aus ihrer Sicht für notwendige Dinge schnell verbraucht war. So musste sie von dem Geld das Futter für die Haustiere kaufen, „das Essen, meine Kleider und meine Freizeitvergnügen". Den Grosseinkauf erledigte ihr Mann – der damit die Schlüsselgewalt über die Haushaltsausgaben und die Art und Weise des Konsums innehatte. Selbst an einem Erbe von mehreren Hunderttausend Franken wurde sie nicht beteiligt. „Soviel ich weiss, hat mein Mann dieses Geld verbraucht."

Hier ist das, was oben als Narrativ der mangelnden Unterstützung formuliert wurde, in dramatischerer Form zu finden. Es geht hier nicht um eine Hilfe im Haushalt, sondern um die finanzielle Absicherung, mitunter um das materielle „Überleben" der Familie, wenn selbst das Geld für eine ausreichende medizinische Versorgung nicht zur Verfügung gestellt wird – wie weiter unten in einem Scheidungsdossier berichtet wird. Der Mann schafft es nicht, die Daseinsvorsorge sicherzustellen und seiner eingeforderten Fürsorgepflicht nachzukommen.

In der Äusserung „All die Jahre erhielt ich von meinem Mann nie Taschengeld oder ein Geschenk. Kleider und Spielsachen musste ich selber bezahlen" schwingt ein Vorwurf mit, der nicht allein ökonomische Überlegungen oder das, was unter finanzieller Nutzenmaximierung verstanden wird, zum Gegenstand hat. Es ist das uneingelöste Versprechen des Mannes, der Ehefrau die Existenz sicherzustellen, das für viele Frauen immer noch eine Norm darstellt. Männern hingegen ist diese Fremdversorgung durch die Ehepartnerin historisch unbekannt (Beck 1986: 185).

Nour, die aus Asien stammt und ihrem Mann in jungen Jahren aufgrund ihrer Schwangerschaft in die Schweiz gefolgt ist, spielen finanzielle Fragen in ihrer Argumentation vor Gericht neben der „Verantwortung für die Familie" die zentrale Rolle. „Wir haben immer finanzielle Probleme", führt sie aus. „Es ist mir auch nicht

möglich, zum Arzt zu gehen, weil ich die Selbstbehalte nicht zahlen kann." Die Verantwortung dafür schreibt Nour ihrem Mann zu. Er „arbeitet nur sehr unregelmässig", wirft sie ihm vor. Der Grund ist für sie aber nicht seine Tätigkeit als selbstständiger Handwerker, sondern seine Faulheit. Auch „offene Rechnungen interessieren
meinen Mann nicht." Sie erhielt, so ihr Vorwurf, „von meinem Mann […] kein
Geld, ich weiss aber auch nicht, was er verdient."

In dieser Äusserung vor Gericht sind beide Narrative vereint: zum einen die
fehlende finanzielle Unterstützung durch ihren Mann, die zu einer mangelnden
Gesundheitsversorgung der Familienmitglieder führt. Zum anderen die Charak-
terschwäche des Partners und seine mangelhafte Einstellung und Motivation, die
ein wirtschaftliches Fortkommen des Paares verhindert. Hier wird der Vorwurf
an den Partner laut, nicht über die Qualitäten zu verfügen, die in der „Welt des
Marktes" wertvoll sind, nämlich „die Möglichkeiten zu erkennen und zu ergreifen, die der Markt […] bietet" (Boltanski/Thévenot 2011: 62). Die Folge ist eine
inakzeptable finanzielle Situation und enttäuschte Erwartungen, die die Ehequalität massiv beeinträchtigen und zu Stress und Streitigkeiten führen.

Das Narrativ der fehlenden finanziellen Unterstützung wird in der diskursiven Praxis um eine inhaltliche Facette erweitert. Im folgenden Ausschnitt wird
die finanzielle Abhängigkeit zu einer totalen persönlichen Unterwerfung.

Auch für Sarah, die aus Afrika stammt, ist die Ehe von finanziellen Spannungen
überschattet. „Wir hatten finanzielle Probleme" klagt sie vor Gericht. Sie brachte
Schulden mit in die Ehe, die zu zahlen sich ihr Mann weigerte. Auch gab er ihr
„kein monatl. Haushaltungsgeld […], kein Taschengeld." So war sie genötigt, ihre
Lebensversicherung zu verkaufen, um lebensnotwendige Rechnungen zu begleichen,
„z. B. meine Krankenkasseprämie und die des Kindes". Sarah beklagt sich vor Gericht, dass ihr Mann mit der Heirat meinte, „ich gehöre jetzt ihm. Das gab Probleme,
wahrscheinlich sah er mich als sein Kind." „Wollte ich Geld um Essen zu kaufen,
musste ich zuerst mit ihm schlafen."

Das Materielle und Finanzielle, das im romantischen Liebesideal dem Ideellen
gegenübersteht, erobert sich hier seinen Platz in den Rechtfertigungsdiskursen.
Seine Präsenz ist insofern erstaunlich, als „finanzielle Probleme" bis auf eine
Studie aus den 1960er Jahren (Levinger 1966: 805) nicht als ein relevanter
Scheidungs- oder Trennungsgrund in den im zweiten Kapitel genannten Unter-
suchungen auftaucht. Beispielsweise sind sie bei Schneider (1990: 463) in der
Rangliste der zwanzig vorgegebenen Trennungsgründe an der achtzehnten Stelle
zu finden. Es scheint, als sei für traditionelle, moralisch-ethische Diskurse das
Finanzielle zur Legitimation der Scheidung moralisch verpönt, während Gewalt,
Trunksucht oder autoritäres Verhalten – das heisst personale und rollenbezogene
Probleme – als legitimere Gründe erachtet werden. Dementsprechend kann die

Präsenz der finanziellen Spannungen als ein Indikator dafür verstanden werden, dass der Umgang mit der Institution der Ehe sehr profan geworden ist und eine utilitaristische Note bekommen hat.

Ein Grund für die hohe Präsenz des Finanziellen liegt auch daran – wie Nave-Herz treffend feststellt –, dass „der letzte Schritt der Eheauflösung nach rationalen Erwägungen getroffen [wird]" (Nave-Herz et al. 1990: 58). Ist der gemeinsame Nomos der Ehe aufgebrochen und keine Beziehung mehr vorhanden, in der nicht „gegengerechnet" wird, kommen „rationale" Gründe ins Spiel. Im Rückblick ändert sich die Ehegeschichte: „Ich war für sie nur gut, wenn sie von mir Geld bekam", steht als Äusserung am Ende des ehelichen Erosionsprozesses.

Indessen hat sich gezeigt, dass die Äusserungen vor Gericht nicht nur finanzielle Probleme verhandeln, auch wenn die diskursive Praxis das Geld in seiner reinen Form zum Inhalt hat. Die Kritik an der finanziellen Situation ist in weitere Narrative eingebunden und erhält dadurch einen anderen Stellenwert. So kann sein, dass das, was früher als „fehlende Unterstützung" genannt wurde oder sich unter dem Begriff der „Trunksucht" verbarg (Schneider 1990: 460f.), heute viel selbstverständlicher als das benannt wird, was es ehemals schon war: die schlechte finanzielle Situation bzw. die Armut der Familie, die nicht hingenommen werden will.

Auch wenn die Scheidung für die Ehegatten in der Regel mit finanziellen Einbussen einhergeht, ist heute die Möglichkeit viel greifbarer, sich finanziell besser zu stellen, sei es durch ein eigenes berufliches Einkommen oder das Eingehen einer neuen Beziehung. Zudem haben Verbesserungen in den staatlichen Versicherungssystemen die finanzielle Situation in der Lebensphase nach der Scheidung zum Teil erheblich verbessert. Im Anschluss an Elias (1986) lässt sich von einer Veränderung der Machtbalance zwischen den Geschlechtern im Zuge familienrechtlicher Reformen sprechen, die insbesondere den finanziellen Spielraum für Frauen vergrössert hat.

„Wenn ich nicht gehorchte, schlug er mich." – Illegitime Gewalt

Für Silvia steckte ihre Ehe schon seit längerer Zeit in einem Prozess des Niedergangs: sie wurde mit der Haus- und Familienarbeit allein gelassen; Frustration wurde zum Hindernis von Sexualität und Intimität. Den endgültigen Entschluss, sich scheiden zu lassen, brachte eine Gewalterfahrung – eine „Ohrfeige".

Simone schildert vor Gericht die Gewalterfahrungen, die sie in ihrer Ehe gemacht hat, wenn sie sich bei ihrem Mann beschwerte: „Wenn ich reklamierte, bekam ich Schläge." Sie weisst auf die Schwere der erlittenen Verletzungen hin: „Einmal hatte ich eine stark blutende Verletzung im Gesicht und musste ins Spital."

In diesen beiden Äusserungen vor Gericht wird die Gewalt als Akt beschrieben, der das Ende der Ehe legitimiert. Sie macht die Toleranzschwelle des gerade noch Erträglichen physisch spürbar. In Silvias diskursiver Praxis ist die „Ohrfeige" durch ihren Mann die Handlung, die ihr Scheidungsansinnen endgültig begründet. Die ansonsten von ihr angesprochenen Probleme in der Ehe hätten in anderen Fällen für sich genommen als Scheidungsgrund ausgereicht. Bei ihr ist es aber die höchst illegitime Gewaltanwendung, die vor Gericht als Rechtfertigung mobilisiert wird. Bei Simone hingegen ist die Gewalt Teil der ehelichen Wirklichkeit. Doch auch bei ihr scheint es einen konkreten Auslöser zu brauchen, ein Ereignis mit dramatischem Charakter, das als besonders erwähnenswert vor Gericht geschildert wird. Gleiches gilt für diesen Fall:

> Für Rosa, Ende Sechzig, „kinderlos", entstanden die Eheprobleme durch den „übermässigen Alkoholkonsum" ihres Mannes. Zudem kam es in den letzten Jahren „zu enormen Spannungen", da das Paar aus gesundheitlichen Gründen „keinen sexuellen Verkehr mehr pflegen" konnte. Rosa berichtet von Tätlichkeiten: „Nach starkem Alkoholkonsum schlug mich mein Mann mehrmals zusammen." In ihrer Rechtfertigung vor Gericht erscheint aber erst eine Gewalterfahrung das Scheidungsansinnen zu begründen, die so aussergewöhnlich intensiv war, „dass ich die Polizei benachrichtigen musste".

Eheliche Gewalt „war jahrhundertelang ein anerkanntes, auch gesetzlich zugelassenes Mittel der Machtausübung seitens des Ehemannes gegenüber seiner Ehefrau." (Nave-Herz 2013: 166) Auch wenn Gewalthandlungen heute in Zweierbeziehungen einen illegitimen Charakter haben (Lenz 2009a: 153), sind insbesondere Frauen von körperlicher (und psychischer) Gewalt in Paarbeziehungen betroffen. Aus zwei Studien, die in der Deutschschweiz und der Romandie durchgeführt wurden, wird ersichtlich, wie verbreitet Gewalterfahrungen in Paarbeziehungen für Frauen sind (Egger/Schär Moser 2008: 7): 1993 wurden Frauen zur häuslichen Gewalt befragt, die zum Zeitpunkt der Erhebung oder in den zwölf Monaten davor in einer Paarbeziehung lebten. Die Studie zeigt, dass rund jede fünfte Befragte im Verlauf ihres Lebens körperliche und/oder sexuelle Gewalt durch einen Partner erfahren hat. Gemäss einer Untersuchung von 2003 erfährt jede zehnte Frau im Laufe ihres Erwachsenenlebens in einer Paarbeziehung körperliche oder sexuelle Gewalt.

„Wir lebten auch schon seit anfangs Jahr wie in einer WG, jeder machte was er wollte." – *Die inkompatible und beziehungslose Ehe*

In den bisher präsentierten Äusserungen wurde bereits die Thematik der mangelnden Interaktion der Ehegatten angesprochen. So ist eine der bereits geschilderten Folgen der Unvereinbarkeit von Beruf und Familie, dass „gemeinsame Unternehmungen auf der Strecke" bleiben und die Ehegatten zwangsläufig „selber Sachen" unternehmen. Es ist aber nicht nur der Beruf, der kollektive Aktivitäten verhindern kann.

> „Zeit hatte mein Mann auch keine für mich, da er sich nur für Sport interessiert", beklagt Bettina vor Gericht. Am Wochenende war ihr Mann „stets an sportlichen Veranstaltungen", selbst die Ferien „verbrachte er allein", um Sportveranstaltungen zu besuchen. Bettina betont, dass er deshalb sogar die Tage nach Weihnachten – ein Anlass mit grosser Bedeutung in der familialen Welt (Boltanski/Thévenot 2007: 242) – nicht mit der Familie verbrachte.
>
> In der Schilderung ihrer Ehe beklagt sich Barbara, Mitte Dreissig, über die Weigerung ihres Mannes, gemeinsame Zeit mit ihr und der Familie zu verbringen. „Mein Mann lebt stark für sein Hobby Musik, am Wochenende gab es oft Auftritte". So blieb ihr nichts anderes übrig, als „viel allein mit den Kindern" zu machen. Auch wenn sie „gern Hausfrau und Mutter" war, wird ihr Anspruch deutlich, in der ehelichen Beziehung ein Gegenüber zu haben und die Ehe nicht alleine zu führen. Versuchte sie einen Schritt auf ihren Mann zuzugehen, etwa wenn sie ihn zu Auftritten begleitete, wurde sie enttäuscht; „manchmal begleitete ich ihn, doch das brachte nicht viel, er hatte dann doch keine Zeit."

Hier ist das strukturierende Element des Narrativs das, was mit dem Begriff der „beziehungslosen Ehe" umschrieben werden kann. Es wird eine Konstellation dargestellt, in der Interaktionen zwischen den Ehegatten selten oder überhaupt nicht mehr vorkommen. Es zeigt sich ein in mehreren Scheidungsdossiers formulierter normativer Anspruch an die Ehe, Zeit gemeinsam zu verbringen und Interessen zu teilen. In diesen beiden Textausschnitten wird das Fehlen einer gemeinsamen ehelichen Praxis als einseitig vollzogener Bruch beschrieben und die Weigerung, gemeinsame und aufeinander bezogene Tätigkeiten durchzuführen, als Aufkündigung der ehelichen Beziehung interpretiert.

> Michael, der sich, wie oben gezeigt, seiner beruflichen Karriere verschrieb und seinen Interessen nachging, stellt seine Ehe, etwa hinsichtlich der „Freizeitgestaltung", als von „verschiedenen Interessen" geprägt dar, die erst mit der Zeit deutlicher „in den Vordergrund [traten]". Hinzu kam eine Weiterbildung, die ihn zeitlich stark belastete. „Meine Frau machte in dieser Zeit, was ihr zusagte. Wir lebten uns daher auseinander."

Für Marco, der mit knapp 20 Jahren seine zukünftige Frau kennenlernte und einige Jahre später heiratete, verlief die Ehe zu Beginn „sicher gut". Das Paar hatte Pläne, wollte Kinder haben und eine Familie gründen. „Mit der Zeit haben wir uns auseinandergelebt", berichtet Marco. Die Hauptursache ist für ihn, dass jeder „für sich" war und das Paar „nichts mehr miteinander gemacht" hat. Versuche, die Ehe zu retten und die Ehegatten wieder zusammen in Beziehung zu bringen, scheiterten. „Wir versuchten miteinander zu sprechen, kamen aber zu keinem Ziel. Wir haben einfach nicht mehr miteinander gesprochen." „Wir merkten, dass es so nicht mehr weitergehen konnte."

In diesen Äusserungen wird kein Vorwurf der einseitigen Aufkündigung der ehelichen Beziehung laut. Vielmehr wird eine Erosion der Ehe geschildert, die das Ergebnis mangelnder Interaktion zu sein scheint. Die Folge ist die mehr oder weniger schleichend ablaufende Desintegration der Ehe; die Mitglieder der Familie bzw. die Ehegatten fungieren nicht mehr als Einheit. Die emotionale und rollenspezifische Wechselbeziehung, die für den Bestand der Ehe mitentscheidend ist, hat hier aufgehört zu wirken (Burgess/Locke 1950: 356, 627).

Tanja, deren Ehebericht als exemplarischer Fall beschrieben wurde, ist hierfür ein Beispiel, wenn sie berichtet, dass „jeder machte, was er wollte" und sie und ihr Mann „wie in einer WG" zusammenlebten.

In ähnlicher Weise argumentiert Katrin vor Gericht: „Statt Liebende wurden wir Freunde und Kollegen. Jeder führte mehr oder weniger sein eigenes Leben." Obwohl das Paar „nie Streit" hatte, „ist uns beiden bewusst geworden, dass wir uns nun scheiden lassen."

Hier hat die Ehe keine Substanz mehr; es fehlt der spezifische Zweck, den eine Ehe bietet. Die Interaktion der Ehegatten hat sich gewandelt und unterscheidet sich für Tanja nicht mehr von einem Zusammenleben unabhängiger Menschen in einer Wohngemeinschaft. Auch Katrin nimmt ihren Mann nicht mehr in der Rolle des Ehemanns wahr, sondern in der eines Freundes und Kollegen. Die Ehe als sozialer Interaktionszusammenhang ist angewiesen auf beide Ehegatten einbeziehende Praktiken; die Ehe als „Zweck"-Kontrakt benötigt ein einigendes Band, das nicht nur das „Materielle" gemeinsamer Unternehmungen beinhaltet, sondern auch „ideelle" Aspekte mit einschliesst, etwa gemeinsame Vorstellungen und geteilte Zukunftsentwürfe.

„Wir sind einfach zu verschieden", berichtet Sabine, Ende Zwanzig, die seit ein paar Jahren verheiratet ist. „Unsere Beziehung klappte nicht. Wir lebten aneinander vorbei." Bereits kurz nach der Heirat wurde ihr klar, dass das Paar über „ziemlich verschiedene Lebensanschauungen" verfügte. Auch die „Gefühlswelt" der beiden Ehegatten beschreibt Sabine als „eine total andere." „Mein Mann ist ziemlich temperamentvoll, aufbrausend, aggressiv", führt sie aus. „Ich bin eigentlich ein eher ruhiger Typ und zufrieden in meiner kleinen Welt." So fehlte „[v]ieles, was für mich wesentlich ist in einer Partnerschaft". Für Sabine war die einzige Lösung die, sich aus ihrer Ehe zu „befreien". „Heute habe ich eine neue Beziehung zu einem anderen Mann. Für unsere Ehe sehe ich keine Chance mehr."

In den Äusserungen Mariannes finden sich Hinweise auf die unterschiedlichen Auffassungen von Ehe wie auch auf die mangelnde Interaktion und das Fehlen gemeinsamer Interessen. Im „ersten Ehejahr haben wir uns gut verstanden", schildert sie den Beginn ihrer Ehe. „Jedoch bald haben wir festgestellt, dass wir unterschiedliche Meinungen und Einstellungen haben, betreff führen einer Ehe." Es waren insbesondere die „verschiedene[n] Vorstellungen über eine Ehe", die zu Konflikten und Problemen führten. „Mein Mann hat eher eine konservative Einstellung, die sich auch bei der Rolle der Frau allgemein äussert, z. B. bezüglich Ausgang, Hobby, Haushalt." Marianne widmete sich mehr ihrem Beruf und ihr Mann „ging auch seinen eigenen Weg. Unserer Ehe ist zerrüttet und wir sehen keine Gemeinsamkeiten mehr."

In diesen zwei Äusserungen wird das beschrieben, was Becker als Problem der unvollständigen Information beschreibt und das für ihn einen der Hauptgründe einer Ehescheidung darstellt (Becker 1991: 327ff.). Die Informationen, die die Ehepartner über den jeweils anderen haben, sind oftmals unvollständig oder werden zu Beginn der Beziehung anders bewertet. Nach der Eheschliessung erhöht sich der Informationsstand über den Partner deutlich und damit das Wissen über potenziell störende Merkmale, die vor der Heirat nicht bekannt sind. Zudem können sich in den ersten Jahren der Ehe die Interessen, Karrieren und Persönlichkeitsmerkmale auseinanderentwickeln (Dyer 1986: 583). In sozialwissenschaftlichen Studien über Scheidungsgründe findet sich diese Problematik an zentraler Stelle wieder: bei Amato und Previti (2003) wird „Inkompatibilität" in fast jedem fünften untersuchten Fall als Scheidungsgrund angeführt. „Auseinandergelebt" nennt fast jeder zehnte Befragte – und ist somit der viertmeist genannte Scheidungsgrund. In der Studie von Bodenmann (et al. 2002: 10) ist der am häufigsten genannte Grund für die Auflösung der Ehe eine unterschiedliche Entwicklung der Partner.

Ist der soziale Interaktionszusammenhang erodiert, die eheliche Praxis brüchig geworden und besteht kein Konsens mehr über die Ziele und Werte der gemeinsamen Beziehung und der Familie, ist ein Prozess in Gang gesetzt bzw. bereits abgeschlossen, der vor Gericht als „Auseinanderleben" beschrieben wird.

„Wir haben uns beide Mühe gegeben, wir hatten immer Respekt voreinander", beschreibt Urs seine Ehe. „Trotzdem haben wir uns immer mehr auseinandergelebt." Ihre Ehe schätzt Elisabeth als „eigentlich ganz normal" ein. Obwohl das Paar „zwar nie gross gestritten" hat, „hatten wir uns [irgendwie] immer mehr auseinandergelebt." Simon zufolge hatte es in seiner Ehe keine „grosse[n] Streitigkeiten" gegeben, „wir setzten uns eher zu wenig auseinander."

Hier wird eine Schwäche der Institution Ehe in der Spätmoderne deutlich: die Art des ehelichen Zusammenlebens in einem Kontext, den Burgess als kamerad-schaftliche Familie beschreibt, ist in höherem Masse vom Verfall bedroht als eine traditionale, patriarchale Ehe, die auf Tradition und sozialem Druck basiert. Fehlen solidarische Interaktionen und sind keine oder wenig gemeinsame Inte-ressen vorhanden, wird der Begründungszusammenhang der Ehe brüchig. Wie im oberen Fall von Urs schreitet dieser Prozess ohne „grosse Streitigkeiten" voran; die Erosion der Ehe geschieht wie bei Katrin ohne „Streit". So wirken die Gründe, die zur Legitimierung der Ehescheidung genannt werden, relativ „ba-nal". Sie weisen aber, vergewissert man sich des Übergangs von der patriarcha-len zur kameradschaftlichen Familie, dennoch auf folgenschwere funktionale Anforderungen an die Ehe hin, die nicht mehr erfüllt werden.

„Sex war für mich ein Fremdwort." – Das Ende der Sexualität

Die Ehe verliert in den Rechtfertigungsdiskursen ihre Basis, wenn keine Interak-tionen sie mehr zusammenhalten, wenn die Eheleute „wie in einer WG" zusam-menleben, keine Interessen mehr teilen und keine Zeit haben oder den Wunsch verspüren, gemeinsam etwas zu unternehmen. Als Interaktion mit der weitaus stärksten Integrationskraft erweist sich in den Scheidungsdossiers die Sexualität. Ihr Ausbleiben wiegt umso schwerer.

> Martin, der seiner Frau, wie bereits gezeigt, vorwirft, ihn mehr in der Rolle eines Vaters als in der Rolle des Ehemanns zu sehen, schildert, wie in der Beziehung von Anfang „an Spontanität im Sexualleben fehlte" und sich dies im Laufe der Zeit auch nicht besserte. Die „Schwierigkeiten im Sexualleben und in der gegenseitigen Zu-wendung" blieben bestehen. Erst in einer neuen Beziehung bekam er statt Vorwür-fen „zu hören, „dass er eine ganz natürliche und positive Einstellung zur Sexualität habe."
> Hans, Anfang Vierzig, mahlt vor Gericht das Bild einer zutiefst zerrütteten Ehe, die vorwiegend aus Beleidigungen und Demütigungen besteht, die zu ertragen er überdrüssig geworden ist. Intimität und Sexualität waren in seiner Beziehung nicht mehr vorhanden: „Sie verweigerte mir den Zungenkuss. Es fand sehr wenig Zärt-lichkeitsaustausch statt", so rechtfertigt er sein Scheidungsbegehren.
> Für Bettina, die vor Gericht über eine mangelnde finanzielle Unterstützung durch ihren Mann klagt und ihm vorwirft, keine Zeit für sie gehabt zu haben, ist Sexualität in ihrer Begründung ein wichtiges Thema. „Ich hatte keine Liebe, keine Wärme und keinen Sex", fällt diesbezüglich ihr Fazit aus. Für sie war Sex „ein Fremdwort."

„Zuerst hatte er Ausreden, dann schlug er mir vor, andere ‚Hilfsmittel' in Anspruch zu nehmen."

Unter den tagtäglichen kleinen und grossen Konflikten erodiert die affektive und sexuelle Beziehung im Verlauf der Ehebiografie. Dieser Verlust wirkt im Sinne einer Abwärtsspirale zurück auf den Alltag, führt zu Frustration und Distanz. Bleibt die Integrationskraft der Sexualität als exklusive Beziehung aus, verliert die Ehe in den Schilderungen vor Gericht ihre Legitimität.

Begreift man – wie es Burkart (1998, 2014) im Anschluss an Bourdieu tut – die Liebesbeziehung bzw. die eheliche Beziehung als eine Erlebens- und Praxisform, als besondere Beziehungs- oder Interaktionsform, die sich von kognitiv-rationalen und diskursiv vermittelten Kooperationspraktiken abhebt und die die vorsprachlichen, nicht-intentionalen und leiblichen Elemente von sozialen Beziehungen betont, wird verständlich, welchen Stellenwert die Sexualität in Beziehungen einnimmt. In der Liebesbeziehung als Praxis kommt es „bei ihrer alltäglichen Reproduktion nicht so sehr auf sprachliche Reflexion oder rationale Argumentation an[...], sondern auf leibliche Kommunikation." (Burkart 2014: 80) Gerade die Sexualität erfüllt diese Funktion, weshalb ihr Ausbleiben solch dramatische Folgen für die Beziehung hat. Die Sexualität wird in der Moderne „zu einem der Brennpunkte" von „Selbstoffenbarungen", die zentral sind für das Vertrauen in persönlichen und insbesondere Liebesbeziehungen, welches in der Moderne nicht mehr durch verwandtschaftliche oder sonstige traditionale Bande vorgegeben ist, sondern „bearbeitet" werden muss (Giddens 1995: 152).

Studien zeigen, dass die Erfüllung sexueller Bedürfnisse für Männer eine zentrale Erwartung an die Ehe darstellt. Für Frauen haben sich die Ansprüche an die sexuelle Partnerbeziehung hingegen im Zeitverlauf verändert: die eheliche Sexualbeziehung wurde von älteren Frauen „als Pflicht für sich selbst und als Recht für den Mann definiert. Sexualität scheint bei ihnen ferner eher die Funktion gehabt zu haben, Zugehörigkeit und Zusammengehörigkeit zum Partner zu beweisen." (Nave-Herz 2013: 151) Die sexuelle Beziehung scheint hingegen für jüngere Frauen „zu einer bewusst gewollten Selbsterfahrung geworden zu sein." (Nave-Herz 2013: 151) Sie beschreiben sich auch im Vergleich zu den älteren Frauen „als sexuell fordernd". „Die Erfüllung sexueller Ansprüche scheint zu einer zentralen Erwartung an den Ehepartner geworden zu sein. Weil die sexuelle Partnerbeziehung diesen jüngeren Frauen sehr wichtig geworden ist, können sie unbefriedigende sexuelle Beziehungen mit dem Ehepartner weniger denn je ertragen." (Nave-Herz 2013: 151)

Die hohe Relevanz der Sexualität für die eheliche Interaktion hat zu Folge, dass ihre „Inkompatibilität" ein ebenso grosses Problem wie ihr Ausbleiben sein kann.

Für Sarah, die, wie oben bereits gezeigt wurde, in einer „totalen" Abhängigkeit von ihrem Mann lebte, ist die Sexualität ein grosser Konfliktbereich. Sie schildert vor Gericht, wie ihr Mann von ihr im „Sexbereich [...] abartige Praktiken" verlangte.

Marlies berichtet, dass ihr Mann „schon immer sexuell sehr aktiv" war, was zu Beginn der Ehe kein Problem darstellte, „am Anfang war ich sehr verliebt und hatte Zeit." Sie fanden in diesem Bereich aber nie zusammen. Ihr Mann wollte eine „Woche vor der Geburt [...] immer noch Sex", was sie ablehnte. Immer mehr Probleme und Konflikte entstanden wegen diesem Thema. „Er wollte und konnte nicht begreifen, dass ich weniger Zeit und Lust hatte." Auch Gewalt spielte in der sexuellen Beziehung eine negative Rolle: einmal „schlug mich mein Mann während dem Geschlechtsverkehr, er drückte mich, dass ich fast nicht atmen konnte, das ging etwa eine Stunde." So verschwand ihre Liebe zu ihm immer mehr.

Es ist in diesen Äusserungen vor Gericht nicht das Ausbleiben von Sexualität, das dramatische Auswirkungen auf die eheliche Beziehung hat. Die Sexualität ist hier eine Praxis, die die Ehegatten mehr trennt als eint.

„Statt Liebende wurden wir Freunde und Kollegen." – *Das Ende der Liebe*

„Mir wurde bewusst, dass ich für meinen Mann keine Liebe mehr empfand", führt Silvia vor Gericht aus. Ihr Mann wurde ihr „wie ein Bruder."

Tanja „fehlte die Harmonie und die Romantik immer mehr." Für sie war ihre Ehe „so alltäglich" geworden. „Ich habe auch gemerkt, dass meine Gefühle für meinen Mann nicht mehr die gleichen waren, er wurde mir irgendwie gleichgültig."

Wenn es in der diskursiven Praxis um „Liebe" oder um „Gefühle" geht, werden von den Scheidungswilligen keine Prozesse der Abwägung beschrieben, wie es bei anderen Themen zum Teil der Fall ist. Dort werden Krisen oftmals mit glücklicheren Zeiten und angenehmen Erlebnissen gegengerechnet – so etwa die eheliche Krise aufgrund der Streitigkeiten um die richtige Kindererziehung mit dem Glück einer „intakten", aus Vater und Mutter bestehenden Familie. Das Ende der Liebe stellt in den Scheidungsakten eine Toleranzschwelle dar, deren Überschreitung niemals relativiert oder mit anderen Abwägungen gegengerechnet wird. Mit dem Ende der Liebe ist das Ende der Ehe besiegelt.

Mit der Gleichsetzung von Liebe und Ehe wird das Ideal der romantischen Ehe mobilisiert, das die persönliche Zuneigung und Liebe als Basis einer frei gewählten Partnerschaft umfasst. Es ist ein „Eheideal, das es den Ehegatten zur

Pflicht macht, einander wie Verliebte zu lieben – oder wenigstens so zu tun."
(Ariès 1984a: 173) Die Ehe verweist legitimerweise auf die Liebe, aus Liebe
folgt heute aber nicht mehr „bindend und motivational zwingend" die Ehe: „Liebe kommt gut ohne Ehe aus" (Tyrell 1988: 155), die Ehe aber nicht ohne die
Liebe. Simmel (1985a: 129) beschreibt bereits zur Jahrhundertwende die Relevanz der Liebe für das Eingehen einer Ehe: „Die Geltung der Einehe, wie sie aus
ökonomischen und sozialen Umständen hervorgegangen ist, hat es überhaupt erst
zu dem spezifischen Gefühl der Liebe und Treue für das Leben kommen lassen;
und nun ist umgekehrt für den einzelnen die Entstehung dieses Gefühls die Ver-
anlassung, eine Ehe zu schließen." Die Liebesbeziehung ist zum Sinnkriterium
der Ehe geworden (Nave-Herz 2013: 146).

Der modernen, auf Liebe gegründeten Ehe kommt es auf Gegenseitigkeit
an; ihr eigentliches Ziel ist „die Gegenliebe" (Simmel 1985b: 251). „Liebe ist
eine ‚Wechselwirkung', sie entwickelt sich in Form von interaktiver Emergenz."
(Burkart 1998: 31) Wenn der Interaktionszusammenhang aufgehört hat, erlischt
die Liebe sehr schnell. Hört die Liebe auf, in der ehelichen Beziehung zu existieren, wird in der retrospektiven Betrachtung die gesamte Ehe in Frage gestellt und
etwa vor Gericht die Klage vorgebracht, „dass meine Frau mich nie geliebt hatte".

> Für Frank sind „die Gefühle" für seine „Frau nicht mehr vorhanden". Zugleich for-
> muliert er den Zweifel, „dass wir gar keine rechte Ehe geführt haben." Auf Grund
> eines persönlichen „Tiefs" wäre er „froh" gewesen, „jemanden zu haben." Ohne die-
> se tiefe emotionale Verbundenheit war, so scheint er es zu meinen, die Ehe nichts
> mehr wert. Frank merkte mit der Zeit, dass er „nicht so leben wollte. Ich wollte ei-
> nen Schlussstrich ziehen."

***„Heute habe ich eine neue Beziehung zu einem anderen Mann. Für unsere
Ehe sehe ich keine Chance mehr." – Eine neue Liebe***

Das Narrativ der neuen Liebe bzw. der neuen Beziehung wird in den Scheidungsakten – wie auch das Narrativ der zwei kollidierenden Sphären – aus zwei
Perspektiven vorgetragen.

> „Letztes Jahr lernte meine Frau einen anderen Mann kennen", berichtet Urs vor Ge-
> richt. „Ich verlangte von meiner Frau, dass sie sich entscheidet, entweder für mich
> oder für den andern Mann." Nachdem Simone erfuhr, dass ihr Mann ein Verhältnis
> zu einer anderen Frau eingegangen war, hatte sie „nun endgültig genug".

Die Erkenntnis, dass der Ehepartner eine neue Beziehung hat, ist gleichbedeutend mit der Aufkündigung der ehelichen Beziehung. Die Exklusivität der Binnenstruktur der Ehe ist nicht mehr gegeben. Der „Ehebruch" ist immer noch
einer der legitimsten Gründe, die Scheidung zu verlangen. Er ist, wie die Gewalt,
oft der konkrete Anlass bzw. das singuläre Ereignis, das die eheliche Sinnwelt
von heute auf morgen zusammenbrechen lässt. Das Vertrauen, das für Beziehungen einen der zentralen Werte darstellt, hat sich verflüchtigt.

Dass der „Ehebruch" eine wichtige legitimierende Rolle in den Scheidungsakten spielt, widerspricht Befunden aus der Scheidungsforschung. Schneider
(1990: 468) fasst seine Ergebnisse wie folgt zusammen: „Untreue im Sinne von
‚Fremdgehen' hat seine lange Zeit dominierende Rolle als Scheidungsursache
weitgehend eingebüßt. Seitensprünge werden zumeist soweit toleriert, wie sich
daraus nicht neue, feste Partnerschaften entwickeln, die dann Anlaß geben, die
alte Partnerschaft zu lösen." In den analysierten Akten finden sich vereinzelte
Hinweise, dass bei ausserehelichen Beziehungen ein „Neustart" versucht wurde.
Der Vertrauensbruch überwiegt aber in der diskursiven Praxis und in den Ehebe-
richten ist dann auch zumeist von einer schnellen und raschen Trennung der Ehe
die Rede, wenn ein „Ehebruch" bekannt wird.

> Sabine berichtet vor Gericht, dass sie „eine neue Beziehung zu einem anderen
> Mann" hat. Für ihre Ehe sieht sie „keine Chance mehr." Simon lernte vor einigen
> Jahren „eine Frau kennen, die meine Interessen eher teilen konnte." Miranda lernte
> vor zwei Jahren „einen Mann kennen", der sie „versteht und der mich glücklich
> macht." Sie hat die gemeinsame Wohnung bereits verlassen und lebt mit ihrem
> „neuen Partner zusammen."

Hier scheint in der Rechtfertigungspraxis die neue Liebe als ein Recht auf einen
Neubeginn formuliert zu sein. Die neue Beziehung bringt Gewinne mit sich, die
zu ergreifen man sich ermächtigt fühlt. Das Ansinnen, seine Ehe scheiden zu
lassen, wird mit einer neuen Beziehung legitimiert, der keine institutionellen
Hindernisse in den Weg gelegt werden dürfen. Das Gericht habe nur noch anzuerkennen, was bereits für den Grossteil der Scheidungswilligen vollzogene Praxis ist: sie leben zum Zeitpunkt der Scheidung bereits in einer neuen Beziehung.
Dies bezeugt auch die grosse Anzahl an wiederverheirateten Personen als neuem
Phänomen der „Umbruchzeit" von Familie und Ehe. Für sie führt der Weg aus
der Ehe direkt „wieder in sie hinein" (Beck 1986: 175).

9 Fazit: Wandel und Kontinuität von Scheidungsdiskursen und ihren normativen Bezügen

Das Ziel der vorliegenden Arbeit war es, einen Beitrag zur Soziologie der Ehescheidung zu leisten, der in einer wissenssoziologischen Perspektive Rechtfertigungsmuster und damit soziale Repräsentationen und Deutungen von Scheidung zum Gegenstand hat. Das Forschungsinteresse galt den typischen subjektiven Begründungen der Scheidung – und damit den Wissensbeständen und Deutungsmustern von Akteuren, wie sie sich in der konkreten diskursiven Praxis in zwei institutionellen Feldern zeigen. Dadurch sollte zum einen gleichsam die Normativität der Ehescheidung in der Spätmoderne sichtbar werden. Zum anderen sollte damit die Forderung der neueren Familiensoziologie Berücksichtigung finden, möglichst „nahe genug" an die Menschen heranzukommen (Huinink 2006: 241) und Trennungsmotive und -ursachen aus einer „Innenperspektive" zu beurteilen (Kopp et al. 2010: 151).

Im folgenden Abschnitt werden die bisherigen Ergebnisse der Diskursanalyse kondensiert präsentiert. In den darauffolgenden zwei Abschnitten werden die normativen Ordnungen präsentiert, die die Akteure in ihrer diskursiven Praxis mobilisieren. Dabei zeigen sich unterschiedliche normative Modelle der Gerechtigkeit. Danach wird der Frage nachgegangen, ob sich in einer historischen Perspektive idealtypischer Weise eine Kontinuität oder ein Wandel der Rechtfertigungen von Scheidung finden lassen. Ein Ausblick mit den Grenzen der Studie schliesst die Arbeit ab.

9.1 Zusammenfassung der bisherigen Ergebnisse

Die *Diskursanalyse der politischen Debatten* im Schweizerischen Parlament hat gezeigt, wie in den 1990er Jahren die Revision des Scheidungsrechts begründet wurde und welche Deutungsfiguren und Narrative die drei herausgearbeiteten Diskurse in den Rechtfertigungen mobilisiert haben.

Für den *„konservativ-etatistischen"* Diskurs ist Ehescheidung ein staatlicher Akt und erschöpft sich nicht in einem privaten Willen. Dem Staat obliegt die Entscheidung, ob eine Ehe als geschieden angesehen werden kann oder nicht.

© Springer Fachmedien Wiesbaden GmbH, ein Teil von Springer Nature 2018
T. Mazzurana, *Über die Rechtfertigung der Scheidung*,
https://doi.org/10.1007/978-3-658-22679-4_9

Die Ehe gilt als schützenswertes Gut, das vom Staat aktiv unterstützt werden muss. Es gibt Grenzen des staatlichen Handelns in Bezug auf den Intimbereich seiner Bürgerinnen und Bürger. Der Staat soll nicht aktiv in die Geschlechterverhältnisse eingreifen. Die Scheidungsbetroffenen sind aktiv eingebunden in die Gestaltung ihrer nachehelichen Zukunft.

Im *„liberalen"* Diskurs begründet der Wille der mündigen Bürgerinnen und Bürger legitimerweise die Ehescheidung, die sie aus zu respektierenden Gründen vollziehen wollen. Der Staat hat eine möglichst zurückhaltende und unsichtbare Rolle einzunehmen und den Privat- und Intimbereich eines Paares zu respektieren; lediglich die Nebenfolgen im Interesse schutzbedürftiger Personen sind von ihm in einem möglichst kostengünstigen Verfahren zu organisieren. Ein aktives Eingreifen in die Beziehung der Geschlechter wird abgelehnt; vielmehr ist die wirtschaftliche Selbstständigkeit insbesondere der Frauen zu verbessern.

Dem *„solidarischen"* Diskurs zufolge muss das Scheidungsrecht im Hinblick auf die Gleichstellung der Geschlechter organisiert sein und die bestehenden Ungleichheiten kompensieren. Dem Staat kommt eine aktive Rolle in der Gestaltung der persönlichen Beziehungen zu; er ist ein massgeblicher Faktor in der Gestaltung der nachehelichen Konstellation, die mit Solidarität verbunden wird. Die Frauen benötigen als schützenswerte Personen im Prozess der Scheidung Beistand und Schutz durch den Staat.

Die *Analyse der diskursiven Rechtfertigungspraxis der Scheidungswilligen vor Gericht* hat deutlich gemacht, welche Gründe und Argumente typischerweise vorgebracht wurden. Als Ergebnis haben sich folgende thematischen Achsen ergeben:

Elterliche Belastungen und familiäre Konflikte, die sich im Zuge der Familiengründung entwickeln, sind das am häufigsten vor Gericht mobilisierte Narrativ. Es sind dabei vor allem die Belastungen und die gestiegenen Anforderungen durch die Kindererziehung, die Streitigkeiten zwischen den Ehepartnern entstehen lassen. Es sind Konflikte um die richtige Art und Weise der Kindererziehung, die zu Streit in der Ehe führen und zu ihrem Niedergang beitragen. Es sind Spannungen zwischen den Kindern und den Eltern bzw. den Kindern und einem Elternteil, die sich nicht mehr durch „Verhandlungen" beseitigen lassen. Alleine das Vorhandensein von Kindern kann zu Rollenveränderungen führen und einen Keil zwischen die Ehegatten treiben, die sich nicht mehr länger als Mann und Frau gegenüberstehen, sondern plötzlich als Vater und Mutter. Es sind die nicht erfüllten, vielleicht nicht zu erfüllenden elterlichen Rollenerwartungen, die die Basis der Ehe erodieren lassen, bis sie so weit geschwächt ist, dass sie auseinanderbricht.

Das Narrativ der isolierten *„Hausfrauenexistenz"* wird ausschliesslich von Frauen verwendet, um ihr Scheidungsbegehren zu rechtfertigen. Die Einschränkungen des persönlichen Fortkommens, die mangelnden Möglichkeiten, sich ausser Haus zu betätigen und beruflich aktiv und erfolgreich zu sein, das Verwiesensein auf den häuslichen Raum – diese Punkte bilden gleichsam die negative Kontrastfolie zu einem Leben, das für diese Frauen nur durch eine Scheidung zu erreichen scheint. Sie wollen sich aus ihrer „Insularexistenz" befreien, in die sie als Mutter gedrängt wurden. Die routinierte Praxis der annähernd angeglichenen Lebensführung, die Frauen und Männer heute vor der Geburt eines Kindes erfahren, stellt gleichsam das Ideal dar, das auch nach der Familiengründung angestrebt wird. Die Rückstellung in der „Kette der Abhängigkeiten" wird als Statusverlust erlebt.

Die *mangelnde Unterstützung* durch den Partner ist ein weiteres Narrativ, das vorwiegend Frauen in ihrer diskursiven Praxis vor Gericht verwenden. Hier werden Ansprüche an den Partner formuliert, sich im Haushalt und der Kindererziehung zu beteiligen, es wird Solidarität in der häuslichen Sphäre eingefordert, an das Verantwortungsgefühl des Gegenübers appelliert und Vertrauen und langfristiges Engagement eingefordert. Ein materieller und vor allem ein idealer Beistand erscheinen so als normativer Bedarf für eine gelingende Ehe, dessen Ausbleiben als legitimer Grund vorgetragen wird, um die Scheidung zu verlangen. Insbesondere der Vorwurf der Distanz gegenüber der Familie ist ein normativ schwerwiegender. Ohne ein geteiltes Bekenntnis zur Familie erlischt die gemeinsame Zukunft.

Um die *Erwerbsarbeit* gruppiert sich ein Narrativ, das die Kompatibilität der Sphäre der Berufswelt mit der intimen Sphäre der Familie und der Ehe zum Gegenstand hat. Die Thematik wird dabei aus zwei Perspektiven verhandelt: insbesondere Männer formulieren in ihrer diskursiven Praxis einen normativen Anspruch, im Beruf erfolgreich sein zu können, den die Partnerin zu akzeptieren und im besten Fall zu unterstützen hat. Die Familie mit ihren langfristigen Zwängen erscheint als Hindernis, das man durch eine Scheidung zu überwinden trachtet. In der entgegengesetzten Perspektive der Frauen erscheinen sie selbst als die „Zurückgelassenen", die es trotz Anstrengungen nicht schaffen, ihr Gegenüber in der Sphäre der Familie zu halten. Die mangelnde und unzureichende Interaktion in der ehelichen und familiären Praxis begünstigt als Folge dieses Auseinanderklaffens die Zerbrechlichkeit der Gefühlsbeziehungen.

Bezieht sich der Anspruch auf Unterstützung insbesondere auf den eingeforderten Beitrag des Partners zum Haushalt und der Kindererziehung und damit auf ein Bekenntnis zur Familie als ideellem Aspekt, nimmt das Narrativ der *finanziellen Spannungen* einen vielmehr materiellen bzw. „finanziellen" Gesichtspunkt in den Blick. Es ist hier der normative Anspruch im Sinne einer Fürsorgepflicht, der in der diskursiven Praxis formuliert wird, ein Anspruch auf finanzielle Sicherheit, die die Ehe als Basisfunktion zu bieten hat. Es geht in den Klagen vor Gericht nicht nur um ein Auskommen, sondern auch um ein Fortkommen, um einen Aufstieg, dessen Ausbleiben mit Enttäuschungen einhergeht.

Häusliche Gewalt ist in den Rechtfertigungsdiskursen in vielen Fällen der Anlass, der den Entschluss, sich scheiden zu lassen, konkret werden lässt. Es ist dabei nicht nur selbsterfahrene Gewalt, die als legitimer Scheidungsgrund genannt wird; auch Gewalt, der andere Familienmitglieder ausgesetzt sind, legitimiert die Auflösung der ehelichen Beziehung. Gewalt ist aber nicht nur konkreter Anlass, sondern als dauerhafte Erfahrung Thema in den Scheidungsakten.

Das Narrativ der *inkompatiblen und beziehungslosen Ehe* wird in unterschiedlichen Schattierungen in den Rechtfertigungsdiskursen vor Gericht mobilisiert. Zum einen werden Vorwürfe an den Ehepartner bzw. die Partnerin formuliert, zu wenig Zeit in die Beziehung zu investieren und anderen Interessen nachzugehen. Es ist hier ein einseitiges Aufkündigen der ehelichen Praxis, das beklagt wird. Zum anderen wird das Auseinanderbrechen des ehelichen Interaktionszusammenhangs als schleichender Prozess beschrieben, den beide Ehegatten nicht imstande sind, aufzuhalten. Beiden Aspekten ist der normative Anspruch gemein, dass die eheliche Beziehung eine andere Qualität haben muss als andere Formen menschlicher Beziehungen, beispielsweise wie eine Freundschaft. Die Ehe als „Zweck"-Kontrakt benötigt die Interaktion als stabilisierendes Element, ebenso eine geteilte Sinnwelt und gemeinsame Zukunftsentwürfe.

Als Interaktion mit weitaus stärkster Integrationskraft erweist sich die *Sexualität*. Mit ihrem Ausbleiben verliert die Ehe ihre vielleicht „letzte" Funktion. Die eheliche Praxis beinhaltet als soziale Norm monogame Sexualität und Intimität. Deshalb wiegt eine „Inkompatibilität" in diesem Bereich so schwer – Sexualität erscheint in den Rechtfertigungsdiskursen gleichsam auch als trennende Praxis.

Das Narrativ der *erloschenen Liebe* stellt in den Scheidungsakten eine Toleranzschwelle dar, deren Überschreitung niemals relativiert wird; hier finden keine Abwägungen und Gegenrechnungen mehr statt. Die Ehe gründet auf der Basis einer emotionalen und affektiven Anziehung, die dauerhaft vorhanden sein soll. Mit dem Ende der Liebe ist das Ende der Ehe besiegelt.

Im Narrativ der *neuen Liebe* wird das Recht auf einen Neubeginn formuliert. Das Ende der Ehe wird mit einer neuen Beziehung legitimiert, der keine institutionellen Hindernisse in den Weg gelegt werden dürfen. Das Gericht habe nur noch anzuerkennen, was bereits für den Grossteil der Scheidungswilligen vollzogene Praxis ist; sie leben zum Zeitpunkt der Scheidung in einer neuen Beziehung. Gleichzeitig ist die aussereheliche Beziehung des Partners wie die

Gewalt oft der konkrete Anlass für die Trennung der Ehe; der „Ehebruch" führt zu einem Vertrauensverlust, der nicht wettzumachen ist.

9.2 Normative Ordnungen im politischen Diskurs im Schweizerischen Parlament

Die vom Bundesrat veröffentlichte *Botschaft* über die Änderung des Schweizerischen Zivilgesetzbuches liefert als Basis der parlamentarischen Debatten wichtige Diskurs-Bestandteile und gibt mit den konkreten Gesetzesvorschlägen die inhaltlichen Dimensionen der Debatten, das heisst die Phänomenstruktur des Diskurses, vor. Sie bezieht sich in ihrer Rechtfertigung und Legitimierung der institutionellen Regulierung von Scheidung auf eine normative Ordnung, die man mit Boltanski und Thévenot als „staatsbürgerliche" und „industrielle" Welt bzw. Rechtfertigungsordnung bezeichnen kann.

Die Botschaft ist als „Materie des Rechts" Teil der „staatsbürgerlichen Welt" und mobilisiert Normen, die dieser immanent sind. Insbesondere die „Legalität" oder „Legitimität" als eine in dieser Welt besonders geschätzte Form der Wertigkeit wird argumentativ ins Feld geführt (Boltanski/Thévenot 2007: 255). Die Revision des Scheidungsrechts wird in der Botschaft als notwendig erachtet, da der im Gesetzestext von 1907 waltende Geist mit seinen legitimierenden Normen in die Krise bzw. in die Kritik geraten ist. Die Realität der gerichtlichen Praxis unterscheidet sich in nicht hinnehmbarer Weise von den Buchstaben des Gesetzes; die Lücke zwischen dem normativen Selbstverständnis der staatlichen Regulierung von Scheidung und der herrschenden Sichtweise, die sich in der Gerichtspraxis auswirkt, ist zu gross geworden.

Die besonderen Scheidungsgründe, die seit dem 19. Jahrhundert als legitim erachtet wurden, um eine Scheidung zu begründen, haben im 20. Jahrhundert an Relevanz verloren. Der eigentlich als Generalklausel gedachte Paragraph der tiefen Zerrüttung als allgemeinem Scheidungsgrund wurde am Ende des 20. Jahrhunderts in fast 99 Prozent der Scheidungsfälle als Begründung herangezogen. Hier bezieht die Botschaft sozialwissenschaftliche und administrative Expertisen in ihre Rechtfertigung der Revision ein und verwendet Statistiken, Tabellen und Studien für die Darstellung – und damit Dinge von Wert aus der industriellen Welt. Es ist insbesondere diese dadurch sichtbar werdende Kluft zwischen dem geschriebenen Recht und der Rechtspraxis, die für die Begründung der Notwendigkeit der Scheidungsrechtsrevision als Argument verwendet wird. Die lange Zeit dominante Konstellation aus Schuldprinzip, restriktiver Scheidungspraxis (auch aufgrund der Demografie) und dem staatlichen Anspruch auf Bewahrung der Ehe ist spröde geworden und hat zu einer Rechtspraxis geführt, die die Bruchlinien deutlich hervortreten lässt.

Die Botschaft bezieht sich ebenso auf die staatsbürgerliche Welt, wenn von „öffentlichem Interesse" und „Öffentlichkeit" die Rede ist. So ist die Scheidung als öffentliche bzw. kollektive Angelegenheit definiert, die nicht von der privaten Meinung Einzelner abhängen darf. Deshalb wird die gerichtliche Ehescheidung nicht in Frage gestellt. Erst ein rechtskräftiges Urteil löst eine Ehe legitimerweise auf. Die definitive Feststellung des Scheiterns einer Ehe sowie die Regelung der Scheidungsfolgen dürfen nicht den Ehegatten alleine überlassen werden, sondern sind Angelegenheit der staatlichen Gerichte als staatliche Repräsentanten. Von öffentlichem Interesse ist auch die „Gleichbehandlung" der Bürgerinnen und Bürger im gesamten Wirkungsbereich des Staates, die nicht aufgrund des Geschlechts, der ethnischen Zugehörigkeit, aber auch des Wohnortes ungleich behandelt werden dürfen. Dass sich in manchen Teilen der Schweiz eine gerichtliche Scheidungspraxis entwickelt hat, die nicht dem Wortlaut des Gesetzes entspricht, ist nicht hinnehmbar.

In der staatsbürgerlichen Welt sind die Handlungen der Menschen von Wert, wenn sie sich „am *kollektiven Handeln* beteiligen, welches dem Verhalten der Individuen einen Sinn und eine Rechtfertigung verleiht" (Boltanski/Thévenot 2007: 254). Eine solche Konzeption des Akteurs als Scheidungsbetroffenem findet sich in der Botschaft wieder: indem das Scheidungsrecht verschuldensunabhängig – und in diesem Sinne als „amoralisch" – gestaltet werden soll, soll es die Verständigung der Ehegatten über ihre Scheidung fördern. Den Scheidungsprozess darf nicht ihr individueller Wille steuern, vielmehr soll die kollektive Zukunft der nachehelichen Interaktionen den Fluchtpunkt der Handlungen bilden. Hier wird eine Deutungsfigur erkennbar, die die von Scheidung Betroffenen als verständnisvolle, die konfliktfreie Zukunft als Vater und Mutter im Blick habende und rational und emotionslos den Scheidungsprozess durchschreitende Menschen betrachtet. Dass Individuen dazu in der Lage sein sollen, zeigt wiederum der Rekurs auf Daten und Statistiken: in über 90 Prozent der Fälle sind die Ehegatten im Laufe des Prozesses mit der Scheidung einverstanden, womit sich die „Konventionalscheidung" in der Schweiz entgegen dem Wortlaut des Gesetzes bereits eingebürgert hat.

Ein zentrales Narrativ der Botschaft sind die Grenzen des staatlichen Einflusses auf die familialen Lebensbereiche. Der Staat zieht sich aus seiner Funktion als Bewahrer der Familie und Ehe zurück und akzeptiert seine Grenzen. Scheidungen können nicht verhindert werden; der Staat kann nur noch die Folgen der Scheidung im Interesse vor allem der Schwächeren gestalten. Rechtliche Vorschriften werden als untauglich erachtet, persönliche und dauerhafte Sozialbeziehungen konstruktiv zu gestalten. Die Scheidung als Institut der Auflösung der Ehe soll den Prozess der Trennung funktional und fair abschliessen. Die Wertigkeit erhält die Scheidung durch die Norm der Effizienz, die mit der „Grösse" der Seriosität verbunden wird. Indem die Scheidung als effizientes Verfahren entworfen wird, verweist die Botschaft auf die industrielle Welt, in der „Wertigkeit auf Effizienz" (Boltanski/Thévenot 2011: 62) gründet.

In den Deutungsmustern der analysierten *Diskurse im Schweizerischen Parlament* werden weitere normative Bezüge sichtbar. Diese sind insbesondere von Interesse, als das Scheidungsrecht als „Materie des Rechts" grundsätzlich einer staatsbürgerlichen Rechtfertigungsnorm unterliegt. Während insbesondere der „konservativ-etatistische" Diskurs die Deutungsmuster der Botschaft aufnimmt, findet sich im „liberalen" Diskurs eine Bezugnahme auf eine davon abweichende normative Struktur aus der Welt des Marktes. Der „solidarische" Diskurs argumentiert ebenso wie der „konservativ-etatistische" Diskurs hinsichtlich normativer Werte aus der staatsbürgerlichen Welt, bezieht seine Werte der Rechtfertigung aber ebenso „ex negativo" aus der familiären Welt mit ihren persönlichen Abhängigkeiten und traditionalen Geschlechterrollen.

Der erste, als *„konservativ-egalitaristisch"* bezeichnete Diskurs ist – wie die Botschaft – insbesondere an einem rechtsstaatlichen Narrativ orientiert, das seine Grösse im Sinne der staatsbürgerlichen Welt aus einem kollektiven Willen bezieht und „die Solidarität und die Rechte und die Gleichheit der Menschen betont, weil sie Teil eines aufgeklärten, bürgerlichen Kollektivs sind" (Diaz-Bone 2015: 146). In diesem Diskurs muss die Scheidung ein staatlicher Akt sein und darf sich nicht allein aus dem Willen bzw. dem Ermessen der scheidungswilligen Personen ergeben. Dem Staat obliegt legitimerweise die Entscheidung, ob eine Ehe als geschieden angesehen werden kann oder nicht. Sie ist als Hoheitsakt keine Privatsache, sondern vielmehr ein kollektives Gut, das nicht nur individuellen, sondern auch gemeinschaftlichen Nutzen stiftet. Auch wenn die Ehe als schützenswertes Gut gilt, das vom Staat aktiv unterstützt werden muss, kann durch aktives Eingreifen des Staates eine Scheidung nicht länger verhindert werden. Hier wird der Wert der Effizienz aus der industriellen Welt mobilisiert, der auf ein effizientes und seriöses Verfahren abstellt. Die Scheidung muss aufrichtig und ernsthaft abgehandelt werden, womit entsprechende Verfahren gemeint sind, die ein voreiliges und unüberlegtes Auseinandergehen der Eheleute verhindern sollen. Der Scheidungsprozess ist in einer Geschlechterperspektive ein neutrales Ereignis und kann Ungerechtigkeiten und Ungleichheiten, die bereits in oder vor der Ehe bestanden haben, nicht ausgleichen.

Der *„liberale"* Diskurs mobilisiert insbesondere ein Rechtfertigungsnarrativ, das sich im politischen Feld um Individualität, Menschenrechte, Privateigentum und

Vertragsfreiheit gruppiert (Lehner 2015: 33). Die normative Ordnung entstammt der „Welt des Marktes", die auf der Grundlage des Individualismus basiert; Würde kommt einer Person zu, „die ganz der Befriedigung ihrer egoistischen Neigungen ergeben ist" (Boltanski/Thévenot 2007: 270). Die Welt beinhaltet „die moderne Figur des aus den Ketten der Abhängigkeit befreiten und von drückenden Hierarchien entlasteten Individuums" (Boltanski/Thévenot 2007: 270).

Im „liberalen" Diskurs wird der mündige und verantwortungsbewusste, rational handelnde Mensch als Figur bemüht, der keiner Belehrung und Führung durch den Staat bedarf, um sich für eine so weitreichende Handlung wie die Scheidung zu entscheiden. Dem Staat kommt in diesem Diskurs die Rolle eines zurückhaltenden Verwalters zu, der lediglich einzelne Auswirkungen der Scheidung beaufsichtigen soll. Er hat nicht die Legitimität, über die Auflösung der Ehe zu bestimmen; der Wille der Einzelnen ist dafür ausreichend. Hier zeigt sich das, was als Zuspitzung der Formel „vom Status zum Kontrakt" betrachtet werden kann. Der Eintritt eines Individuums qua freier Willensbekundung in eine Ehe beinhaltet konsequenterweise die Möglichkeit des individuellen Widerrufs dieser freiwilligen Verbindung.

Die Charakterisierung einer Welt, in der „das Handeln der Individuen durch deren *Wünsche* motiviert" ist, „enthält in sich schon das Koordinationsprinzip, die *Konkurrenz*, das in den im Verlauf einer Prüfung vorgebrachten Rechtfertigungen explizit werden kann." (Boltanski/Thévenot 2007: 267f.) Mit der Scheidung sind die Geschiedenen tatsächlich Geschiedene. Die Solidarität zwischen den Ehepartnern erlischt mit dem rechtskräftigen Urteil des Gerichts. Mit Ausnahme von das Kindeswohl betreffenden Fragen, werden fortbestehende Abhängigkeiten zwischen den Eheleuten als unverhältnismässiger Eingriff in das Privatleben abgelehnt.

Das Scheidungsverfahren soll so ökonomisch wie möglich organisiert werden. Jede staatliche Massnahme, die den Prozess der Scheidung unnötig in die Länge zieht, wird abgelehnt. Es wird hier weniger auf den Wert der Effizienz Bezug genommen, als vielmehr auf ein monetär „günstiges" Verfahren. Der „Marktwert" der unterschiedlichen Konzepte der institutionellen Regulierung der Scheidung ist der Wertmassstab.

Der „liberale" Diskurs mobilisiert neben dem liberalen ein feministisches Rechtfertigungsnarrativ, das „egalitaristisch-emanzipatorisch" dominiert ist. Die Anerkennung der Frauen als gleichberechtigte Subjekte spielt in der diskursiven Praxis eine wichtige Rolle. Vorrangiges Ziel ist eine bessere wirtschaftliche Stellung der Frauen, die damit nicht mehr auf die ehemaligen Partner angewiesen sind. Die Individualisierung der „sozialen Frage" der nachehelichen Solidarität bringt eine Verschiebung mit sich zu einem „kognitiven Format" der marktweltlichen Ordnung. Diese Form der feministischen Kritik hat – wie es Thévenot

(2011: 272) in anderem Zusammenhang beschrieben hat – die hierarchische Wertigkeitsordnung der häuslichen Welt zur Zielscheibe und kritisiert sie als paternalistisch, weil sie eine Form der Unterstützung gewährt, die die Empfängerinnen passiv werden lässt. Die Figur der ungebundenen, geschiedenen und erfolgreichen bzw. erfolgreich-sein-wollenden Frau ist hier der normative Fluchtpunkt; ihre Konkurrenzfähigkeit nach der Scheidung ist der Wertmassstab der nachehelichen Solidarität.

Der „*solidarische*" Diskurs mobilisiert ebenso wie der „konservativ-etatistische" Diskurs seine normative Struktur aus der staatsbürgerlichen Welt, wenn auf die Gleichheit der Geschlechter Bezug genommen wird. Frauen sind hier gleichberechtigte Bürgerinnen; der normative Gerechtigkeitssinn der staatsbürgerlichen Welt „unterstellt, dass Personen und Dinge erfasst werden können in einer kategorialen Allgemeinheit, die gleichen Umgang mit allen garantiert." (Thévenot 2011: 272) Der „solidarische" Diskurs bezieht seine Werte der Rechtfertigung aber auch „ex negativo" aus der familiären Welt mit ihren persönlichen Verpflichtungen und traditionalen Geschlechterrollen. Die persönlichen Abhängigkeiten, auf denen die häusliche Welt basiert, werden gleichsam durch die staatsbürgerliche Wertigkeit konterkariert (Boltanski/Thévenot 2011: 60). Zudem verknüpft der „solidarische" Diskurs gleichsam ein feministisches Rechtfertigungsnarrativ, wenn er an der binären Geschlechterdifferenz ansetzt, mit einem egalitaristischen Rechtfertigungsnarrativ, wenn Macht- und Herrschaftsverhältnisse die Äusserungen in der diskursiven Praxis leiten (Lehner 2015: 34).

Einem „Solidaritätssinn" entsprechend ist die dominante Sichtweise des Diskurses die Frage nach den geschlechtsspezifischen Auswirkungen der Scheidung. Es gibt aus dieser Perspektive eine Diskrepanz zwischen den Intentionen des Scheidungsrechts und der gesellschaftlichen Realität. Zwar geht das neue Scheidungsrecht von einem Ehekonzept aus, das egalitär und partnerschaftlich ist – hier spielt das neue Eherecht aus dem Jahr 1988 eine wichtige Rolle. Bei der Mehrzahl der Ehen findet sich eine solche partnerschaftliche Aufteilung der Aufgaben und Lasten jedoch nicht; vielmehr werden von Männern „Partikularinteressen" (Boltanski/Thévenot 2011: 60) vertreten. Es ist deshalb die Funktion des Staates, den Frauen als den „Schwächeren" im Scheidungsprozess zur Seite zu stehen und die Ungleichheiten, die sich aus der traditionalen Welt des Hauses ergeben, so weit wie möglich zu reduzieren. Hier sind „Regeln, Gesetze und Verfahren" (Boltanski/Thévenot 2011: 61) als relevante Gegenstände von Wert, wenn sie diesem Ansinnen zur Umsetzung verhelfen. Dem Staat wird mit feministischen Argumenten eine Wirkmächtigkeit unterstellt und eine aktive Gestaltung der nachehelichen Geschlechterbeziehungen gefordert. Insofern mobilisiert dieser Diskurs einen als „staatspaternalistisch" zu bezeichnenden Feminismus.

9.3 Normative Ordnungen in der diskursiven Rechtfertigungspraxis vor Gericht

In der Situation vor Gericht werden von den Scheidungswilligen Argumente vorgebracht, die die Auflösung der Ehe legitimieren sollen. Dabei greifen sie im Sinne des „Imperativs zur Rechtfertigung" auf vorhandene moralische Rechtfertigungsordnungen zurück, mobilisieren Deutungsmuster, klassifizieren Sachverhalte, Handlungen und Personen und präsentieren dabei eine Vorstellung der idealen sozialen Welt. In den analysierten Akten nehmen die Akteure in ihrer diskursiven Praxis typischerweise auf drei normative Ordnungen Bezug – als normative Modelle der Gerechtigkeit, als „Kollektiverwartung" daran, was das Eheleben sein soll.

Eine erste normative Ordnung lässt sich mit dem in Verbindung bringen, was Boltanski und Thévenot als „*Welt der Familie*" oder als „häusliche Welt" beschrieben haben. Diese Welt ist gekennzeichnet durch den Rekurs auf Tradition, Verbindlichkeit, Verantwortungsgefühl, Vertrauen, Treue, Diskretion, Gewohnheit, Ehrgefühl, gute Manieren, Freundschaftsdienste, Reproduktion, Erbe (Bogusz 2010: 53). In der diskursiven Praxis nehmen die Akteure in vielerlei Hinsicht Bezug auf diese Werte. Als gerecht erscheint es, eine ideelle und materielle Unterstützung im Haushalt und in den familiären Angelegenheiten durch den Partner bzw. die Partnerin zu erhalten. In der häuslichen Welt „haben die wahrhaft Großen *Pflichten* (‚mehr noch als *Rechte*') gegenüber ihrer *Umgebung* und insbesondere gegenüber jenen, die zu ihnen gehören und für die sie folglich *Verantwortung* tragen." (Boltanski/Thévenot 2007: 237) Es ist ein langfristiges Engagement und ein verbindliches Bekenntnis, das gegenüber der Familie, aber auch gegenüber der eigenen Person, eingefordert wird; es wird an das Verantwortungsgefühl des Partners appelliert, daran „aufrichtig und loyal zu sein" (Boltanski/Thévenot 2011: 59). Es sind Ansprüche, die im Sinne eines „Status"-Kontrakts den Partner bzw. die Partnerin „mit Leib und Seele" in die Pflicht nehmen sollen. Insbesondere der Vorwurf der Distanz gegenüber der Familie wiegt in den Rechtfertigungen schwer. Es ist aber auch eine materielle Absicherung, die eingefordert wird, ein Anspruch auf finanzielle Sicherheit, die die Ehe als Basisfunktion zu bieten hat. Vor allem Frauen formulieren hohe Ansprüche an den Partner, der – wenn er schon in der „Hierarchie" des Hauses höher steht – seine traditionellen Aufgaben zu erfüllen und für die Daseinsvorsorge der Familie zu sorgen hat. Hier zeigt sich ein immer noch sehr stark „konservatives" Denken, das in seinem Bezug auf die Kategorien der Welt des Hauses seinen Ausdruck findet. In der diskursiven Praxis wird postuliert: der Mann ist der (alleinige) Hauptverdiener und ihm kommt die Hauptunterhaltpflicht zu. Es zeigt sich an dieser Stelle, wie gerade in Zeiten der spätmodernen Auflösung und Umwälzung von Ehe, immer noch „konservative" Ehemodelle bemüht werden. Aber auch von Männern wird gegenüber der Frau eine Fürsorgepflicht eingefordert, eine matrimoniale Unterhaltspflicht, die sich auf die richtige Art und Weise der Erziehung der Kinder bezieht oder auf die Erledigung der traditionell der Frau zukommenden häuslichen Tätigkeiten.

In der diskursiven Praxis wird auch ein Anspruch auf Ehe und Familie im Sinne einer „interaktionsorientierten" Beziehung formuliert, auf eine Beziehung „von Angesicht zu Angesicht" (Boltanski/Thévenot 2011: 59). Die Vorwürfe an den Ehepartner, zu wenig Zeit in die Beziehung zu investieren, werden als einseitiges Aufkündigen der ehelichen Praxis interpretiert. Es wird nicht akzeptiert, wenn der Partner auf Interaktionen bewusst verzichtet, etwa weil er eigenen Interessen nachgeht oder den beruflichen Erfolg höher bewertet als die gemeinsam verbrachte Zeit; es wird diesbezüglich ein „Verzicht auf jeglichen *Egoismus*" (Boltanski/Thévenot 2007: 237) verlangt.

In der Rechtfertigungspraxis beziehen sich die Akteure auf eine weitere normative Ordnung, die ihre Werte aus der *„Welt des Marktes"* gewinnt. In den Klagen über ihre isolierte „Hausfrauenexistenz" bezeugen Frauen ihren Willen, sich in der beruflichen Sphäre behaupten zu können und in „Wettbewerb" (Boltanski/ Thévenot 2011: 62) mit anderen Menschen treten zu wollen. Eine „Insularexistenz" besitzt keine Würde, da sie einer Figur entspricht, die in den „Ketten der Abhängigkeit" der häuslichen Welt gefangen ist. Die Frauen wollen sich eben aus diesen Ketten befreien und sich als Individuum „von drückenden Hierarchien" (Boltanski/Thévenot 2007: 270) emanzipieren. Die öffentliche Sphäre der Konkurrenz ist Fluchtpunkt aus der häuslichen Sphäre mit ihren Hierarchien, Abhängigkeiten und Verbindlichkeiten, mit ihrer Tradition und den eingespielten Gewohnheiten und Routinen – die so als negative Normen erscheinen.

Männer formulieren vor Gericht dieselben Ansprüche auf Unabhängigkeit und beruflichen und wirtschaftlichen Erfolg in der öffentlichen Sphäre – jedoch aus einer anderen Position: sie haben bereits Anteil daran; ihre Sorge ist vielmehr, durch die ehelichen und familiären Verpflichtungen und die mangelnde emotionale Unterstützung an die private Sphäre gebunden zu sein. Sie wehren sich etwa gegen beanspruchende Vaterbilder, die ihre Frauen ihnen gegenüber formulieren. Sie drücken ohne Scham ihren „Egoismus" aus, ihr „ruhige[s] Verlangen nach Reichtum" (Boltanski/Thévenot 2011: 61). Es ist gerecht, sich dem Beruf zu widmen, um die Gewinne aus den Investitionen in die Ausbildung und das Studium zu lukrieren. Erfolg ist in der „Welt des Marktes" eine normative Grösse. Die „Welt des Marktes" wird in einem Punkt mit der „Welt des Hauses" verbunden, wenn die Männer ihren „egoistischen" Antrieb damit begründen, als

Ernährer für die Frau da zu sein bzw. sich um sie kümmern zu müssen. Sie kombinieren den Anspruch auf beruflichen Erfolg mit Rekurs auf den „Respekt für Traditionen", in diesem Fall auf die traditionale Rollenaufteilung, die dem Mann die öffentliche Sphäre des Berufs und des öffentlichen wirtschaftlichen Erfolgs zuweist und die Frau im Schatten der „Insularexistenz" belässt.

In der diskursiven Praxis der Scheidungswilligen finden sich zudem Verweise auf Normen, die aus der Welt stammen, die Boltanski und Chiapello als *„projektbasierte Welt"* beschreiben. Darin ist es von Wert, aktiv zu sein und *„Projekte* ins Leben zu rufen oder sich den von anderen initiierten Projekten anzuschließen." (Boltanski/Chiapello 2006: 156) Der Anspruch auf eine neue Beziehung ist in der normativen Struktur dieser „konnektionistischen Welt" (Boltanski 2007b) ein legitimer Grund, sich vom alten „Projekt" zu trennen bzw. sich aus dem bestehenden „Netz" auszugliedern. Die neue Beziehung geht einher mit neuen Erfahrungen, anderen Interessen und neuen Beziehungsnetzen. So werden vor Gericht von den Scheidungswilligen die Vorzüge der neuen Beziehung im Sinne einer „aufregenden Prüfung" (Boltanski 2007b) beschrieben: geteilte Interessen, Verständnis, sexuelle Kompatibilität – endlich entspricht das Leben dem, was man sich davon erhofft hat. In den Schilderungen erscheint die Scheidung nur noch als bürokratischer Akt, um die alte Beziehung zu beenden; sie ist nur mehr der mehr oder weniger gelungene Abschluss des alten Projektes. Die Einsicht in die begrenzte Dauer persönlicher Beziehungen schwächt die Institution der Ehe per se. Die dauerhafte Ehe ist hier negativ als Stillstand markiert; sie ist mit den Werten der „projektbasierten Welt" wie lebenslangem Lernen, Mobilität, Risikobereitschaft oder der Vielfalt der verfolgten Projekte (Schultheis 2005: 580) nicht kompatibel. „Die leidenschaftliche Liebe kennt keine Dauer; die eheliche Liebe, die man ihr angeglichen hat, ist auch nicht mehr von Dauer", schreibt Ariès (1984a: 174). „Die Scheidung kann daher nicht als das Mittel gelten, mit dem man einen Irrtum korrigiert; sie bezeichnet das reguläre Ende eines Gefühls, das weder andauern kann noch soll und das dem nächsten Erlebnis Platz machen muß." (Ariès 1984a: 174)

9.4 Wandel und Kontinuität von Rechtfertigungen der Scheidung

Der *historische Rückblick* im dritten Kapitel zeigt, wie im 19. Jahrhundert eine normative Ordnung entstanden ist, die mit der zivilrechtlichen Trauung den Staat zur legitimierenden Instanz der Ehe gemacht hat. Der neu entstandene säkular orientierte Nationalstaat gewann die „Verfügungsmacht" über die Scheidung und setzte sein Modell insbesondere gegen das kirchliche Verständnis der Ehe durch. Aufbauen konnte er dabei auf der sich im Zuge der Aufklärung entwickelnden „Verweltlichung" von Ehe und Familie, die die Weltdeutungskompetenz der Kirche in Frage stellte und das Eherecht aus dem kanonischen Recht löste, bis schliesslich die Zivilehe als Standard in den Rechtssystemen der meisten westlichen Staaten implementiert war. Die Säkularisierung des Ehe- und Scheidungsrechts wurde im Zuge der plural gewordenen Vorstellungen der Struktur und Funktion der Familie konflikthaft vorangetrieben. Es zeigten sich dabei im Feld der institutionellen Regulierung von Familie, Ehe und ihrer Auflösung die grossen ideologischen Konfliktlinien zwischen „progressiv-liberalen" und „konservativen" Weltansichten.

In der Schweiz wurde im Jahr 1874 erstmalig das Ehe- und Scheidungsrecht im Bundesgesetz gesamtschweizerisch geregelt. Nachdem im Sinne der Aufklärung eine Art „einvernehmliche Scheidung" eingeführt und das Scheidungsrecht diesbezüglich liberalisiert wurde, fand das Verschuldensprinzip im Eherecht von 1907 wieder verstärkt Eingang. Die Klärung der Schuldfrage war dabei im Scheidungsprozess die zentrale Aufgabe des Gerichts als Repräsentant des Staates. Das Eherecht von 1907 bestand bis zum Ende des 20. Jahrhunderts fort. Die Ehe blieb, trotz der gesetzlichen Abschwächung des Prinzips der Unauflöslichkeit und der Möglichkeit, sich wiederzuverheiraten, in „ihrem gesetzlichen Zwangsgefüge" eingesperrt und verschloss sich dem Vorhaben, sie „wieder dem privaten Belieben anheimzustellen". Die Ehe ist auch am Ende des 20. Jahrhundert „ein öffentlicher Akt." (Ariès 1984b: 195)

Die untersuchten politischen Diskurse sind von einer Kontinuität der normativen Strukturen geprägt, die sich bis ins 19. Jahrhundert zurückverfolgen lässt. Zwar führt das Zurückdrängen der Schuldfrage zu einer Liberalisierung der Scheidung; der Weg wird aber nur zögerlich und kritisch kommentierend beschritten, insbesondere im „konservativ-etatistischen" und im „solidarischen" Diskurs.

Die Revision des Scheidungsrechts mit seinen normativen Bezügen ist hier einem defensiven „Nachvollziehen" der ehelichen und gerichtlichen Praxis geschuldet. Nachdem der Gesetzgeber mit dem Scheidungsrecht von 1907 eine – von vielen Kommentatorinnen und Kommentatoren so eingeschätzte – progressive Grundhaltung vertreten hat und der „Geist der Gesetze" in gewisser Weise den Moralstrukturen gegenüber fortschrittlich war, wird mit der Revision des Scheidungsrechts am Ende des 20. Jahrhunderts nur vollzogen, was bereits gelebte Norm zu sein scheint.

Der „konservativ-etatistische" Diskurs der Scheidung schliesst an den Geist des Gesetzes von 1907 an, wenn er die Ehe und ihre Auflösung als öffentlicher Akt von kollektivem Interesse definiert. Der Staat hat die Legitimität über die

Entscheidung inne, ob eine Ehe getrennt werden kann oder nicht. Der Diskurs greift auf „konservative" Auffassungen der Ehe aus dem 19. Jahrhundert zurück, wenn er die Familie als „Keimzelle der Gesellschaft" definiert und die Ehe damit als schützenswertes Gut entwirft. Insofern stellt dieser Diskurs eine Kontinuität dar, die aus der im 19. Jahrhundert erfolgten (zwangsweisen) Verbindung der „konservativen" Auffassung von Ehe mit der staatsbürgerlichen Welt-Sicht auf die Ehe als kollektiv nützlicher Institution, resultiert.

Der *„liberale"* Diskurs kann hier als historischer Widersacher des „konservativ-etatistischen" Diskurses verstanden werden. Er rückt die Ehe und ihre Auflösung in die Nähe eines privatrechtlichen Vertrages, wenn der Wille des Einzelnen die Scheidung legitimieren soll. Der Staat wird als möglichst passiv definiert. Auch wenn der Diskurs an frühaufklärerische Rechtsgelehrte anschliesst, die bereits im 17. Jahrhundert die Ehe als Vertrag definierten und auf dieser Grundlage eine Lockerung des Scheidungsrechts verlangten (Gestrich et al. 2003: 376), kommt ihm im Zuge der spätmodernen Umgestaltung des Lebens mit seiner Betonung „individueller" Werte eine noch grössere Plausibilität zu.

Auch der *„solidarische"* Diskurs ist in gewisser Weise eine Fortsetzung „nationalstaatlicher" und „egalitaristischer" Rechtfertigungsnormen, wenn er die aktive Rolle des Staates einfordert. Selbst wenn er die Frage des Geschlechterverhältnisses thematisiert – und insofern ein feministisches Rechtfertigungsnarrativ mobilisiert – bleiben Normen der „staatsbürgerlichen" Welt mit der starken Rolle des Staates bestimmend. Die feministische Grundhaltung ist hier paternalistisch orientiert.

Im dritten Kapitel wurde in einem historischen Rückblick gezeigt, welche *Rechtfertigungen der Scheidung* – oder zumindest des Ansinnens auf Trennung von „Bett und Tisch" – in der abendländischen Geschichte bis zum beginnenden 20. Jahrhundert in „authentischen" Stimmen vor Gericht sichtbar werden. Vergleicht man die im achten Kapitel vorgebrachten Rechtfertigungen der Scheidung mit den an der Wende vom 19. zum 20. Jahrhundert vor Gericht mobilisierten Gründen, zeigt sich auch hier auf den ersten Blick ein Rechtfertigungszusammenhang von Scheidung, der von Kontinuität geprägt ist. Es scheint, als hätte sich in den letzten hundert Jahren wenig in der Begründungspraxis geändert.

So war bereits die Erwerbsarbeit in ihren verschiedenen Facetten eine äusserst relevante Thematik vor Gericht. Ebenso wurde Gewalt als „normfremder Faktor" angeführt. Auch Kinder spielten in unterschiedlicher Weise eine wichtige Rolle: sie waren ein „eheerhaltendes Element"; sie waren Ausgangspunkt von Streitigkeiten zwischen den Ehepartnern, die sich aus Meinungsverschiedenheiten über die richtige Art der Kindererziehung, insbesondere der religiösen, ergaben; sie waren Gegenstand von Pflichten, die die Ehegatten zu erfüllen hatten.

Darüber hinaus wurden mangelnde charakterliche Eigenschaften des Ehepartners vor Gericht vorgebracht, um ein Scheidungsbegehren zu legitimieren. Es ging dabei um fehlende Wahrheitsliebe, moralische Defekte oder die Neigung zu Krankheiten; auch Eifersucht spielte eine grosse Rolle. Eine bedeutsame Relevanz für die Rechtfertigung der Scheidung spielte der Ehebruch sowie das Erlöschen der Liebe.

So zeigt sich zunächst eine Kontinuität der thematischen Achsen und Begründungen, die vor Gericht ins Feld geführt wurden, die eine „Ordnung" widerspiegeln, die sich mit der Industrialisierung herausgebildet hat und die die moderne Lebenswelt entstehen liess, die heute immer noch wirksam ist, auch wenn es zu „Umbrüchen" in der nun als spätmoderne verstandenen Gesellschaft gekommen ist. So haben sich etwa die diskursiven Bezüge auf die Normen der „Welt der Familie" kaum gewandelt.

Neu sind Bezüge zu Normen der „projektbasierten" Welt, die als gemeinsames Merkmal aufweisen, dass der „Zwang" zur umfassenden Legitimierung der Scheidung in gleichem Masse wie die normative Monopolstellung der Ehe erodiert ist. Die Scheidung erscheint als selbstverständlicher Übergang von einer Beziehung zur nächsten, der keiner grossen Legitimation bedarf. Hier zeigt sich deutlich, was Rüdiger Peuckert als Übergang von der partnerschaftlichen zur individualisierten Beziehung beschrieben hat: „Die partnerschaftliche Ehe hat als kulturelles Ideal an Gewicht verloren zugunsten der individualisierten Ehe/Partnerschaft mit ihrer besonderen Betonung der persönlichen Wahl und Selbstverwirklichung." (Peuckert 2012: 76)

Als thematische Achsen, die sich im Vergleich der Spätmoderne zur Moderne in den Diskursen als neuartig erweisen, ist der vielfache Bezug auf gemeinsame Interessen zu nennen, der sich in den analysierten Scheidungsakten findet. Die Ehe als „Zweck"-Kontrakt muss einen Mehrwert aufweisen, der sich in Interaktionen praktisch erweisen muss. Hier spielt die Sexualität eine wichtige Rolle, die zur Jahrhundertwende noch kein legitimer Grund war, um ihn vor Gericht vorzubringen. Die historisch erstmalig im 20. Jahrhundert aufkommende Notwendigkeit, die familiale Ehe nach dem Auszug der Kinder wieder als Zweierbeziehung zu führen, ist zudem ein in den Scheidungsakten oftmals vorgebrachtes Narrativ.

9.5 Ausblick

Diskursive Äusserungen zum Thema Ehe und Scheidung werden in ganz unterschiedlichen gesellschaftlichen Feldern produziert. In dieser Arbeit zwei institutionelle Felder ausgewählt. Das Schweizerische Parlament wurde zum einen als ein symbolisch wirkmächtiger Ort betrachtet, wo die unterschiedlichen typischen sozialen Repräsentationen in der diskursiven Rechtfertigungspraxis der politischen Akteure deutlich zu Tage treten. Es wurde dabei angenommen, dass sich im Parlament als dem symbolisch wichtigsten Ort der Schweizerischen Politik dieselben typischen Argumente und Rechtfertigungen finden lassen, die von den Akteuren auch an anderen Orten, etwa in politischen Diskussionen im Fernsehen und Radio oder in Eigenpublikationen, verwendet werden. Zum anderen wurde die Möglichkeit ergriffen, die Begründungen und Rechtfertigungen von Scheidungswilligen zu untersuchen, die sie im Prozess der Scheidung als legitimerweise einbringbar formulierten. Damit wurden Quellen verwendet, die in ihrer konkreten Anfertigung jeweils einer eigenen Logik folgten.

Damit ist es eine offene empirische Frage, inwieweit die beschriebenen Diskurse mit ihren Deutungsmustern, mobilisierten Narrativen, thematischen Achsen auch in der diskursiven Praxis anderer Akteure in weiteren Situationen zu finden sind. Zudem ist es eine zu klärende Frage, inwiefern sich die Scheidungsdiskurse in den letzten zwanzig Jahren gewandelt haben.

In der vorliegenden Arbeit wurde die Frage nach den gesellschaftlichen Wirkungen der Prozesse der sozialen Konstruktion von Deutungs- und Handlungsstrukturen (Keller 2001: 12) ausgeklammert. Wenn festgestellt wird, dass der „liberale" Diskurs, wie er sich im politischen Feld finden liess, mit der Zunahme „marktorientierter" und individualistischer Rechtfertigungsnormen wirkmächtiger geworden ist, könnte die Frage gestellt werden, wie sich dieser Diskurs beispielsweise auf weitere familienrechtliche Reformen auswirkt, wie er in Eheratgebern oder in Gesprächen von Paartherapeutinnen und -therapeuten Wirkung entfaltet.

Schliesslich zeigen sich die sozialen Repräsentationen von Ehe und Scheidung nicht nur in Situationen der Scheidung, sondern sind auch in anderen Diskursen zu finden. So liesse sich etwa Ehegatten befragen, was ihre Ehe zusammenhält und was für sie eine Scheidung bedeuten würde. Diese Arbeit muss an anderer Stelle geleistet werden.

Literaturverzeichnis

Amato, Paul R. / Previti, Denise, 2003: People's Reasons for Divorcing: Gender, Social Class, the Life Course, and Adjustment. In: *Journal of Family Issues*, 24(5), 602-626.

Aretz, Hans-Jürgen, 1997: Ökonomischer Imperialismus? Homo Oeconomicus und soziologische Theorie. In: *Zeitschrift für Soziologie*, 26(2), 79-95.

Ariès, Philippe, 1984a [1982]: Liebe in der Ehe. In: Ariès, Philippe / Béjin, André (Hg.), *Die Masken des Begehrens und die Metamorphosen der Sinnlichkeit. Zur Geschichte der Sexualität im Abendland*. Frankfurt/M.: S. Fischer, 165-175.

Ariès, Philippe, 1984b [1982]: Die unauflösliche Ehe. In: Ariès, Philippe / Béjin, André (Hg.), *Die Masken des Begehrens und die Metamorphosen der Sinnlichkeit. Zur Geschichte der Sexualität im Abendland*. Frankfurt/M.: S. Fischer, 176-196.

Babka von Gostomski, Christian, 1999: Die Rolle von Kindern bei Ehescheidungen. In: Klein, Thomas / Kopp, Johannes (Hg.), *Scheidungsursachen aus soziologischer Sicht*. Würzburg: Ergon, 203-231.

Babka von Gostomski, Christian / Hartmann, Josef / Kopp, Johannes, 1999: Soziostrukturelle Bestimmungsgründe der Ehescheidung. Eine empirische Überprüfung einiger Hypothesen der Familienforschung. In: Klein, Thomas / Kopp, Johannes (Hg.), *Scheidungsursachen aus soziologischer Sicht*. Würzburg: Ergon. 43-62.

Basaure, Mauro, 2008: Die pragmatische Soziologie der Kritik heute. Luc Boltanski im Gespräch mit Mauro Basaure. In: *Berliner Journal für Soziologie*, 18(4), 1–24.

Beck, Ulrich, 1986: *Risikogesellschaft. Auf dem Weg in eine andere Moderne*. Frankfurt/M.: Suhrkamp.

Beck, Ulrich / Beck-Gernsheim, Elisabeth, 1994: Individualisierung in modernen Gesellschaften – Perspektiven und Kontroversen einer subjektorientierten Soziologie. In: Beck, Ulrich / Beck-Gernsheim, Elisabeth (Hg.), *Riskante Freiheiten. Individualisierung in modernen Gesellschaften*. Frankfurt/M.: Suhrkamp, 10-39.

Beck, Ulrich / Beck-Gernsheim, Elisabeth, 2005 [1990]: *Das ganz normale Chaos der Liebe*. Frankfurt/M.: Suhrkamp.

Beck-Gernsheim, Elisabeth, 2010 [1998]: *Was kommt nach der Familie? Alte Leitbilder und neue Lebensformen*. 3., überarbeitete und erweiterte Auflage, München: Beck.

Becker, Gary S., 1982 [1976]: *Der ökonomische Ansatz zur Erklärung menschlichen Verhaltens*. Tübingen: Mohr.

Becker, Gary S., 1991 [1981]: *A Treatise on the Family*. Enlarged Edition, Cambridge: Harvard University Press.

Becker, Gary S., 1996 [1985]: Eine ökonomische Analyse der Familie. In: Becker, Gary S., *Familie, Gesellschaft und Politik – die ökonomische Perspektive*. Tübingen: Mohr, 101-116.

Berger, Peter L. / Kellner, Hansfried, 1965 [1964]: Die Ehe und die Konstruktion der Wirklichkeit. Eine Abhandlung zur Mikrosoziologie des Wissens. In: *Soziale Welt*, 16(3), 220-235.

Berka, Lydia, 2000: *Scheidung und Scheidungsreform 2000*. Wien: WUV.

Bodenmann, Guy / Bradbury, Thomas / Maderasz, Sabine, 2002: Scheidungsursachen und -verlauf aus der Sicht der Geschiedenen. In: *Zeitschrift für Familienforschung*, 14(1), 5-20.

© Springer Fachmedien Wiesbaden GmbH, ein Teil von Springer Nature 2018
T. Mazzurana, *Über die Rechtfertigung der Scheidung*,
https://doi.org/10.1007/978-3-658-22679-4

Bogusz, Tanja, 2010: *Zur Aktualität von Luc Boltanski. Einleitung in sein Werk*. Wiesbaden: VS Verlag.

Boltanski, Luc, 2007a [2004]: *Soziologie der Abtreibung. Zur Lage des fötalen Lebens*. Frankfurt/M.: Suhrkamp.

Boltanski, Luc, 2007b: Leben als Projekt. Prekarität in der schönen neuen Netzwerkwelt. In: *polar #2: Ökonomisierung*. www.polar-zeitschrift.de/polar_02.php?id=69#69, 31.12.2016.

Boltanski, Luc, 2010: *Soziologie und Kritik. Frankfurter Adorno-Vorlesungen 2008*. Berlin: Suhrkamp.

Boltanski, Luc, 2012 [1990]: *Love and Justice as Competences. Three Essays on the Sociology of Action*. Cambridge: Polity Press.

Boltanski, Luc / Chiapello, Ève, 2006 [1999]: *Der neue Geist des Kapitalismus*. Konstanz: UVK.

Boltanski, Luc / Thevenot, Laurent, 2007 [1991]: *Über die Rechtfertigung. Eine Soziologie der kritischen Urteilskraft*. Hamburg: Hamburger Edition.

Boltanski, Luc / Thevenot, Laurent, 2011 [1999]: Die Soziologie der kritischen Kompetenzen. In: Diaz-Bone, Rainer (Hg.), *Soziologie der Konventionen. Grundlagen einer pragmatischen Anthropologie*. Frankfurt/M.: Campus, 43-68.

Bongaerts, Gregor, 2013: Formung des Engagements. Zur Situationslogik der Soziologie der Kritik. In: Ziemann, Andreas (Hg.), *Offene Ordnung? Philosophie und Soziologie der Situation*. Wiesbaden: Springer VS, 131-153.

Bourdieu, Pierre, 1991 [1984]: Sozialer Raum und ‚Klassen'. In: Bourdieu, Pierre, *Sozialer Raum und ‚Klassen'. Leçon sur la leçon. Zwei Vorlesungen*. 2. Auflage, Frankfurt/M.: Suhrkamp, 7-46.

Bourdieu, Pierre, 1998 [1994]: Familiensinn. In: Bourdieu, Pierre, *Praktische Vernunft. Zur Theorie des Handelns*. Frankfurt/M.: Suhrkamp, 126-136.

Bourdieu, Pierre, 2008 [2002]: *Junggesellenball. Studien zum Niedergang der bäuerlichen Gesellschaft*. Konstanz: UVK.

Bourdieu, Pierre, 2013 [2000]: Das politische Feld. In: Bourdieu, Pierre, *Politik. Schriften zur Politischen Ökonomie 2*. Herausgegeben von Franz Schultheis und Stephan Egger. Berlin: Suhrkamp, 97-112.

Bourdieu, Pierre, 2014 [2012] *Über den Staat. Vorlesungen am Collège de France 1989-1992*. Berlin: Suhrkamp.

Bundesamt für Statistik (Hg.), 2013: *Sozialberichterstattung Schweiz: Auf dem Weg zur Gleichstellung? Frauen und Männer in der Schweiz. Dritter statistischer Bericht*. Neuchâtel: BFS.

Bundesrat der Schweizerischen Eidgenossenschaft, 1996: Botschaft über die Änderung des Schweizerischen Zivilgesetzbuches (Personenstand, Eheschliessung, Scheidung, Kindesrecht, Verwandtenunterstützungspflicht, Heimstätten, Vormundschaft und Ehevermittlung) vom 15. November 1995. In: *Bundesblatt*, 148(1), 1-227.

Burgess, Ernest W. / Locke, Harvey J., 1950 [1945]: *The Family. From Institution to Companionship*. New York: American Book Company.

Burghartz, Susanna, 1995: Ehen vor Gericht. Die Basler Ehegerichtsprotokolle im 16. Jahrhundert. In: Wunder, Heide (Hg.), *Eine Stadt der Frauen. Studien und Quellen zur Geschichte der Baslerinnen im späten Mittelalter und zu Beginn der Neuzeit (13.-17. Jahrhundert)*. Basel: Helbing & Lichtenhahn, 167-187.

Burghartz, Susanna, 1999: *Zeiten der Reinheit – Orte der Unzucht. Ehe und Sexualität in Basel während der Frühen Neuzeit*. Paderborn: Schöningh.

Burkart, Günter, 1998: Auf dem Weg zu einer Soziologie der Liebe. In: Hahn, Kornelia / Burkart, Günter (Hg.), *Liebe am Ende des 20. Jahrhunderts. Studien zur Soziologie intimer Beziehungen*. Opladen: Leske + Budrich, 15-49.

Burkart, Günter, 2010: Familiensoziologie. In: Kneer, Georg / Schroer, Markus (Hg.), *Handbuch Spezielle Soziologien*. Wiesbaden: VS Verlag, 123-144.

Burkart, Günter, 2014: Paarbeziehungen und Familie als vertragsförmige Institutionen? In: Steinbach, Anja / Hennig, Marina / Arránz Becker, Oliver (Hg.), *Familie im Fokus der Wissenschaft*. Wiesbaden: Springer VS, 71-91.

de Singly, François, 1994 [1993]: *Die Familie der Moderne. Eine soziologische Einführung*. Konstanz: UVK.

Diaz-Bone, Rainer, 2007: Qualitätskonventionen in ökonomischen Feldern. In: *Berliner Journal für Soziologie*, 17(4), 489-509.

Diaz-Bone, Rainer, 2008: Die Analyse von Marktordnungen im Anschluss an Bourdieu und die „Economics of convention" (EC). In: Rehberg, Karl-Siegbert / Deutsche Gesellschaft für Soziologie (DGS) (Hg.), *Die Natur der Gesellschaft: Verhandlungen des 33. Kongresses der Deutschen Gesellschaft für Soziologie in Kassel 2006*. Teilbände 1 und 2. Frankfurt/M.: Campus, 4310-4321.

Diaz-Bone, Rainer, 2015: *Die „Economie des conventions". Grundlagen und Entwicklungen der neuen französischen Wirtschaftssoziologie*. Wiesbaden: Springer VS.

Diefenbach, Heike, 1999: Geschichte wiederholt sich nicht? Der Zusammenhang von Ehescheidung in der Eltern- und in der Kindgeneration. In: Klein, Thomas / Kopp, Johannes (Hg.), *Scheidungsursachen aus soziologischer Sicht*. Würzburg: Ergon, 91-118.

Durkheim, Émile, 1978 [1892]: On Conjugal Family. In: Durkheim, Emile, *On Institutional Analysis*. Edited, translated, and with an Introduction by Mark Traugott. Chicago: The University of Chicago Press, 229-239.

Durkheim, Émile, 1981 [1888]: Einführung in die Soziologie der Familie. In: Durkheim, Émile, *Frühe Schriften zur Begründung der Sozialwissenschaft*. Herausgegeben, eingeleitet und übersetzt von Lore Heisterberg. Darmstadt: Neuwied, 53-76.

Durkheim, Émile, 1983 [1897]: *Der Selbstmord*. Frankfurt/M.: Suhrkamp.

Durkheim, Émile, 1991 [1895]: *Die Regeln der soziologischen Methode*. 2. Auflage, Frankfurt/M.: Suhrkamp.

Duss-von Werdt, Josef / Fuchs, Armin (Hg.), 1980: *Scheidung in der Schweiz. Eine wissenschaftliche Dokumentation*. Bern: Haupt.

Dux, Günter, 1997 [1992]: *Die Spur der Macht im Verhältnis der Geschlechter. Über den Ursprung der Ungleichheit zwischen Frau und Mann*. Frankfurt/M.: Suhrkamp.

Dyer, Everett D., 1986: Scheidung und Scheidungsfolgen in den USA. In: *Kölner Zeitschrift für Soziologie und Sozialpsychologie*, 38(3), 581-600.

Egger, Theres / Schär Moser, Marianne, 2008: *Gewalt in Paarbeziehungen. Ursachen und in der Schweiz getroffene Massnahmen*. Bern: Eidgenössisches Büro für die Gleichstellung von Frau und Mann EBG.

Elias, Norbert, 1986: Wandlungen der Machtbalance zwischen den Geschlechtern. Eine prozeßsoziologische Untersuchung am Beispiel des antiken Römerstaats. In: *Kölner Zeitschrift für Soziologie und Sozialpsychologie*, 38(3), 425-449.

Elias, Norbert, 1987: Wandlungen der Wir-Ich-Balance. In: Elias, Norbert, *Die Gesellschaft der Individuen*. Herausgegeben von Michael Schröter. Frankfurt/M.: Suhrkamp, 207-315.

Elliker, Florian, 2013: *Demokratie in Grenzen. Zur diskursiven Strukturierung gesellschaftlicher Zugehörigkeit*. Wiesbaden: Springer VS.

Esser, Hartmut, 2002a: In guten wie in schlechten Tagen? Das Framing in der Ehe und das Risiko zur Scheidung. Eine Anwendung und ein Test des Modells der Frame-Selektion. In: *Kölner Zeitschrift für Soziologie und Sozialpsychologie*, 54(1), 27-63

Esser, Hartmut, 2002b: Ehekrisen: Das (Re-)Framing der Ehe und der Anstieg der Scheidungsraten. In: *Zeitschrift für Soziologie*, 31(6), 472–496.

Farge, Arlette / Foucault, Michel, 1989 [1982]: *Familiäre Konflikte: Die „Lettres de cachet".* Aus *den Archiven der Bastille im 18. Jahrhundert.* Frankfurt/M.: Suhrkamp.

Filser, Franz, 1978: *Einführung in die Familiensoziologie mit Quellentexten.* Paderborn: Schöningh.

Flick, Uwe, 2010: *Qualitative Sozialforschung. Eine Einführung.* 3. Auflage, Reinbek: Rowohlt.

Foucault, Michel, 2012 [1984]: *Sexualität und Wahrheit 3. Die Sorge um sich.* 11. Auflage, Frankfurt/M.: Suhrkamp.

Geissler, Birgit, 2009: Machtfragen zwischen Familie und Erwerbsarbeit: Die Kosten der Kinder in der Familiengründung und danach. In: Löw, Martina (Hg.), *Geschlecht und Macht. Analysen zum Spannungsfeld von Arbeit, Bildung und Familie.* Wiesbaden: VS Verlag, 31-46.

Gestrich, Andreas / Krause, Jens-Uwe / Mitterauer, Michael, 2003: *Geschichte der Familie.* Stuttgart: Kröner.

Giddens, Anthony, 1995 [1990]: *Konsequenzen der Moderne.* Frankfurt/M.: Suhrkamp.

Goode, William J., 1960: *Die Struktur der Familie.* Köln: Westdeutscher Verlag.

Gostomski, Christian Babka von / Hartmann, Josef / Kopp, Johannes, 1999: Soziostrukturelle Bestimmungsgründe der Ehescheidung. Eine empirische Überprüfung einiger Hypothesen der Familienforschung. In: Klein, Thomas / Kopp, Johannes (Hg.), *Scheidungsursachen aus soziologischer Sicht.* Würzburg: Ergon, 43-62.

Gukenbiehl, Hermann L., 1986: Ehe. In: Schäfers, Berndhard (Hg.), *Grundbegriffe der Soziologie.* Opladen: Leske + Budrich, 55-58.

Hafner, Pius, 1979: Die Mischehe und deren Scheidung kraft Bundesrecht im ersten Bundesstaat (1848-1874). In: *Zeitschrift für schweizerische Kirchengeschichte. Revue d'histoire ecclésiastique suisse.* 73, 1-168.

Hartmann, Josef, 1999: Soziale Einbettung und Ehestabilität. In: Klein, Thomas / Kopp, Johannes (Hg.), *Scheidungsursachen aus soziologischer Sicht.* Würzburg: Ergon, 223-253.

Hartmann, Josef / Beck, Nikolaus, 1999: Berufstätigkeit der Ehefrau und Ehescheidung. In: Klein, Thomas / Kopp, Johannes (Hg.), *Scheidungsursachen aus soziologischer Sicht.* Würzburg: Ergon, 179-201.

Hill, Paul B. / Kopp, Johannes, 1999: Ehescheidung: Historische Entwicklung und theoretische Erklärungen. In: Klein, Thomas / Kopp, Johannes (Hg.), *Scheidungsursachen aus soziologischer Sicht.* Würzburg: Ergon, 11-42.

Hill, Paul B. / Kopp, Johannes, 2006: *Familiensoziologie. Grundlagen und theoretische Perspektiven.* 4., überarbeitete Auflage, Wiesbaden: VS Verlag.

Hill, Paul B. / Kopp, Johannes, 2008: Theorien der Familiensoziologie. In: Schneider, Norbert F. (Hg.), *Lehrbuch Moderne Familiensoziologie. Theorien, Methoden, empirische Befunde.* Opladen: Budrich, 65-78.

Hofer, Roland E., 1993: *"Üppiges, unzüchtiges Lebwesen". Schaffhauser Ehegerichtsbarkeit von der Reformation bis zum Ende des Ancien Régime (1529 - 1798).* Bern: Lang.

Huinink, Johannes, 2006: Zur Positionsbestimmung der empirischen Familiensoziologie. In: *Zeitschrift für Familienforschung,* 18(2), 212-252.

Huinink, Johannes, 2011: Die ,notwendige Vielfalt' der Familie in spätmodernen Gesellschaften. In: Hahn, Kornelia / Koppetsch, Cornelia (Hg.), *Soziologie des Privaten.* Wiesbaden: VS Verlag, 19-31.

Huinink, Johannes / Konietzka, Dirk, 2007: *Familiensoziologie. Eine Einführung.* Frankfurt/M.: Campus.

Keller, Reiner, 2011 [2005]: *Wissenssoziologische Diskursanalyse. Grundlegung eines Forschungsprogramms.* 3. Auflage, Wiesbaden: VS Verlag.

Keller, Reiner, 2013: Zur Praxis der Wissenssoziologischen Diskursanalyse. In: Keller, Reiner / Truschkat, Inga (Hg.), *Methodologie und Praxis der Wissenssoziologischen Diskursanalyse. Band 1: Interdisziplinäre Perspektiven.* Wiesbaden: Springer VS, 27-68.

Klein, Thomas / Kopp, Johannes, 1999: Die Mannheimer Scheidungsstudie. In: Klein, Thomas / Kopp, Johannes (Hg.), *Scheidungsursachen aus soziologischer Sicht.* Würzburg: Ergon, 11-22.

König, René, 1976: Soziologie der Familie. In: König, René / Rosenmayr, Leopold (Hg.), *Handbuch der empirischen Sozialforschung. Band 7: Familie und Alter.* 2., völlig neuüberarbeitete Auflage, Stuttgart: Enke, 1-217.

König, René, 1978: *Die Familie der Gegenwart. Ein interkultureller Vergleich.* Dritte, erweiterte Auflage, München: Beck.

Kopp, Johannes / Lois, Daniel / Kunz, Christina / Arránz Becker, Oliver, 2010: *Verliebt, verlobt, verheiratet. Institutionalisierungsprozesse in Partnerschaften.* Wiesbaden: VS Verlag.

Lehner, Daniel, 2015: Die Unangemessenheit des ‚demokratischen Versprechens' – zur Brüchigkeit der politischen Rechtfertigungsordnung. In: Dammayr, Maria / Graß, Doris / Rothmüller, Barbara (Hg.), *Legitimität. Gesellschaftliche, politische und wissenschaftliche Bruchlinien der Rechtfertigung.* Bielefeld: Transcript, 27-48.

Lenoir, Remi, 1988: Politik und Familie. In: Lüscher, Kurt / Schultheis, Franz / Wehrspaun, Michael (Hg.), *Die „postmoderne" Familie. Familiale Strategien und Familienpolitik in einer Übergangszeit.* Konstanz: UVK, 364-370.

Lenz, Karl, 2009a: *Soziologie der Zweierbeziehung. Eine Einführung.* 4. Auflage, Wiesbaden: VS Verlag.

Lenz, Karl, 2009b: Zeit in und Zeit für Zweierbeziehungen. In: Heitkötter, Martina / Jurczyk, Karin / Lange, Andreas / Meier-Gräwe, Uta (Hg.), *Zeit für Beziehungen? Zeit und Zeitpolitik für Familien.* Opladen: Budrich, 113-136.

Levinger, George, 1965: Marital Cohesiveness and Dissolution: An Integrative Review. In: *Journal of Marriage and Family*, 27(1), 19-28.

Levinger, George, 1966: Sources of Marital Dissatisfaction Among Applicants for Divorce. In: *American Journal of Orthopsychiatry*, 36(5), 803-807.

Limbach, Jutta / Rottleuthner-Lutter, Margret, 1988: Ehestabilität im Spannungsfeld von Schuld- und Zerrüttungsprinzip. In: *Kritische Vierteljahresschrift für Gesetzgebung und Rechtswissenschaft.* Neue Folge, 3[71](3), 266-289.

Luhmann, Niklas, 1982: *Liebe als Passion. Zur Codierung von Intimität.* Frankfurt/M.: Suhrkamp.

Luhmann, Niklas, 2005 [1990]: Sozialsystem Familie. In: Luhmann, Niklas, *Soziologische Aufklärung 5. Konstruktivistische Perspektiven.* 3. Auflage, Wiesbaden: VS Verlag, 189-209.

Luther, Martin, 1983 [1538]: Der Christ in der Welt. In: Luther, Martin, *Luther Deutsch. Die Werke Martin Luthers in neuer Auswahl für die Gegenwart. Band 9: Tischreden.* Herausgegeben von Kurt Aland. Göttingen: Vandenhoeck & Ruprecht, 211-289.

Mauss, Marcel, 1968 [1923/24]: *Die Gabe. Form und Funktion des Austauschs in archaischen Gesellschaften.* Frankfurt/M.: Suhrkamp.

Nave-Herz, Rosemarie, 1987: Bedeutungswandel von Ehe und Familie. In: Schulze, Hans-Joachim / Mayer, Tilman (Hg.), *Familie. Zerfall oder neues Selbstverständnis?* Würzburg: Königshausen & Neumann, 18-27.

Nave-Herz, Rosemarie, 2013: *Ehe- und Familiensoziologie. Eine Einführung in Geschichte, theoretische Ansätze und empirische Befunde.* 3., überarbeitete Auflage, Weinheim: Beltz Juventa.

Parsons, Talcott, 1955: The American Family: Its Relation to Personality and to the Social Structure. In: Parsons, Talcott / Bales, Robert F., *Family, Socialization and Interaction Process*. New York: The Free Press, 3-33.

Parsons, Talcott, 1968 [1943]: Das Verwandtschaftssystem in den Vereinigten Staaten. In: Parsons, Talcott, *Beiträge zur soziologischen Theorie*. Herausgegeben und eingeleitet von Dietrich Rüschemeyer. 2. Auflage, Neuwied: Luchterhand, 84-108.

Peuckert, Rüdiger, 2012: *Familienformen im sozialen Wandel*. 8. Auflage, Wiesbaden: Springer VS.

Poschke, Sabrina, 2000: *Das neue Schweizer Scheidungsrecht – Ausgewählte Aspekte im Rechtsvergleich mit dem deutschen Scheidungsrecht*. Frankfurt/M.: Verlag für Standesamtswesen.

Potthast, Jörg, 2001: Der Kapitalismus ist kritisierbar. *Le nouvel esprit du capitalisme* und das Forschungsprogramm der ‚Soziologie‘ der Kritik. In: *Berliner Journal für Soziologie*, 11(4), 551-562.

Reckwitz, Andreas, 2016: Vorwort. Sozialtheorie und Gesellschaftstheorie jenseits des Rationalismus. In: Reckwitz, Andreas, *Kreativität und soziale Praxis. Studien zur Sozial- und Gesellschaftstheorie*. Bielefeld: Transcript, 7-19.

Rogge, Benedikt G., 2009: Entwertete Zeit? Erwerbsarbeitslosigkeit in Paarbeziehungen und Familie. In: Heitkötter, Martina / Jurczyk, Karin / Lange, Andreas / Meier-Gräwe, Uta (Hg.), *Zeit für Beziehungen? Zeit und Zeitpolitik für Familien*. Opladen: Budrich, 67-89.

Röthel, Anne, 2010: Institution und Intimität: Die Ehe, ihre Leitbilder und ihr Recht. In: Röthel, Anne / Löhnig, Martin / Helms, Tobias (Hg.), *Ehe, Familie, Abstammung – Blicke in die Zukunft*. Frankfurt/M.: Metzner, 9-32.

Scheller, Gitta, 1991: Zum gegenwärtigen Stand der Scheidungsursachenforschung: Forschungsschwerpunkte und Erklärungsansätze über die verursachenden Bedingungen und den Anstieg der Ehescheidungen. In: *Soziale Welt*, 42(3), 323-348.

Schneider, Norbert F., 1990: Woran scheitern Partnerschaften? Subjektive Trennungsgründe und Belastungsfaktoren bei Ehepaaren und nichtehelichen Lebensgemeinschaften. In: *Zeitschrift für Soziologie*, 19(6), 458-470.

Schneider, Norbert F., 1991: Warum noch Ehe? Betrachtungen aus austauschtheoretischer Perspektive. In: *Zeitschrift für Familienforschung*, 3(3), 49-72.

Schroer, Markus, 2008: Individualisierung. In: Baur, Nina / Korte, Hermann / Löw, Martina / Schroer, Markus (Hg.), *Handbuch Soziologie*. Wiesbaden: VS Verlag, 139-161.

Schultheis, Franz, 1993: Genealogie und Moral: Familie und Staat als Faktoren der Generationenbeziehungen. In: Lüscher, Kurt / Schultheis, Franz (Hg.), *Generationenbeziehungen in ‚postmodernen‘ Gesellschaften. Analysen zum Verhältnis von Individuum, Familie, Staat und Gesellschaft*. Konstanz: Universitätsverlag Konstanz, 415-433.

Schultheis, Franz, 2005: Gesellschaft ohne Eigenschaften. In: Schultheis, Franz / Schulz, Kristina (Hg.), *Gesellschaft mit beschränkter Haftung. Zumutungen und Leiden im deutschen Alltag*. Konstanz: UVK, 575-583.

Schultheis, Franz / Bütler, Monika / Mazzurana, Thomas, 2014: Ambivalente Massnahmen: Wohlfahrtsstaatliche Reformen und ihre Auswirkungen. In: *Soziale Sicherheit CHSS*, 4/2014, 212-214.

Schultheis, Franz / Vogel, Berthold / Gemperle, Michael, 2010: Einleitung. In: Schultheis, Franz / Vogel, Berthold / Gemperle, Michael (Hg.), *Ein halbes Leben. Biografische Zeugnisse aus einer Arbeitswelt im Umbruch*. Konstanz: UVK, 11-18.

Schützeichel, Rainer, 2007: Soziale Repräsentation. In: Schützeichel, Rainer (Hg.), *Handbuch Wissenssoziologie und Wissensforschung*. Konstanz: UVK, 450-455.

Schwab-Trapp, Michael 2002: *Kriegsdiskurse. Die politische Kultur des Krieges im Wandel 1991-1999*. Opladen: Leske + Budrich.

Schwägler, Georg, 1975 [1970]: *Soziologie der Familie. Ursprung und Entwicklung.* 2., durchgesehene Auflage, Tübingen: Mohr.

Schwenzer, Ingeborg, 2014: Familienrecht und gesellschaftliche Veränderungen. In: *Die Praxis des Familienrechts*, 15(4), 966-1008.

Stalder, Birgit, 2008: *„Der Ehehimmel begann schon früh sich zu trüben...".* *Geschlechterbeziehungen und Machtverhältnisse in Scheidungsprozessen zwischen 1876 und 1911.* Berlin: Frank & Timme.

Simmel, Georg, 1985a [1895]: Zur Soziologie der Familie. In: Simmel, Georg, *Schriften zur Philosophie und Soziologie der Geschlechter.* Herausgegeben und eingeleitet von Heinz-Jürgen Dahme und Klaus Christian Köhnke. Frankfurt/M.: Suhrkamp, 119-132.

Simmel, Georg, 1985b [1921/22]: Fragment über die Liebe (Aus dem Nachlaß). In: Simmel, Georg, *Schriften zur Philosophie und Soziologie der Geschlechter.* Herausgegeben und eingeleitet von Heinz-Jürgen Dahme und Klaus Christian Köhnke. Frankfurt/M.: Suhrkamp, 224-282.

Simmel, Georg, 1992 [1908]: *Soziologie. Untersuchungen über die Formen der Vergesellschaftung.* Gesamtausgabe, Band 11. Herausgegeben von Otthein Rammstedt. Frankfurt/M.: Suhrkamp.

Thévenot, Laurent, 2011 [2007]: Die Pluralität kognitiver Formate und Engagements im Bereich zwischen dem Vertrauten und dem Öffentlichen. In: Diaz-Bone, Rainer (Hg.), *Soziologie der Konventionen. Grundlagen einer pragmatischen Anthropologie.* Frankfurt/M.: Campus, 255-274.

Thévenot, Laurent / Moody, Michael / Lafaye, Claudette, 2011 [2000]: Formen der Bewertung von Natur: Argumente und Rechtfertigungsordnungen in französischen und US-amerikanischen Umweltdebatten. In: Diaz-Bone, Rainer (Hg.), *Soziologie der Konventionen. Grundlagen einer pragmatischen Anthropologie.* Frankfurt/M.: Campus, 125-165.

Tyrell, Hartmann, 1988: Ehe und Familie – Institutionalisierung und Deinstitutionalisierung. In: Lüscher, Kurt / Schultheis, Franz / Wehrspaun, Michael (Hg.), *Die „postmoderne" Familie. Familiale Strategien und Familienpolitik in einer Übergangszeit.* Konstanz: UVK, 145-156.

Weber, Max, 1980a [1919]: Politik als Beruf. In: Weber, Max, *Gesammelte politische Schriften.* Herausgegeben von Johannes Winckelmann. Vierte Auflage, Tübingen: Mohr, 505-560.

Weber, Max, 1980b [1921/1922]: *Wirtschaft und Gesellschaft. Grundriss der verstehenden Soziologie.* Herausgegeben von Johannes Winckelmann. Fünfte, revidierte Auflage, Tübingen: Mohr.

Wecker, Regina, 1988: „Die Ehe war von Anfang an keine glückliche". Zu schichtspezifischen Handlungsmöglichkeiten von Frauen in Basel an der Wende vom 19. zum 20. Jahrhundert anhand von Scheidungsprotokollen. In: Arbeitsgruppe Frauengeschichte Basel (Hg.), *Auf den Spuren weiblicher Vergangenheit. Beiträge der 4. Schweizerischen Historikerinnentagung.* Zürich: Kronos, 107-123.

Wecker, Regina, 1997: *Zwischen Ökonomie und Ideologie. Arbeit im Lebenszusammenhang von Frauen im Kanton Basel-Stadt 1870-1910.* Zürich: Chronos.

The manufacturer's authorised representative in the EU is Springer
Nature Customer Service Centre GmbH, Europaplatz 3, 69115 Heidelberg,
Germany. If you have any concerns regarding our products, please
contact ProductSafety@springernature.com

Printed and bound by CPI Group (UK) Ltd, Croydon, CR0 4YY
23/04/2026
02095645-0002